景区管理应用型规划教材

景区解说服务

主 编 周凯波
副主编 许 彦

中国旅游出版社

前　言

随着现代旅游业的发展，旅游景区接待了大量游客，成为我国服务业的主要组成部分，是展示我国悠久历史文化、多样民风民俗、壮丽山川景色、社会精神文明的重要窗口。自2015年以来，国家旅游局对于景区接待服务非常重视，将对A级景区的管理提上了重要的议事日程，通过停业整顿和降级等管理措施促使景区更加注重接待质量。因此，旅游业界对于旅游景区的开发和利用、服务与管理给予了更多的关注。2016年，我国各类旅游景区、景点的数量已达26000多家。但在景区开发和运营过程中，旅游景区管理和接待专业人才短缺的问题日益凸显。因此，具有较强创新精神和实践能力的旅游景区接待服务人才的培养成为旅游教育亟待解决的问题，很多院校相继开设了旅游景区管理与服务专业。本书就是根据旅游景区接待服务人才培养的要求而编写的。

随着我国旅游业的蓬勃发展，游客出游意愿空前高涨，出游频率不断增加，游客对景区讲解服务质量的要求不断提高。因此，提高景区解说服务水平对于提升游客在景区游玩的满意度和好评率至关重要。目前，我国本专科旅游管理专业都注重对学生讲解能力的培养，也计划开展相关实训，但市面上少有合适的实训教材，因此，很难系统安排景区讲解实训。为此，本书作者立足景区讲解系统，从向导式和自导式两大子系统出发，设计了景区讲解服务的26个实训任务，能从根本上解决院校旅游管理专业师生对于景区讲解服务实训的需求，也能为景区讲解服务人员提升技能进行辅助和指导。

本书针对旅游景区解说服务认知、景区人员解说服务程序、景区导游解说服务技能，景区导游词的创作技能，景区导游的语言技能、自然景观类旅游景区解说、人文景观类旅游景区解说、旅游景区自导式解说服务8个项目，设计了26个景区解说实训任务，如下表所示。

章节	实训任务名称		学时
项目一	任务一	旅游景区及其类型认知 (1)	2
	任务二	上海A级旅游景区状况解说 (2)	3
	任务三	上海旅游景区解说服务方式调查 (3)	4
项目二	任务一	景区讲解员工作流程认知 (4)	4
	任务二	景区讲解员形象设计与工具使用 (5)	3
	任务三	景区游览行程及线路商定 (6)	2
	任务四	景区导游欢迎词、欢送词讲解 (7)	4
项目三	任务一	旅游景区概况解说 (8)	4
	任务二	旅游景区解说方法 (9)	4
项目四	任务一	景区导游词的创作 (10)	4
	任务二	景区导游词的艺术加工 (11)	4
项目五	任务一	景区导游语言的艺术表达 (12)	4
	任务二	景区导游体态语的运用 (13)	2
	任务三	景区导游交际语言的运用 (14)	2
	任务四	景区导游解说语言的风格 (15)	4
项目六	任务一	山地类旅游景区解说 (16)	2
	任务二	水体类旅游景区解说 (17)	2
	任务三	生物类旅游景区解说 (18)	2
项目七	任务一	园林类旅游景区解说 (19)	2
	任务二	建筑类旅游景区解说 (20)	2
	任务三	宗教类旅游景区解说 (21)	2
	任务四	博物馆类旅游景区解说 (22)	2
	任务五	主题公园类旅游景区解说 (23)	2
项目八	任务一	旅游景区标识牌解说 (24)	2
	任务二	旅游景区音像解说 (25)	2
	任务三	旅游景区印刷物解说 (26)	2
合计			72

作为实训教材，本书对每个实训任务都明确了实训目标，制订了实训操作流程，指明了需要使用的教具和设备，并有针对性地设计了每个实训的评分标准，力求使运用本教材开展景区解说实训的师生容易学懂、对景区讲解服务感兴趣的从业者容易掌握。

本书注重内容与编排体例的科学性：

（1）本教材是任务驱动教材，采用"项目引领、任务导向"的理念编排课程内容，充分体现了"任务引领、实践导向"的课程设计思想，以"工作任务"为主线设计教材结构，适于学生学习。

（2）本书在借鉴和吸收发达国家旅游景区解说的经验和理论成果的基础上，针对国内旅游景区解说现状，较全面系统地设计了景区解说服务的实训。本书构建了旅游景区解说系统的结构体系，按照向导式景区解说系统和自导式景区解说系统设计实训任务，深入浅出，理论与案例相结合，具有较强的实用性和创新性。

（3）本书的每个实训均在阐释景区解说服务的展示方式、内容和设计要求的基础上，科学合理地制订学生实训的目标、任务，并阐述了具体的操作流程和要求，对实训任务的评分要求进行了规范，可操作性强，便于实训教师利用本书开展实训教学。

本书由上海师范大学天华学院旅游管理专业教师周凯波编写完成，上海东辉职业技术学校的许彦老师参与了编写工作。上海师范大学天华学院管理学院程葆青院长、朱海森教授对本书的编写进行了框架设计和指导，在此表示感谢。本书在写作过程中参考和引用了国内外不少学者关于景区解说、景区导游服务的研究成果，在参考书目和章节中有列出，在此一并表示衷心的感谢。本书在写作过程中参考和引用了互联网上的一些资料和素材，在此对资料提供者表示感谢。由于水平和时间所限，本教材中难免有不足之处，诚恳希望广大读者给予指正，以便今后不断完善。

非常感谢中国旅游出版社的大力支持，尤其是段向民编辑、孙妍峰编辑为本书的出版付出了辛勤的劳动，他们的敬业精神和一丝不苟的态度是本书能够在短时间内得以问世的重要基础。

编者
2017 年 3 月

目 录
CONTENTS

项目一　旅游景区解说服务认知 ·· 1
  任务一　旅游景区及其类型认知 ·· 1
  任务二　上海 A 级旅游景区状况解说 ·· 4
  任务三　上海旅游景区解说服务方式调查 ···································· 8

项目二　景区人员解说服务程序 ·· 16
  任务一　景区讲解员工作流程认知 ·· 16
  任务二　景区讲解员形象设计与工具使用 ···································· 24
  任务三　景区游览行程及线路商定 ·· 28
  任务四　景区导游欢迎词、欢送词讲解 ······································ 30

项目三　景区导游解说服务技能 ·· 36
  任务一　旅游景区概况解说 ·· 36
  任务二　旅游景区解说方法 ·· 44

项目四　景区导游词的创作技能 ·· 53
  任务一　景区导游词的创作 ·· 53
  任务二　景区导游词的艺术加工 ·· 61

项目五　景区导游的语言技能 ·· 70
  任务一　景区导游语言的艺术表达 ·· 70

　　任务二　景区导游体态语的运用 ·· 80
　　任务三　景区导游交际语言的运用 ·· 89
　　任务四　景区导游解说语言的风格 ·· 95

项目六　自然景观类旅游景区解说 ·· 104
　　任务一　山地类旅游景区解说 ·· 104
　　任务二　水体类旅游景区解说 ·· 117
　　任务三　生物类旅游景区解说 ·· 126

项目七　人文景观类旅游景区解说 ·· 146
　　任务一　园林类旅游景区解说 ·· 146
　　任务二　建筑类旅游景区解说 ·· 161
　　任务三　宗教类旅游景区解说 ·· 170
　　任务四　博物馆类旅游景区解说 ·· 181
　　任务五　主题公园类旅游景区解说 ·· 190

项目八　旅游景区自导式解说服务 ·· 199
　　任务一　旅游景区标识牌解说 ·· 199
　　任务二　旅游景区音像解说 ·· 212
　　任务三　旅游景区印刷物解说 ·· 219

参考文献 ·· 226
附件 ·· 228

项目一

旅游景区解说服务认知

【学习目标】

- 能够了解旅游景区的基本概念及类型。
- 能够掌握当地 A 级景区的基本情况。
- 掌握景区向导式、自导式解说服务方式的构成。
- 知晓解说服务的功能及其在旅游景区服务中的作用。

任务一　旅游景区及其类型认知

技能实训

实训目的	认知旅游景区及其分类
实训要求	了解旅游景区相关概念、分类及游览项目等
实训时间	本实训环节共 2 学时
实训地点	教室或景区模拟实训室
实训材料	多媒体设备
实训内容及步骤	1. 实训准备 （1）学生分成若干小组。 （2）学生分组分批查阅资料及到旅游景区进行调查。 2. 实训开始 （1）学生通过所查阅和调查的相关资料，表述对旅游景区的认知。 （2）总结得出景区的概念、分类及游览项目。 （3）教师对学生的发言进行讲评并归纳总结。 3. 实训结束

实训考核

1. 实训指导教师根据学生对景区理论知识的查阅和调查走访情况进行评分。
2. 按百分制记分，景区理论知识查阅40分，景区调查结果分析40分，实训纪律及态度20分。
3. 评分表

旅游景区认知考核评分表

组别：_____ 姓名：_____ 时间：_____

项目	应得分	教师评分
景区理论知识查阅	40	
景区调查结果分析	40	
实训纪律及态度	20	
合计得分	100	

考核时间：　　年　　月　　日　　　　　　考评教师（签名）：_____

知识链接

改革开放以来，旅游景区作为旅游业的基本要素和重要业态，得到了前所未有的发展，已成为我国旅游业重要的生产力要素和旅游创汇创收的基础。2016年，从全国范围来看，旅游景区的数量已达26000多家。

一、旅游景区的概念

到目前为止，国内外学术界对旅游景区的概念还存在一定的争议。国外更多地采用旅游吸引物这个概念来代表旅游景区。例如，Medlik认为旅游吸引物就是为游览公众提供娱乐、消遣与教育而设计的有管理的永久性资源（a designed permanent resource which is controlled and managed for enjoyment, amusement, entertainment and education of the visiting public）（王瑜，2009）。旅游吸引物是旅游产品的要素，一般分为地点吸引物和事件吸引物。地点吸引物是这个地方本身就是吸引游客前往游览的主要诱因，如气候、风景名胜等；事件吸引物是指节庆活动、体育盛会、商业贸易交流会等。

景区概念的多样性表现在：在空间维度的语境下，景区经常被称为景点、旅游景区、旅游区；在要素维度的语境下，景区经常被称为风景名胜区、森林公园、地质公园、遗产公园；在功能维度的语境下，景区经常被称为风景旅游区、旅游度假区、主题公园、自然保护区。

由中华人民共和国国家质量监督检验检疫总局发布的中华人民共和国国家标准《旅

游区（点）质量等级的划分与评定》（GB/T 17775—2003）指出：旅游景区（Tourist Attraction）是以旅游及其相关活动为主要功能或主要功能之一的空间或地域。本标准中旅游景区是指具有参观游览、休闲度假、康乐健身等功能，具备相应旅游服务设施并提供相应旅游服务的独立管理区。该管理区应有统一的经营管理机构和明确的地域范围。包括风景区、文博院馆、寺庙观堂、旅游度假区、自然保护区、主题公园、森林公园、地质公园、游乐园、动物园、植物园，以及工业、农业、经贸、科教、军事、体育、文化艺术等各类旅游景区。这是目前国内关于旅游景区的权威概念。

从上述国家标准的定义可以看出，景区具有三个明显的特征。

（1）空间——地域性。景区是一个特殊形态的地域单元，这个地域空间一般存在明确的边界。

（2）功能——旅游性。景区是旅游者实现旅游目的的场所，是满足旅游者旅游需求的功能载体。

（3）经营——管理性。景区有专门的机构实施经营管理，提供相应的旅游设施和服务，并对游客进入实施有效的管理。

二、旅游景区的分类

1. 按照旅游景区质量等级划分

《旅游区（点）质量等级的划分与评定》国家标准将旅游景区质量等级划分为五级，从高到低依次为 AAAAA、AAAA、AAA、AA、A 级旅游景区。这种划分主要依据旅游交通、游览、旅游安全、卫生、邮电服务、旅游购物、经营管理、资源和环境的保护、旅游资源吸引力、市场吸引力、年接待海内外旅游者数量、游客抽样调查满意率等方面对旅游景区进行评定。2016 年年初，全国共有 5A 级景区 212 个，4A 级景区 2862 个，3A 级景区 3468 个。

2. 按照旅游景区资源类型划分

按资源类型划分，旅游景区可分为自然类旅游景区、历史文化类旅游景区和人工型旅游景区。自然类旅游景区包括山、河、湖、海等自然风景区、自然保护区、森林公园等，如世界自然遗产九寨沟、黄龙、武陵源、三江并流等；历史文化类旅游景区是人类社会经济发展的产物，如世界文化遗产长城、颐和园、秦始皇陵兵马俑、澳门历史城区等；人工型旅游景区主要是指主题公园，如迪士尼乐园、欢乐谷、锦绣中华、世界之窗等。

3. 按照旅游景区功能特征划分

按照功能特征划分，旅游景区可分为观光体验类景区、度假休闲类景区、科考探险类景区和宗教活动类景区。观光体验类景区是以观光游览为主要内容的旅游景区，具有较高的审美价值，如九寨沟、张家界；度假休闲类景区拥有高等级的环境质量和服务设施，通常是以气候、温泉、矿泉、海水为条件，为旅游者提供度假、康体、休闲等服务

的景区，如北戴河、小汤山温泉；科考探险类景区是以科学考察和开展探险活动为主要内容的景区，如地质公园、地貌博物馆、溶洞探险；宗教活动类景区主要是开展宗教朝拜和宗教圣地观光旅游活动，如普陀山、九华山、武当山、青城山等。

4. 按照旅游景区管理归属划分

我国旅游景区管理主体有许多种，以景区的管理部门作为分类依据，形成了我国现有旅游景区管理主体分类系统（表1-1）。

表1-1 我国旅游景区管理主体分类系统

旅游景区主管部门	分类结果	
	分类系统	分级系统
国家住房和城乡建设部	风景名胜区	国家级风景名胜区
		省级风景名胜区
国家林业局	森林公园	国家级森林公园
		省级森林公园
国家旅游局	旅游度假区	国家级旅游度假区
		省级旅游度假区
国家环保总局 国家林业局	自然保护区	国家级自然保护区
		省级自然保护区
国家文物局	文物保护单位	国家级文物保护单位
		省级文物保护单位
国土资源部	地质公园	国家级地质公园
		省级地质公园

任务二 上海A级旅游景区状况解说

技能实训

实训目的	通过实训，学生能够掌握上海A级景区的基本状况
实训要求	了解上海A级旅游景区的特色、功能、开放时间、门票价格、旅游功能等情况
实训时间	本实训环节共3学时
实训地点	教室或景区模拟实训室

续表

实训材料	多媒体设备
实训内容及步骤	1. 实训准备 （1）学生分成 5 个小组，分别收集上海 5A、4A、3A、2A、1A 级景区的情况。 （2）学生课前分组查阅收集资料，制作图文并茂的 PPT。 （3）内容教师可在下列条目中选择：当地各类 A 级景区的数量、名称、地理位置、交通方式、主要特色、主要功能、开放时间、门票价格、历史沿革（成因）、地位价值、游览注意事项、周边餐饮娱乐设施等。 2. 实训开始 （1）学生分组讲解所调查的 A 级景区的基本情况。 （2）讲解后其他小组同学提问，该组同学回答。 （3）教师对每组学生的发言进行指导点评。 3. 实训结束

实训考核

1. 实训指导教师根据学生对 A 级景区概况的讲解和问答情况进行评分。
2. 按百分制记分，景区概况讲解 60 分，互动问答 20 分，实训纪律 20 分。
3. 评分表

上海 A 级景区状况解说评分表

组别：_____   姓名：_____   时间：_____

项目		标准分	教师评分
上海 A 级景区 总体情况讲解	解说的知识性	20	
	解说的条理性	20	
	PPT 制作	20	
互动问答		20	
实训纪律		20	
合计得分		100	

考核时间：　　年　　月　　日　　　　　　考评教师（签名）：_____

知识链接

在上海城市旅游发展的过程中，随着游客数量的激增和体验经济的发展，旅游景点将实现由观光功能向游憩功能的转换。在上海建设世界著名旅游城市的进程中，上海 A 级旅游景区的数量呈现逐年递增的态势，从 2010—2015 年，上海 A 级景区从 61 家发展到了 98 家（表 1-2）。这些景点作为上海旅游的标志性景点，对上海打造"国际旅游大都市"和发展都市旅游起着重要作用。2016 年年初，上海市有 5A 级景区 3 个，4A 级景区 51 个，3A 级景区 44 个。

表 1-2 上海 A 级旅游景区数量统计

年份	2010	2011	2012	2013	2014	2015
景区数量（家）	61	74	82	88	89	98

上海 5A 级旅游景区有 3 家，全部位于浦东新区，分别是东方明珠广播电视塔、上海野生动物园和上海科技馆。东方明珠广播电视塔日承载量 35000 人次，瞬时承载量 15000 人次；上海野生动物园日承载量 96000 人次，瞬时承载量 60000 人次；上海科技馆日承载量 30000 人次，瞬时承载量 10000 人次。其门票情况和开放时间如表 1-3 所示。

表 1-3 上海 5A 级景区门票及开放时间

景点名称	出售门票类 票价	开放时间	景区类型
东方明珠广播电视塔	太空舱、上球、下球+陈列馆：220 元 上、下球+陈列馆：160 元 陈列馆（不登塔）：35 元	8：00—21：30	高空观光标志类
上海野生动物园	普通门票：130 元 学生门票：65 元 老年门票：117 元（60~64 周岁） 　　　　　65 元（65 周岁以上） 个人年卡：368 元 家庭年卡：688 元	3—11 月 8：00~17：00 （16：00 停止售票） 12 月—次年 2 月 8：30~16：30 （15：30 停止售票）	动物乐园专业园林类
上海科技馆	成人 60 元 全日制大、中、小学生 30 元	周二至周日 9：00~17：15 （16：30 停止售票） 每周一闭馆 法定假日周一开	博物馆城市游憩类

2016 年年初，上海 4A 级景区有 51 家，其中收门票的有 36 家，不收门票的有 15 家。其名录如表 1-4 所示。

表1-4 上海4A级旅游景区目录

出售门票类（36家）		无门票类 （15家）
景点名称	票价（元）	
上海豫园	40	
上海城市规划展示馆	30	
上海东平国家森林公园	70	
上海动物园	40	
上海世纪公园	10	
上海大观园	60	
上海共青森林公园	15	
上海古猗园	12	
上海方塔园	12	
上海东方绿舟	50	
上海枫泾古镇	50	
锦江乐园	60	
上海碧海金沙景区	30	上海博物馆
上海海洋水族馆	160	上海佘山国家森林公园
上海鲜花港	50	陈云纪念馆
上海月湖雕塑公园	120	上海朱家角古镇
长风海洋世界	180	金山城市沙滩景区
上海都市菜园景区	45	嘉定州桥景区
上海前卫生态村	60	上海马陆葡萄艺术村
上海海湾国家森林公园	80	上海南翔景区
中国航海博物馆	50	上海东林寺景区
上海欢乐谷	230	徐家汇源景区
上海植物园	15	上海炮台湾景区
上海玻璃博物馆	20	金罗店美兰湖景区
明珠湖·西沙湿地景区	45	上海汽车博览公园
上海宋庆龄故居纪念馆	20	上海国际时尚中心
上海顾村公园景区	20	上海召稼楼景区
上海辰山植物园	60	
宝山国际民间艺术博览馆景区	30	
上海闻道园	80	
上海江南三民文化村景区	60	
金茂大厦88层观光厅	120	
上海环球金融中心观光厅	180	
上海国际赛车场旅游景区	50	
上海杜莎夫人蜡像馆	190	
上海太阳岛国际俱乐部	30	

任务三 上海旅游景区解说服务方式调查

技能实训

实训目的	通过实训，学生能够熟悉上海旅游景区采用的解说服务方式
实训要求	1. 调查当地旅游景区解说服务的类型与方式 2. 尝试分析旅游景区不同解说服务方式的功能与优缺点
实训时间	本实训环节共4学时180分钟，分组展示旅游景区解说服务的类型与方式120分钟，探讨不同景区解说服务方式的功能与优缺点40分钟，教师点评20分钟
实训地点	教室或景区模拟实训室
实训材料	多媒体设备
实训内容及步骤	1. 实训准备 (1) 学生分成5个小组。 (2) 教师指导学生课前收集不同类型旅游景区讲解服务的相关资料，包括：导游讲解（景区导游讲解照片、景区导游讲解录音、景区导游讲解录像）、标识牌（景区吸引物解说标识牌、旅游设施解说标识牌、环境解说标识牌、旅游管理解说标识牌、安全警示解说标识牌）、电子音像（电子导游、视频、影像放映厅、电子滚动屏幕、幻灯片、广播及背景音乐、VCD/DVD)、印刷品（旅游地图、旅游指南、旅游风光画册、旅游宣传彩页、景区手册、导游图、书籍、报纸、刊物）等、网站展示（不同类型旅游景区的网站）。 (3) 拍照或带回景区印刷品讲解材料等实物。 2. 实训开始 (1) 学生分组讲解或展示景区解说服务素材，每组时间24分钟。 (2) 讲解后教师指导学生讨论旅游景区不同解说服务方式的功能与优缺点，时间约40分钟。 (3) 教师总结和点评，时间约20分钟。 3. 实训结束

实训考核

1. 实训指导教师根据学生展示的景区解说服务素材和参与讨论情况进行评分。
2. 按百分制记分，景区解说服务方式展示70分，话题讨论30分。
3. 评分表

旅游景区解说服务方式调查测评表

组别：_____　　姓名：_____　　时间：_____

项目		标准分	教师评分
景区解说服务方式展示	解说服务材料收集	20	
	对景区解说服务方式的展示讲解	40	
	PPT 制作	10	
话题讨论	旅游景区不同解说服务方式的功能与优缺点讨论	30	
合计得分		100	

考核时间：　　年　月　日　　　　考评教师（签名）：_____

知识链接

解说，顾名思义，有解释和说明之意，即为了帮助人们认识和理解某种事物或现象而做的解释性、说明性工作。日常生活中，我们几乎处处都需要解说，如进入博物馆参观、观看体育赛事、参加旅游节事活动等。良好的解说服务能增进观众的理解，帮助企业和旅游景点树立良好的形象和建立良好的公共关系。实际上，解说随着语言的产生而产生，随着社会的发展而发展，是实现人与人之间沟通的重要渠道。作为帮助人们进行良好沟通的解说方式在古代的中国早已存在。当人类进入后工业时代后，随着休闲旅游活动的逐渐普及，人们的活动空间拓宽，解说服务也受到了前所未有的重视与推广。

一、解说

关于解说的定义，不同的学者理解的着重点不同，有人认为解说是一种交流过程，强调其沟通功能；有人认为解说是一门艺术，强调其启发功能；也有人认为解说是一种教育活动，强调其教育作用。目前，世界上广泛认同的是费门·提尔顿（Freeman Tilden）在其 1957 年出版的《解说我们的遗产》（*Interpreting Our Heritage*）一书中阐述的定义"解说是一种教育活动，其旨在通过原始事物，凭借游客的亲身经历，借助于各种演示媒体，来揭示当地景物的意义及其相互关系，而非传达一些事实"。

从 20 世纪 50 年代开始，旅游业在美国、西欧等地得到了快速的发展，周末、节假日举家外出度假游憩成了人们的一种生活方式，美国各地的国家公园几乎成了人们度假和接受自然教育、环境教育的天堂。从此，解说工作受到了前所未有的重视。解说不再是一种简单的说教，而是对事情本身所做的客观性说明，解说具有科学性、通俗性、趣味性、教育性等特征，能引导人们全面、客观、准确地获取事实真相，满足人们全方位获取信息的需要。解说是一种信息服务，目的在于借助各种实物、模型、景观、资料和

影像等传播媒体将客体信息准确、全面地告知公众，并尽可能科学地解释事物运动的内在规律，增进公众对所描述的事物的了解。

二、旅游景区解说

大众旅游的普及极大地推动了解说的发展，旅游解说作为解说的一种，被广泛地应用到旅游活动中，以帮助游客在旅游中获得旅游信息，理解旅游景观。

旅游景区解说就是运用某种媒体和表达方式，使旅游景区相关信息传递并到达旅游者中间，帮助旅游者了解旅游景区景观的性质和特点，并达到景区服务、教育、使用的基本功能。

旅游景区解说是一个完整的系统，是借助不同的传播媒体将旅游景区的旅游资源、风土人情、服务设施、游览路线等旅游相关信息传播给游客，帮助游客了解旅游景区的性质、特色、地位、价值，为游客提供最大限度的游览机会，引导游客开展各项旅游活动，帮助游客认知景区自然资源的生态价值、环境价值和游憩价值，促进游客增长知识、开阔视野，主动保护自然和文化遗产，提升旅游景区的旅游形象。

三、旅游景区解说服务的功能

1. 信息功能

景区解说服务的信息功能主要是指旅游景区以简单、多样的方式给旅游者提供服务的信息，使他们有安全和愉悦的旅游经历，帮助旅游者了解并欣赏旅游景区的资源及价值、旅游景区与周边地区的关系，以及旅游景区在整个社会经济发展中的地位。

2. 教育功能

旅游景区解说服务的教育功能是指景区通过各种解说媒介向有兴趣的游客提供针对性的解说服务，加深游客对旅游景区的资源及其价值、旅游景区规划设计的深刻理解，进而增强其情感体验，提升认识水平。景区解说的教育功能不仅有助于延长旅游产品的生命周期，更有助于提高全民族的文化道德素养。通过旅游景区解说服务，游客可以接受环境教育、历史文化教育和爱国主义教育。

景区解说的环境教育主要针对自然景观资源而言。景区解说运用科学的解说手段将自然风光中涉及的景观成因、植被、地貌、水文、气象等科学知识传递给游客，不仅便于记忆，还能陶冶游客性情，激发游客对祖国大好河山的热爱。例如，森林公园景区的解说可以帮助游客了解森林中各种树木资源的知识，认识树木的名称、生长地、生长的环境条件以及森林与人类的关系等。

历史文化教育功能主要针对历史文化遗产解说和民族文化解说而言。历史文化旅游景区旅游解说系统，可以让游客深入了解景区的文化景观、历史建筑、民风民情等，回顾先人的伟业，激发为祖国未来奋斗的豪情。如秦始皇陵兵马俑景区解说，再现了秦国统一六国时工农业发展和人民的生活状态，给游客一次生动深刻、鲜活真实的秦代历史教育。另外，一些壮美的自然景观往往与历史事件、历史人物融为一体，自然与文化相融合，使整个旅游景观具有时空立体性。如云南的泸沽湖，游客不仅可以欣赏山水的壮美，还能了解"女儿国"特有的文化和习俗。

爱国主义教育功能主要针对红色旅游而言。红色旅游景区的旅游解说是爱国主义教育最好的素材，通过对景区各景点、景观的介绍，可以教育今人，鼓舞后人，使游客深刻认识老一辈革命家的成长历程、崇高品格、先进事迹、精神境界、人格魅力等，有利于传统革命文化的传播。

3. 使用功能

旅游景区解说的使用功能是指旅游景区利用各种解说媒介为游客提供各种信息传递服务，方便游客了解景区的交通、使用景区的接待设施、在游客中心获得各种服务，增强游客的旅游体验。

4. 审美功能

旅游景区解说的审美功能是通过多样化的解说媒介把旅游景区的自然美、社会美、艺术美和语言美有机地结合起来，展示给游客，满足游客的审美要求。自然中所蕴含的形状美、颜色美、声音美、动态美可以通过极其丰富的展现形式，影响现代人的生活情怀；各民族特有的社会文化吸引和催动当今世界不同地域的人们走出家门，在异域新鲜的环境中亲身体味异乡生活情调，感受从未接触过的奇异风俗，激发游客的审美兴趣，引起游客的愉悦感和情感活动。

5. 保护功能

景区解说服务的保护功能是指通过解说，可以改变游客的行为方式和习惯，帮助人们树立"防重于治"的观念，提高游客保护环境的意识，增强游客和景区附近居民的法律意识。如在旅游风景区、自然保护区，通过醒目的宣传牌示和幽默诙谐的语言，向人们传递有关景区保护的常识，充分利用旅游景区解说媒介的优势，提高人们对各种景观资源的认识，保护动植物，引导游客自觉地爱护旅游景区的旅游资源，保护旅游景区的旅游环境。

四、旅游景区解说服务的原则

1. 科学性与通俗性相结合

景区解说服务是用来帮助游客理解、了解和认知旅游景区的新的事物和新的环境的，解说的内容设计应该具有科学性，尊重客观事实。解说的形式和语言表达方式应该尽可能通俗化，用人们容易理解的方式和语言表述习惯来解说，避免使用生硬的学术用语和专业性太强的词汇。

2. 专业性和趣味性相结合

为了实现景区解说的引导和教育功能，景区解说服务的内容应该突出专业特色，应该有一定的专业深度，但要注意深入浅出，如博物馆、自然保护区等专业性十分强的旅

游景区的解说，首要考虑的就是解说内容的专业性，博物馆的解说应在对历史、考古、文化等方面进行深度专业研究的基础上进行，自然保护区则应充分吸收自然资源、自然环境、生态教育等方面的研究成果，进行专业解说才能达到解说的教育作用。从解说的语言表达和展示方式来说，为了给人们创造一个快乐的享受性休闲空间，应突出解说的趣味性，以激起人们的好奇心和求知欲望。

3. 规范性与人性化相结合

景区解说工作从内容设计、形式安排、展示环境、人员服务等各个环节均应有统一的规范。任何一项景区解说服务均应该通过系统的规划与设计，从形式到内容均遵循解说的规范与标准，并按照人性化的原则进行设计，体现人本主义思想。如各种展示设施的布局应体现人们参观游览的最佳活动组织方案，设施的设计与制造应从视觉审美的角度满足不同人们的心理需求。

4. 实用性与高度性相结合

旅游景区解说是一种面向游客的服务，是游客进行旅游活动的辅助性工作，应坚持实用性原则，无论是内容还是展示方式的选择、展示设施的安排等，均应做到实用、美观、大方，切忌空洞、大话、套话以及不切主题的冗长的语言。景区解说服务要注意提高效率，使游客能在最短的时间内获得足够的信息。

五、旅游景区解说服务的方式

旅游景区解说系统是对景区景点进行实物以外的说明，以加深游客对展示物的了解。旅游景区解说系统不同于一般简单的展示，而是由软件部分（也称向导式解说）和硬件部分（也称自导式解说）构成的系统。软件部分主要包括导游讲解、咨询服务等人员的解释服务；硬件部分主要包括游览图、门票、标识牌（解说牌）、语音解说、多媒体动态展示等表现形式。从景区所提供的解说服务内容来看，可以分为向导式解说服务和自导式解说服务两种方式。

1. 景区向导式解说服务

景区向导式解说服务也称景区导游解说服务、景区人员解说服务，是目前我国旅游景区解说服务的主要方式，多为团队旅游者服务。向导式解说服务是由受过良好的专业训练和系统培训的解说人员为游客提供主动的、动态的信息传导服务，属于能动式服务。它的最大特点是双向沟通，能够回答游客提出的各种各样的问题，并能因人而异地、有针对性地提供个性化服务。同时，由于景区导游员一般掌握了较多的专业知识，向导式解说服务信息量非常大，内容丰富，但它的可靠性和准确性不确定，这是由导游员的素质决定的，本书希望能够通过实训帮助各位景区导游提升服务技能。景区导游可以通过巧妙的语言艺术、情感互动、讲解技巧等激发游客的参观游览兴趣，从而使游客以愉悦的心情和投入的心态去欣赏自然美和人文美，获得体验的快乐。

此外，景区一年四季的天气、温度、湿度不同，现场参观游览的情况千变万化，游客的个性化要求复杂多样，发生任何问题、游客提出的要求都要有人及时处理。所有这些工作，只有具有主观能动性、会审时度势处理各种问题的导游才能胜任。当景区游客量较多时，导游的解说服务尤为重要。所以，对景区导游讲解员进行培训，使他们掌握丰富的专业知识、讲解技巧，建立一支训练有素、讲解经验丰富、处理游客要求合理高效的导游讲解员队伍，可以极大地提升旅游景区的服务品质和形象。

2. 景区自导式解说服务

景区自导式解说服务则是通过标识牌、语音、影视、幻灯片、网络展示、印刷物（手册、导游图、书籍、报纸、刊物、门票）等多种形式的解说设施向游客提供静态、被动的信息服务，这种方式信息量有限，不能进行动态的现场双向交流，其服务对象多为散客旅游者。由于受篇幅、容量限制，自导式解说设施提供的信息有限，但是这种限制使得自导式解说系统的解说内容一般要经过精心挑选和设计，具有较强的科学性和权威性，游客可以根据自己的喜好、兴趣，自由决定获得信息的长短。

游客获取自导式解说服务所提供的信息，没有时间上的限制，他们可以根据自己的爱好、兴趣和体力自由决定获取信息的时间长短和进入深度。自导式解说服务设施容易受到自然和人为的破坏。无论旅游解说采用何种方式都必须借助特定的语言，对于外国游客经常光临的景区来说，外语解说尤为重要。景区自导式解说主要包括游客中心、标识牌、信息资料、便携式语音解说等方式。

（1）游客中心。游客中心又称"游客接待中心"，《旅游区（点）质量等级的划分与评定》对其定义如下："游客中心是旅游景区设立的为游客提供信息、咨询、游程安排、讲解、教育、信息等旅游设施和服务功能的专门场所。"很多景区在游客中心设有专门的影音室，向游客播放景区宣传片；也有很多景区的游客中心向游客提供免费的景区纸质宣传资料。

（2）标识牌。不同旅游景区的信息资料通常包括游览全景图、导览图、指示牌、景物介绍牌等。

（3）信息资料。不同旅游景区的信息资料通常包括旅游景区相关内容的研究论著、科普读物、导游图、导游资料、音像制品、综合画册等。

（4）电子信息方式。景区自导式解说的电子信息方式主要有语音导游、录像、高科技制作的动态展示、电子触摸屏、多媒体展示等。

六、不同A级旅游景区解说的要求

《旅游区（点）质量等级的划分与评定》对于不同等级旅游景区解说导览的相关要求如下。

1. AAAAA级景区

（1）游客中心位置合理，规模适度，设施齐全，功能体现充分。咨询服务人员配备齐全，业务熟练，服务热情。

(2) 各种引导标识（包括导游全景图、导览图、标识牌、景物介绍牌等）造型特色突出，艺术感和文化气息浓厚，能烘托总体环境。标识牌和景物介绍牌设置合理。

(3) 公众信息资料（如研究论著、科普读物、综合画册、音像制品、导游图和导游材料等）特色突出，品种齐全，内容丰富，文字优美，制作精美，更新适时。

(4) 导游员（讲解员）持证上岗，人数及语种能满足游客需要。普通话达标率100%。导游员（讲解员）均应具备大专以上文化程度，其中本科以上不少于30%。

(5) 导游（讲解）词科学、准确、有文采。导游服务具有针对性，强调个性化，服务质量达到要求。

2. AAAA 级景区

(1) 游客中心位置合理，规模适度，设施齐全，功能完善。咨询服务人员配备齐全，业务熟练，服务热情。

(2) 各种引导标识（包括导游全景图、导览图、标识牌、景物介绍牌等）造型有特色，与景观环境相协调。标识牌和景物介绍牌设置合理。

(3) 公众信息资料（如研究论著、科普读物、综合画册、音像制品、导游图和导游材料等）特色突出，品种齐全，内容丰富，制作良好，更新适时。

(4) 导游员（讲解员）持证上岗，人数及语种能满足游客需要。普通话达标率100%。导游员（讲解员）均应具备高中以上文化程度，其中大专以上不少于40%。

(5) 导游（讲解）词科学、准确、生动。导游服务质量达到要求。

3. AAA 级景区

(1) 游客中心位置合理，规模适度，设施、功能齐备。游客中心有服务人员，业务熟悉，服务热情。

(2) 各种引导标识（包括导游全景图、导览图、标识牌、景物介绍牌等）造型有特色，与景观环境相协调。标识牌和景物介绍牌设置合理。

(3) 公众信息资料（如研究论著、科普读物、综合画册、音像制品、导游图和导游材料等）有特色，品种全，内容丰富，制作良好，更新适时。

(4) 导游员（讲解员）持证上岗，人数及语种能满足游客需要。普通话达标率100%。导游员（讲解员）均应具备高中以上文化程度，其中大专以上不少于20%。

(5) 导游（讲解）词科学、准确、生动，导游服务质量达到要求。

4. AA 级景区

(1) 有为游客提供咨询服务的游客中心或相应场所，咨询服务人员业务熟悉，服务热情。

(2) 各种引导标识（包括导游全景图、导览图、标识牌、景物介绍牌等）清晰美观，与景观环境基本协调。标识牌和景物介绍牌设置合理。

(3) 公众信息资料（如研究论著、科普读物、综合画册、音像制品、导游图和导游材料等）品种多，内容丰富，制作较好。

（4）导游员（讲解员）持证上岗，人数及语种能满足游客需要。普通话达标率100%。导游员（讲解员）均应具备高中以上文化程度。

（5）导游（讲解）词科学、准确、生动。导游服务质量达到要求。

5. A 级景区

（1）有为游客提供咨询服务的场所，服务人员业务熟悉，服务热情。

（2）各种公众信息资料（包括导游全景图、标识牌、景物介绍牌等）与景观环境基本协调。标识牌和景物介绍牌设置基本合理。

（3）宣传教育材料（如研究论著、科普读物、综合画册、音像制品、导游图和导游材料等）品种多，内容丰富，制作较好。

（4）导游员（讲解员）持证上岗，人数及语种能基本满足游客需要。普通话达标率100%。导游员（讲解员）均应具备高中以上文化程度。

（5）导游（讲解）词科学、准确、生动。导游服务质量达到要求。

景区人员解说服务程序

【学习目标】

- 熟悉旅游景区人员解说服务的流程及规范要求。
- 掌握景区导游服务准备的内容。
- 掌握游览线路商议的方法。
- 熟练掌握景区讲解游览中的各项服务程序及其规范要求。
- 掌握导游的欢迎词和欢送词。

任务一　景区讲解员工作流程认知

技能实训

实训目的	认知景区讲解员（导游）工作流程
实训要求	使学生掌握景区讲解员工作服务程序，并通过景区游览加强对景区讲解员工作的感性认识
实训时间	本实训环节共 4 学时
实训地点	景区、教室或模拟讲解实训室
实训材料	多媒体设备

续表

实训内容及步骤	1. 实训准备 （1）与上海知名旅游景区联系。 （2）请景区经理和优秀景区导游介绍景区讲解员工作的特点和流程。 （3）把学生分成若干小组。 2. 实训开始 （1）学生分组进行景区导游部的参观，观察导游接受任务的工作过程。 （2）听取景区讲解部门负责人介绍情况，主要包括景区讲解人员的素质、景区讲解服务技能和景区对讲解人员的职业要求。 （3）听取景区优秀讲解员的工作情况介绍，主要包括讲解员工作内容、工作程序及讲解员自身的体验和感想。 （4）学生对景区讲解员工作进行现场咨询、了解。 （5）对景区讲解员工作提出问题。 （6）小组总结。 3. 实训结束

实训考核

1. 实训指导教师根据学生对景区讲解员的现场咨询提问和小组总结进行评分。

2. 按百分制记分，景区现场咨询提问50分，小组总结30分，实训纪律及态度20分。

3. 评分表

旅游景区讲解员工作流程认知评分表

组别：_____ 姓名：_____ 时间：_____

项目	应得分	教师评分
景区讲解员工作现场咨询、了解	30	
景区讲解员互动提出的问题	20	
小组总结	30	
实训纪律及态度	20	
合计得分	100	

考核时间：　　年　　月　　日　　　　考评教师（签名）：_____

知识链接

一、景点人员解说服务流程

景点人员解说服务是由景点导游员提供的，因此景区人员解说服务也称为景区导游服务。景点导游员也叫景点讲解员，是在规定景区从事翻译、讲解和向导服务的专业人员，是导游队伍的一个组成部分，受景点管理部门的委派，专职在风景区、自然保护区、博物馆、纪念馆、名人故居、主题公园等旅游景点为游客进行导游讲解服务的工作人员。

景区解说员的服务流程一般分为服务准备、接待服务、送别服务和善后工作四个阶段，如图2-1所示。

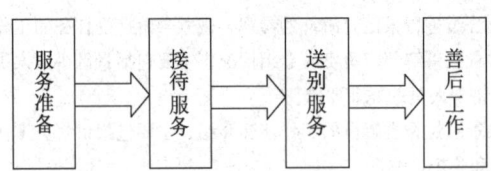

图2-1 景区解说员服务流程

二、服务准备

景区导游解说服务与旅行社全陪、地陪导游的服务不同：一是其服务的地域小，仅限于本景区、景点；二是服务内容单一，仅为游客提供讲解服务。但是要做好景区景点的导游讲解服务，导游人员需要对其服务的区域或景点乃至该景区或景点所在的地区有较全面、深入的了解以及相应的专门知识，如历史知识、地理知识、园林知识、生态知识、古建筑知识、文物知识等。

（一）熟悉接待计划

景区人员讲解有两种：一种是经营性的商业讲解，即付费讲解；另一种是非营利性的公益讲解，即免费讲解，不需要付费。无论哪种讲解，景区讲解人员都应熟悉接待计划。

1. 付费讲解团队的接待

景区导游工作的接待计划具有临时性的特点，不可能像全陪、地陪那样做出详细的书面计划。按照《旅游法》的规定，旅行社团队都有全陪和地陪，如果是入境旅游团，还有领队。景点导游接到讲解任务后，应尽快与地陪联系，了解游客的基本情况，以便做好游览接待计划。这种接待属于有偿景点人员讲解服务，每个景区收费标准大同小异，其收费标准大致情况如表2-1所示。

表2-1 旅游景区人员讲解收费标准

人数	类别	收费标准
1~10人	中文讲解	50元/次
	外语讲解	100元/次
11~20人	中文讲解	100元/次
	外语讲解	150元/次

续表

人数	类别	收费标准
21~30 人	中文讲解	150 元/次
	外语讲解	200 元/次
30 人以上	中文讲解	5 元/人
	外语讲解	10 元/人

2. 公益性团队的接待

旅游景区要经常接待一些政府机构、社团组织的团队，一般属于公益性接待，属于免费讲解。景区讲解人员接到接待任务书通知单后（表2-2），要及时了解和分析团队的情况，做好相应的讲解准备工作。

表 2-2　景点接待任务书通知单

景点接待任务书通知单				
编号：000000001			年　月　日	
来宾单位				
带队领导			人　数	
陪同人员				
联络人员			联系电话	
接待内容				
门票优惠			讲解人员	
接待休息		馈赠礼品	份　数	
			种　类	
接待宴请				
办公室意见				
景区领导审批意见				

（二）知识准备

由于景区讲解人员的主要任务是向游客宣传介绍景区，所以景区讲解员必须做好相应的知识准备。景区讲解人员应该从以下几个方面做好知识准备。

1. 景区知识的准备

（1）景区基本情况。景区讲解人员必须熟记景区各景点的名称、建筑特色和建筑风格、历史沿革、民间传说、景区基本概况。

（2）景区背景知识及特色。景区讲解人员应深入系统地掌握景区的背景知识及特色，购买并阅读与本景区有关的通识性或学术性书籍，更深入系统地了解所在景区景点的背景知识，比较国内外同类景区的特色，丰富自己有关景区的各种知识储备。

2. 讲解员的知识准备

景区讲解人员应善于发现自己的知识欠缺，及时补充，努力把自己打造成专家型、学者型、文化型导游，主动学习史地文化知识、心理学知识、美学知识，进一步学习和研究景区所涉及的相关学科知识，扩大自己的知识面，并能提出一些个人见解。

3. 与游客互动的知识准备

为了更好地为游客提供讲解服务，景区导游应了解客源地的相关知识，如景区游客主要客源地的地理、历史、人口、经济、城市建设、民俗等。如是国外游客，还应了解政体、对外关系、民族宗教等。景区导游要注意了解当前热门话题、国内外重大新闻、游客感兴趣的话题等。同时，要注意分析游客的心理，根据游客的组合（游客的职业、身份、年龄、性别等）了解游客的爱好，做到有针对性地进行知识准备。

4. 环保、文物、安全等知识

景区讲解人员需要掌握一些景区环境保护方面的知识、景区文物保护知识及景区安全方面的知识。在讲解过程中把这些知识贯穿于景点讲解中。

（三）做好心理准备

景区讲解人员的心理准备不能只考虑按规定要求为游客提供热情服务的工作程序方面，还要有遇到问题、发生事故时应如何去面对、去处理，对需要特殊服务的游客应采取什么措施等各种思想准备；对待游客的批评、挑剔和反驳，景区讲解人员要有正确的态度；要敢于面对和接受各种挑战；做好和全陪、地陪合作的准备。有了这些方面的心理准备，就能做到遇事不慌、遇到问题也能妥善迅速地处理。

人都会有情绪，景区讲解人员也不例外。在实际工作中，讲解人员应保持良好的情绪，并且要善于利用情绪。同时，注意工作生活中自我角色的转变，不能把自己生活中不愉快的情绪带到工作中。要牢记"游客可能今生只来一次本景区，要通过自己的讲解给客人留下终身美好的回忆，而不是终身遗憾"。在工作中，景区导游要积极观察游客的反应，并根据其反应调整自己的导游技巧。

（四）做好形象准备

景点导游的形象也是景区形象的一部分，是十分重要的。景点导游的外形要求是指仪容、仪表两方面，仪容、仪表是人的精神面貌的外在表现，体现着一个人的内在素质和修养。导游员在讲解过程中，良好的仪容、仪表能给游客带来深刻的印象和美好的回忆，为顺利带团创造有利条件。内容详见本章任务二。

（五）做好物质准备

1. 准备好景区导游图册或有关资料

景区讲解导游员在接团前应该准备好景区导游图或者景区的一些资料，便于在接团时发给每位游客，让游客对景区有一个大致的了解。

2. 准备好景区导游讲解的工具或器材

在景区讲解时，如果人数比较多，导游应该提前准备好话筒，便于讲解时让每位游客均能听清楚。如果在夜间游览，还需要准备好电筒等照明工具，便于观看景点和照明使用。有些景区还提供了耳麦、电子导游图等，这些都需要导游提前做好准备。

3. 按规定要求着装、佩戴标牌

景区讲解人员需按要求统一着装，佩戴景区标牌。所以每天带团前景区讲解人员要提前做好着装准备。

三、接待服务

（一）迎接旅游团

景区讲解人员一般在景区大门迎接旅游团的到来。客人到了之后首先要了解客人的基本情况。见到游客团队后应通过观察或向随团导游询问，简单了解旅游团基本情况，如游客的国籍、团队人数、年龄、文化水平和职业背景等。

（二）商议游览行程及线路

商定游览行程事宜主要发生在较大的游览景区，而在一般的旅游景点，如博物馆等，除了旅行社组织的团队和某些特殊团队之外，其他游客一般愿意听从导游推荐的游览行程安排。商定游览行程不仅表明导游人员对游客的尊重和欢迎，而且可以从商议安排的过程中了解游客的主要兴趣，使游览计划安排更符合客人的需要，这是保证景区导游工作顺利进行的重要一环。内容详见本章任务三。

（三）致欢迎词

欢迎词好比一场戏的"序幕"，一首乐章的"序曲"。致欢迎词是给客人留下美好第一印象的好机会，导游员应当重视。内容详见本章任务四。

（四）说明游览线路及注意事项

在致欢迎词之后就要向客人说明游览线路和注意事项。地点选择在景区大门口导游图前（个别景区门票上印有游览线路时，也可以请游客边看线路图边听讲解）。景区讲解人员应明确告诉游客景区的构成部分、游客在本景区游览的主要线路和所需时间、景区游览注意事项等。讲解线路和注意事项应简明扼要，尽可能让每位游客听清楚，以免客人在景区走失。

（五）讲解景区概况

景区概况讲解地点应在景区大门的导游图前或能俯瞰景区全景的观景台、游客中心，也可以在说明游览线路和注意事项时同步进行。讲解的内容包括景区名称的来历、

历史沿革、主要特色、景区品味和主要景点概况。

【示例】：泰山景区概况介绍

在攀登泰山之前，我先对泰山的概况向大家做一个介绍。泰山位于山东省泰安市，是我国的"五岳之首"，是中华民族的伟大的象征，是东方文化世界的缩影，是"天人合一"的寄托之地，在1987年作为自然和文化双重遗产被列入了世界遗产名录。泰山自古以来就被看作国家稳定、民族团结的一个象征。历朝历代，唯有大功绩的皇帝，才有资格封禅泰山。历代名人，无论是谁，都对泰山仰慕备至，孔子和杜甫也先后登临泰山，留下了千古绝句。

我们在泰山脚下向山顶上看，那个红色的建筑就是南天门，位于泰山十八盘的尽头，又名三天门，海拔1460米，故称天门关。等一会儿，无论是坐缆车的还是徒步登山的，我们都将在那里会合。泰山主要的景点有：百丈崖、望人松、云桥飞瀑、十八盘等。其中十八盘是登山路中最险要的一段，你能想象吗？它有石阶1600余级，大家顺着我手指的方向看，它像不像在崇山峻岭之间的一条灰色的长龙！

好了，话不多说，我们一起向上爬，看看谁最先到达山顶，体验"会当凌绝顶，一览众山小"的感觉。

（六）沿旅游线路带游客游览并提供讲解服务

景区讲解人员从大门开始应沿游览线路边游览边讲解。除非团队时间有限，而只能挑选重点景区讲解外，景点导游应将沿途全部景点详细、全面地介绍给客人。

讲解服务是景区导游人员工作的核心内容。在景区讲解过程中，讲解人员应保证在计划时间内，游客能充分地游览、观赏。要做到讲解、引导与游客的观赏相结合，并对游客中的老、弱、病、残、孕人员及儿童多加注意与照顾。在整个景区的游览过程中，导游人员要做好安全提示工作，注意游客的安全，保护游客的财物；导游人员要自始至终与游客在一起活动，绝不允许自行离开工作岗位。

在提供景区导游讲解服务时，要注意自己的形象，随时根据景点的情况调整自己的位置和音量、音调。对不同的参观点和不同的游客选择不同的导游讲解方法。耐心解答游客的问题，如果景区较大或有需要游客特别注意的内容时，导游在进行景区讲解之前应一一向游客讲清，并不失时机地做好提醒工作，杜绝事故隐患。

景区讲解人员在讲解时要灵活运用讲解方法，使用生动、形象、富有表达力的导游语言。

（七）对游客个别要求的处理

游客在景区游览途中，由于种种原因，会提出一些个别要求，需要景区导游合理地加以处理。

1. 游客要求在景区自行游览

进入景区初期，大部分游客尚能随团活动。但是随着游览线路的延长，游客会要求脱团自行游览，比如，有的人对导游讲解不感兴趣；有的人对某些景点特别喜爱，希望停留更长时间；还有人由于各种原因掉队。无论游客是自动脱团还是被动脱团，导游人员都应根据情况妥善处理。

一般情况下，只要景区安全有保障，不影响全团行程，景区导游可以满足游客自行游览的要求，也不必寻找掉队团员。但景区导游应事先向客人强调景区游览注意事项，提醒游客留意游览时间和离开景区的方向，以免造成游客走失。

当游客人身和财产安全得不到足够保证时，如在高海拔地区或高山悬崖地区，或在治安状况不好的景区，或在江河湖泊地区旅游，景区导游原则上不能同意游客自行游览的要求，对掉队团员也应及时找回，尽可能让游客随团活动。

2. 游客要求在景区购物

大多数游客有购买旅游纪念品的要求，为此许多景区都设有为数不少的购物商店，既出售旅游必需品，也推销各地土特产品和旅游纪念品。这些商店的所有制关系大体分为两类：一类是景区管理部门所有，经营比较规范、货真价实、明码标价；一类是小型个体商户甚至是地摊式经营，货品良莠不齐、价格随意性大，游客在这类地方购物有一定风险。景区导游应向游客介绍正规商店购物，请客人保留购物发票作为退换凭证；对于个别游客喜欢购买地摊商品的行为，如果价格不太高的话，景区导游不必介意，可任凭游客自愿选购。但当游客购买的是高价值物品时，应适当提醒游客慎重选择，防止上当受骗。

有些地摊出售古玩或仿古艺术品，由于是非法经营，无文物管理部门的鉴定证书、无火漆印，海外游客购买后将无法带出海关，因此景区导游要劝阻海外游客购买。个别游客在购买地摊上贩卖的古玩或仿古艺术品时，往往恳请导游帮助鉴定，景区导游千万不要不懂装懂，以免造成游客上当受骗。

四、送别服务

送别是景区导游服务工作的尾声。导游工作要善始善终，防止虎头蛇尾。送别服务中最重要的就是致欢送词。内容包括：对所游览的景点进行回顾和小结；诚恳地征求游客对自己工作的意见和建议；欢迎客人下次光临，并祝愿客人一路平安。

五、善后工作

送走游客，景区讲解人员的工作并没有结束，还有一项重要的工作，那就是善后。善后工作十分重要，不仅是完成一项任务必不可少的部分，而且也是提高导游服务效率和服务质量的必要手段。实践证明，凡是重视善后总结工作的导游，进步就快，工作也开展得好；反之，工作就无大的成效。另外，善后工作还可以帮助导游人员提高写作水平，填补导游只动口不动手的缺憾。善后工作主要包括以下内容。

1. 写好总结

写好接待工作总结，具体内容包括：

（1）接待游客的人数，抵达离开时间。若是旅游团队，还需记录团队的名称及旅行社的名称。

（2）游客成员的基本情况、背景及特点。

（3）重点游客的反映，尽量引用原文，并注明游客的姓名和身份。

（4）游客对景区的景观及建设情况的感受和建议。

（5）对接待工作的反映。

（6）尚需办理的事情。

（7）讲解人员自身的体会及对今后工作的建议。

2. 知识补课

仔细回忆接待讲解过程中所存在的问题，如景点讲解人员不清楚的知识，回答不准确的地方，甚至有些回答不出的问题。根据这些进行有针对性的补课，学习有关知识，请教有经验的同行，必要时登门请教专家学者，以提高今后的导游水平，做一个有学识的景区讲解服务人员。景区讲解人员要有这样的观念：第一次答不好的问题，第二次一定要答好。要做好这一步，就需要不断地进行知识补课。

3. 总结提高

景区导游工作还是导游服务类别中的一个新分支，许多服务尚无既定的规律，导游需在摸索中前进。要提高景区导游工作的地位、服务水平和质量，需要景区导游人员不断地总结经验和教训，使今后的工作进一步规范化，以提高景区导游接待工作的整体水平，提高从业者的整体素质，打造出具有中国特色的、适应中国旅游业迅猛发展趋势的、受广大游客欢迎的、专家和学者型的景点导游。

任务二　景区讲解员形象设计与工具使用

技能实训

实训目的	熟练掌握景区讲解人员仪容仪表修饰的原则与工具使用方法
实训要求	让学生通过实训，能在景区导游服务工作中始终保持与工作相适宜的良好的仪容仪表，熟练使用导游讲解工具
实训时间	本实训环节共3学时
实训地点	形体实训室
实训材料	形体训练镜、胸卡、导游旗、话筒

续表

实训内容及步骤	1. 实训准备 （1）把学生分成若干小组。 （2）全体学生自备服装。 （3）女同学自备化妆品、饰品。 （4）教师准备胸卡、导游旗、话筒。 2. 实训开始 （1）仪容修饰：实训教师检查指导学生的发型、卫生、化妆。 （2）仪表修饰：实训教师检查指导学生的服装、饰物佩戴。 （3）仪态训练：指导学生的站姿、坐姿、走姿、目光、手势。 （4）工具使用：教师检查学生导游证、胸卡的佩戴，导游旗和导游话筒的使用。 （5）教师对学生的训练结果进行点评和纠正。 3. 实训结束

▶ 实训考核

1. 实训指导教师根据学生掌握景区导游应具备的仪容、仪表、仪态，及对导游讲解工具的使用情况进行评分。

2. 按百分制记分，仪容15分，仪表10分，仪态35分，工具及使用规范30分，实训纪律及态度10分。

3. 评分表

景区讲解人员形象设计与训练评分表

组别：_____　　姓名：_____　　时间：_____

	项目	应得分	教师评分
仪容 15分	发型、头发修饰及清洁程度	5	
	妆容及面部清洁	5	
	手、口、指甲的清洁	5	
仪表 10分	服装、鞋帽的穿戴	5	
	饰物、眼镜的佩戴	5	
仪态 35分	站姿	5	
	坐姿	5	
	走姿	5	
	表情神态	5	
	目光	5	
	握手	5	
	指示手势	5	

续表

项目		应得分	教师评分
工具及使用规范 30	佩戴导游证和胸卡	5	
	导游旗的持法	10	
	话筒的使用	10	
	清点人数	5	
实训纪律及态度		10	
合计得分		100	

考核时间：　　年　　月　　日　　　　　　考评教师（签名）：＿＿＿＿＿＿

知识链接

一、景区讲解人员的仪容

景区导游员的容貌虽然是天生的，但经过修饰可以得到美化。整洁、端庄是景区导游仪容修饰的总体要求。

景区讲解人员的发型应大方、干净利落。因此导游在选择发型时要注意同自己的职业、脸型、身材、气质相配。一般来说，男导游不留长发和大鬓角；女导游以短发为宜。导游员的头发要保持清洁整齐，特别要注意头发上、衣服上不要有头屑。

女导游为保持面容光泽，适当的化妆是必要的。化妆的原则是自然淡雅，看起来有活力、有精神。室外天气较热时，不宜化妆，更不能在众目睽睽下化妆。

此外，还有一些细节需要注意：早晚刷牙，饭后漱口，注意消除口腔异味，牙齿要保持清洁。男导游不留胡子，要常刮脸，并修短鼻毛。指甲要勤修剪；不留长指甲，尤其是女导游不要涂深色的指甲油。

二、景区讲解人员的仪表

景点导游应按企业规定穿着统一服装上岗并保持整洁。若没有统一服装，导游员要按照两个基本要求着装：一是服装要整洁；二是与自己的年龄相协调，服饰既不过分美丽、时髦和怪异，也不过于庄重。

所穿衣服要经常熨烫，保持整洁，上岗时工号标志要佩戴在左胸合适的位置，领带或领结也须干净、端正。

此外，导游员在服饰上还应注意一些细节：景区男导游任何时候在室内场馆不得戴帽子；室内一般不要戴墨镜，即使在室外，遇有隆重仪式和迎送游客等礼节性场合，也不宜戴墨镜。夏天男导游不穿无领汗衫和短裤（在海滩和水公园景区除外），不赤脚穿凉鞋。男导游的皮鞋要擦亮，运动鞋要清洗干净。女导游不宜穿超短裙、超短裤、吊带衫、露脐装、网眼丝袜、皮裙、皮裤等过于暴露和性感的衣服；要穿与肤色相近的袜子，注意不要将袜口露在裙、裤外。衬衫要经常更换，特别要保持领口和袖口的干净；

经常更换内衣、内裤和袜子，身上不能有汗臭味等。

三、景区讲解人员的仪态

仪态是指人的姿势和风度。它作为一种无声的语言，在景区导游的讲解服务中有着特殊意义和重要作用。导游人员的仪态包括各种体态和表情。景区导游的仪态美要求站姿挺拔、坐姿文雅、走姿稳健，形体动作得体。仪态美综合体现了一个人的道德品格、思想情操、性格气质、学识教养和处世态度。因此，景区导游人员要在日常生活中养成良好的姿态举止：大方、自然、得体；直率但不鲁莽，活泼但不轻佻；工作时紧张而不失措；休息时轻松而不懒散；与人交谈时谦虚但不迂腐；人际交往时礼貌但不自卑。总体来说，合乎规范、优美大方是对景区导游人员仪态的基本要求。

1. 站姿

正确的站姿是一个人优雅举止的基础。导游员的站姿应挺拔、自然。站立时身体要端正，挺胸收腹，腰直肩平，双臂自然下垂（在背后交叉或体前交叉也可），两脚与肩相齐。站累时可以通过将身体重心轮流移动到左右脚上来调节。一般情况下，双手不可叉腰，也不可双手抱放在胸前或将手插在衣裤袋内。不宜一腿直一腿弯曲歪着身子，也不可身体斜靠着物件。不宜摇晃身体、摇头晃脑，也不宜抖腿。

2. 坐姿

景点导游员在坐车或坐船为游客讲解时要注意自己的坐姿。导游员坐要坐得端正。胸微挺，腰伸直，不可东倒西歪，双手可以搭在扶手上，也可以相交于腹部前，或左右手分放在两腿上；两腿自然弯曲，双脚平落地上，不要高跷二郎腿或腿脚不停抖动；女性双膝要并拢，男性可以适当分开，距离以一拳为宜。

3. 走姿

景区导游大部分时候都是走着为游客解说景点，掌握正确的走姿非常重要。导游员的步态要轻盈而稳健。走路时保持上身自然挺拔，立腰收腹，眼睛平视，两臂自然前后摆动，中心可以稍向前，步幅适中，步位保持平直。切忌驼背、斜肩、摇头晃脑、左右摇摆、步履蹒跚，不要脚蹭地面或内外八字，更不要不顾游客动向闷头赶路。

4. 表情神态

表情神态可以反映出导游员对游客的态度，也直接影响着游客的游兴。总体来说，景区讲解员的表情神态要做到恭敬、谦和、友好。景区导游上岗时精神状态要饱满，不可打哈欠、抓耳挠腮、挤眉弄眼、萎靡不振、面无表情、忧郁冷淡。目光和微笑是景点导游表情神态的集中体现。

5. 目光

景区导游的目光一般应正视游客，视线平行接触游客，表示理性、平等，给游客自信、坦诚、认真、亲切之感。在讲解时用目光环视观察游客的反应。避免仰视或俯视游客，避免盯视游客，避免眼神飘忽不定，更要避免翻白眼。

6. 手势

景点导游同游客握手时要立正，上身微向前倾，目视对方，面带微笑、脱帽、摘手套。切忌握手时戴着帽子、手套，或把一只手插在口袋里，不能用左手握手，不能交叉握手。注意握手的顺序：女方、长辈、主人、上级先伸手。朋友、平辈之前先伸手为有礼。握手力度不宜过大，时间不宜过长。

景点导游讲解运用指示手势时，五指并拢并伸直，掌心倾斜朝上，目光应与手指方向一致。不宜只伸出一根食指指示景物，更不能用中指。

四、景区导游讲解工具的使用

导游证和胸卡是景区导游的身份证件，需正确佩戴。导游证挂在胸前，正面向外。胸卡别放左胸口，方便游客认识景区导游。

导游旗的持法有两种：一种是直举法，小臂自然上举，与大臂约呈90°，手握旗杆，旗杆直立；一种是斜举法，手臂自然弯曲举起旗杆斜靠在同侧肩部，旗子高度以方便游客看清为宜。

话筒要事先调整好音量，话筒与口部保持约5厘米的距离，保证音量在适当范围内能听清为宜，不要产生尖锐的啸声。

清点人数用目光默数。右手自然垂直朝下，以弯曲的手指辅助记数。清点人数不能发出声音，不能用手或导游旗指点。

任务三　景区游览行程及线路商定

技能实训

实训目的	熟练掌握景区游览行程的方法
实训要求	让学生通过实训，掌握景区游览行程商议的时间、对象、原则和方法
实训时间	本实训环节共2学时
实训地点	教室或景区
实训内容及步骤	1. 实训准备 （1）把学生分成若干小组。 （2）实训指导教师设定学生将要讲解的景区。 （3）学生分组实际到景区了解游览路线，所需时间。 （4）实训指导教师指定学生小组分别饰演不同的团队和游客，学生提前准备将向景区讲解人员提出的游览时间和感兴趣的游览项目等方面要求。 2. 实训开始 （1）学生饰演景区讲解人员择机与游客商议游览线路。 （2）学生游客向景区讲解人员提出游览时间和项目等要求。 （3）讲解人员与商谈对象进行具体的商谈。 （4）教师点评。 3. 实训结束

实训考核

1. 实训指导教师根据学生掌握景区游览行程商议的时间、对象、原则和方法情况进行评分。

2. 按百分制记分，商谈时间和对象的选择20分，商谈原则和方法的掌握30分，游览线路商谈的合理性30分，实训纪律及态度20分。

3. 评分表

旅游景区游览行程及线路商定评分表

组别：_____　　姓名：_____　　时间：_____

项目	应得分	教师评分
商谈时间和对象的选择	20	
商谈原则和方法的掌握	30	
游览线路商谈的合理性	30	
实训纪律及态度	20	
合计得分	100	

考核时间：　年　月　日　　　　考评教师（签名）：_____

知识链接

不同的游客对同一旅游景区所感兴趣的内容是不同的。因此，了解游客的需求是非常必要的。景区导游人员在与游客商议游览行程和路线安排时，应注意以下几个问题。

一、商议的时间

与游客商议的时间越早越好。越早了解游客的要求，越能尽早有的放矢地安排好游览的程序、线路与节目，以便调整导游人员的讲解内容。所以，游客一旦到达，景区讲解人员就应安排时间与游客商议。若有可能，在游客到达前通过电话谈妥更好。

二、商议的对象

（1）接待散客时，原则上应与所有游客商议。

（2）对一般的参观团，与团长或领队商谈就可以了；若领队希望团内某些人士参加，也可以考虑并表示欢迎。

（3）对较正式的代表团，若负责人说话有权威性，那么主要与代表团选定的负责人商议即可。

（4）对于学术团、专业团，由于这类团队学者较多，个人意见也很重要，因此，若可能，应与全体团员共同商议。

（5）对于旅行社组织的旅游团，由于有地陪引领，因此主要与地陪、全陪商议，必要时可以邀请海外领队参与。

（6）对于贵宾团，特别是有一定级别领导（如省市级及以上领导）参加时，他们的行程一般早已定好。在商定游览路线时，导游人员往往不参加，只需听从本单位领导的安排、指示就可以了。

三、商议时应掌握的原则

（1）尽量对景区已有的安排不做太大的变动。

（2）尽力满足游客合理而可能的要求，特别是重点游客的个别要求，尽量照顾一般游客的特殊要求。

（3）当出现异议时，本着少数服从多数的原则进行。景区导游人员不要介入旅游团的内部矛盾，不能将团队分裂或分组。

（4）对变动内容确有困难，游客要求不能满足时，导游员要耐心解释。婉言拒绝要留有余地，让游客感到自己的要求虽然没有得到满足，但导游员确已尽了最大的努力了。

（5）对记者、作家的要求应尽可能地满足，以求达到扩大景区宣传的效果。

（6）对旅游代理商和旅游界知名人士，要努力满足他们的要求，做好接待，可能会带来更多的客源。

四、商议的方法

在一般情况下，应尽量引导游客按景区原有的方案进行游览。在商谈的时候，可以先请游客提要求。导游人员发现和已有的安排差不多时，便可顺水推舟，表示可以按照大家的要求安排。若意见有一定的差距时，导游人员要学会引导，通过讲解和艺术技巧，把游客的思路引到既定的安排上来。

任务四　景区导游欢迎词、欢送词讲解

技能实训

实训目的	熟练掌握景点导游致欢迎词、欢送词的方法
实训要求	通过实训，学生能够对景区导游欢迎词、欢送词的基本格式和内容熟练掌握，能根据游客情况脱稿致景区导游的欢迎词、欢送词
实训时间	本实训环节共4学时
实训材料	多媒体设备、录像机、照相机
实训地点	教室或景区

续表

实训内容及步骤	1. 实训准备 （1）实训教师为学生讲解示范致欢迎词、欢送词的方法。 （2）学生每人选择一个景点撰写欢迎词、欢送词，景点尽量不要重复。 （3）教师给出学生所要接待的游客的不同类型列表，学生进行选择。 （4）学生根据所选择的景点和所要接待的旅游团队独立撰写景点导游讲解的欢迎词、欢送词。 （5）学生背诵下自己撰写的欢迎词、欢送词，注意讲解的语音、语调、动作。 （6）学生分成若干分组，小组内练习致欢迎词、欢送词，组员互相纠正提高。 2. 实训开始 （1）小组同学扮演游客。 （2）担任景区讲解工作的同学与游客在景区门口会合，学生脱稿讲解所准备的欢迎词。 （3）学生设计的行程结束后，为游客讲解所准备的欢送词。 （4）教师点评。 3. 实训结束

实训考核

1. 实训指导教师根据学生讲解的景区欢迎词、欢送词进行评分。

2. 按百分制记分，欢迎词的内容和讲解40分，欢送词的内容和讲解40分，实训纪律及态度20分。

3. 评分表

旅游景区欢迎词、欢送词讲解评分表

姓名：_____ 讲解景点：_____ 时间：_____

项目		标准分	教师评分
欢迎词	内容	20	
	讲解	20	
欢送词	内容	20	
	讲解	20	
实训纪律与态度		20	
合计得分		100	

考核时间： 年 月 日   考评教师（签名）：_____

知识链接

一、景区欢迎词

致欢迎词是景区导游讲解服务的首次亮相，是极为关键的环节，必须予以重视。

（一）致欢迎词的地点

景区讲解人员致欢迎词应当在景区（点）的入口处，对于重要客人一般在接待室。

（二）致欢迎词的时间

致欢迎词的时间最好是在景区讲解人员第一次面对游客时，即景区导游向全陪或领队了解了团队的基本情况之后，第一次面对客人时就开始致欢迎词。

（三）致欢迎词的内容

欢迎词的内容应根据游客的国籍、团队人数、年龄、具体时间、地点、成员的身份等有所区别，不可千篇一律。致欢迎词应注意适度，说话符合自己的身份，不能让对方感到不真实、做作，以免产生不良效果。一般情况下，景点导游的欢迎词应包括：向游客问好、表示欢迎、介绍自己、表明热忱服务的态度、祝游客在本景区的游览活动圆满顺利。

1. 称谓

景区讲解员在致欢迎词之初要对游客进行称谓，称谓是否恰当是导游员礼仪修养的反映。如果称谓不当，很容易使游客误会或产生反感。景点导游一般有以下几种称呼游客的方式。

总体称谓：各位团友、各位游客、各位朋友；不要称各位旅客。

职务称谓：以其职务相称，如总经理、董事长、校长等。

姓名称谓：即在"先生""小姐""同志"前冠以姓。

职业称谓：如"李教授""赵医生"等。

一般称谓：如各位先生、各位女士、各位小朋友等。

2. 问候语

问候就是向游客说一些表示良好祝愿的话，如"大家好""您好""早上好""下午好""晚上好"等。

3. 欢迎语

欢迎语是导游向游客说一些欢迎游客的话，如"欢迎光临本景区参观游览"。

4. 介绍语

介绍自己的姓名和景区。

5. 态度语

表示提供服务的诚挚愿望。

6. 祝愿语

预祝在景区的游览愉快顺利！

（四）欢迎词的风格

欢迎词的表达方式多种多样，不拘一格。一般以介绍性质的开头为主，以歌曲、朗诵、猜谜、讲故事等形式开头为辅。欢迎词的艺术也因景点导游员的个性、旅游者对象及所处的景点等因素影响，五彩纷呈，或平铺直叙，或幽默风趣，或抒情感慨。

1. **平铺直叙式**

各位游客，大家早上好！欢迎大家来到上海著名标志性景点——豫园旅游。我姓杨，是豫园的景点导游，大家叫我杨导就可以了。本次大家游览豫园，全程由我来带领大家参观游览，如果有什么疑问，大家可以来问我，我尽量帮大家解决。同时，请爱护景区环境卫生，每个景点我都给大家预留了参观拍照的时间，请大家记住：游览豫园，走路不观景，观景不走路，一定要保证安全。还有，请大家自觉遵守时间，以免影响后面的一些参观行程。接下来，小杨将带领大家开展豫园景区的寻龙之旅，在这里您能随我一起找到眠龙、卧龙、穿云龙、二龙戏珠，在此小杨预祝大家豫园之行愉快顺利！谢谢！

2. **歌曲朗诵式**

"秀玉初成实，堪宜待凤凰。竿竿青欲滴，个个绿生凉。进砌妨阶水，穿帘碍鼎香。莫摇清碎影，好梦昼初长。"各位团友，大家好！欢迎来到国家4A级旅游区、上海市五星级公园——青浦大观园。我是您本次的景点导游，我姓贾，对，贾宝玉的贾。今天，景区派我来给大家导游，我万分荣幸，为了表示对大家的欢迎，我给您唱一首我们景区的主题歌"一个是阆苑仙葩，一个是美玉无瑕，若说没奇缘，今生偏又遇着他；若说有奇缘，如何心事终虚化。啊~一个枉自嗟呀，一个空劳牵挂，一个是水中月，一个是镜中花，想眼中能有多少泪珠儿，怎经得秋流到冬尽，春流到夏，啊~"谢谢大家的掌声，接下来，请大家随我一起走进诗画大观园。

3. **幽默风趣式**

"两只黄鹂鸣翠柳，一片孤城万仞山，独在异乡为异客，夜半钟声到客船，天生我材必有用，相见时难别亦难。要问此诗是谁作？不是别人正是咱！"唐诗一首，呵呵，开个玩笑。各位客官、各位嘉宾，很荣幸能为各位在上海闻道园的游览提供导游服务。我的名字很简单，也很好记：李子成。李是李小龙的李，子是甄子丹的子，成是成龙的成。在这里我要代表我们闻道园的东家、掌柜的以及所有的伙计欢迎各位衣食父母，祝大家在闻道园玩得开心、玩得尽兴。

4. **饶舌RAP式**

亲爱的游客朋友大家好，我是各位的景点导游张大宝。
欢迎贵宾到碧海金沙参观和指导，我会全心全意热心服务让您没白跑。
旅游之前有些事情在这儿和您聊一聊，好让您的这次旅游含金量更高。
碧海金沙的景区环境特别好，希望各位能够入乡随俗注意环保。
旅游旺季眼瞅着就要到来了，旅游景区人山人海您千万别烦恼；
如果您烦恼，别忘了笑一笑，看景拍照之余记得注意钱包。
到此旅游海上活动肯定不会少，无论游泳冲浪快艇还是洗海澡，

安全问题是个大事您千万要记牢，自由活动记住时间随时看表；
到了一个陌生景点先把厕所找，防止临时出现内急火烧火燎。
景区海鲜虽然好您也吃七分饱，吃得太多会有反应结果会很糟；
景区附近小摊小贩吆喝声挺高，土特产品没有保障建议您别瞧。
我说了这么多，吐沫费不少，总之希望您在景区感觉会很好。

二、景区欢送词

送别是景区导游讲解人员接待工作的尾声。如果说，欢迎词给游客留下美好的第一印象是重要的，那么，在送别时致一段精彩的"欢送词"，给游客留下美好的印象将是深刻的、持久的、终生难忘的。

1. 首尾呼应式

导游员将欢迎词提到的内容或运用过的表达方式再运用到欢送词里，这样整个景点讲解过程就显得很完整，让旅游者产生"这个导游有始有终"的好感。如在豫园导游的欢迎词里提到了豫园的龙墙，导游可以在欢送词中进行提炼和升华。如前文的豫园导游小杨这样致欢送词：

各位团友：我们豫园的旅程结束了。今天我带领大家在豫园开展了寻龙之旅，我们找到了眠龙、卧龙、穿云龙、二龙戏珠。还记得它们分别对应我国的哪个时期吗？对了，眠龙象征着昏昏欲睡的清政府，卧龙象征列强虎视眈眈下的中华民国时期，穿云龙象征革命战争和改革开放中蒸蒸日上的社会主义新中国，二龙戏珠象征新世纪期盼两岸统一的大陆和台湾。"好花不常开，好景不常在。今日离别后，何日君再来？"邓丽君小姐的这首《何日君再来》道出了离别的不舍。尽管不舍，杨导也要跟大家说再见了。我相信，我们之间的友谊之花会常开，豫园一年四季的美景会常在。欢迎大家今后再次来豫园旅游，体会不同季节里豫园不一样的美！我会再次盼君来！再见！

2. 总结归纳式

这要求导游有较强的语言归纳能力。既可以用简洁流畅的语言归纳整个游览过程的特色，也可以对旅游团的特点和导游的感悟加以提炼。如上海东方绿舟导游的欢送词：

各位游客朋友，我们东方绿舟的游览到这儿就基本结束了。今天，我们走过了智慧大道、登上了仿真航空母舰、漫步了湖滨广场、体验了渔人码头、驾临了月亮湾、回归了地球村，共计游玩了东方绿舟 16 大景点，朋友们还分别体验了勇敢者道路、攀岩登高、趣桥世界、少儿挑战、植物迷宫、拓展训练、野外生存、素质测试等 30 余项活动项目。临别之际王导我没什么送大家的，就送大家四个字吧。首先第一个字是缘，缘分的缘，俗话说"百年修得同船渡，千年修得共枕眠"，和大家一天的共处，没有夜里的千年共枕，算算也有五百年的缘分了！接下来这个字是原谅的原，在东方绿舟的讲解和引导服务中，王导有做得不好的地方，希望大家多多包涵，在这里说声对不起了！再一个字就是圆满的圆，此次行程圆满的结束多亏了大家对我工作的支持和配合，小王说声谢谢了！最后一个字还是源字，财源的源，祝大家的财源犹如滔滔江水连绵不绝，也祝大家工作好、身体好、今天好、明天好、现在好、将来好、不好也好，好上加好！

3. 抒情感慨式

这要求景点导游用真挚感人的语言，抒发惜别之情，既可以加深感情，又可以化解矛盾，消除误解。如上海东方明珠导游的欢送词：

各位朋友，虽然很不舍，但还是不得不和大家说再见了，感谢大家对我工作的配合和帮助，我自以为是一个有责任心的人，但是在这次带领大家游览东方明珠的过程中，还是有很多地方做得不到位，比如说午餐没有提前预约座位，导致等待时间很长，大家不仅不责备我，而且分享零食，帮助我解决困难，这让我很感动。也许我不是最好的景区导游，但是大家却是我遇到的最好的、最宽容的游客，能和最好的游客共度美好的一天，也是我导游生涯中最大的收获。在早上和大家见面的时候我曾说，相识即是缘，我们今天能同行是修来的缘分，日后能再会将是更大的缘分，我真诚地祝愿朋友们生活美满幸福，再见！

项目三

景区导游解说服务技能

【学习目标】

- 了解旅游景区讲解的概念及原则。
- 熟悉导游讲解的基本要求,避免导游讲解时易犯的错误。
- 能够掌握上海五大景区概况的讲解。
- 掌握景区讲解的基本方法。

任务一 旅游景区概况解说

技能实训

实训目的	学生能够掌握景区概况的讲解内容
实训要求	通过实训,学生能够熟练运用讲解语言进行景区概况的讲解
实训时间	本实训环节共4学时
实训地点	教室或景区模拟实训室
实训材料	多媒体设备、景区概况词卡片、旅游景区背景材料
实训内容及步骤	1. 实训准备 (1) 学生分成若干小组,抽签选择要讲解的旅游景区概况。 (2) 分组查阅旅游景区的背景资料及到景区进行实地观察。 (3) 撰写旅游景区概况讲解词,制作卡片。 (4) 按照导游讲解的原则和要求进行景区概况讲解练习。 2. 实训开始 (1) 教师为学生进行旅游景区概况讲解的示范和辅导。 (2) 学生分别讲解相应旅游景区概况。 (3) 教师对学生的讲解进行讲评并归纳总结。 3. 实训结束

实训考核

1. 实训指导教师根据学生对景区概况的讲解和景区导游讲解技能的掌握情况进行评分。
2. 按百分制记分，景区概况的讲解60分，景区导游讲解技能的掌握20分，实训纪律及态度20分。
3. 评分表

旅游景区概况讲解评分表

组别：_____ 姓名：_____ 时间：_____

项目		应得分	教师评分
景区概况的讲解	全面性	20	
	准确性	20	
	生动性	20	
景区导游讲解技能的掌握		20	
实训纪律及态度		20	
合计得分		100	

考核时间： 年 月 日　　　　考评教师（签名）：_____

知识链接

"祖国山河美不美，全靠导游一张嘴。""看景不如听景。"这些话虽不免有些夸张，但也充分表明了导游讲解对于景区游览的重要意义。有人认为景区导游员只要具有广博的知识，熟悉导游业务，掌握有关旅游景区的资料，有良好的职业道德，就能做好讲解服务。实际上，这些条件是基础，并不意味着一定会产生良好的导游效果。景区导游没有知识讲不了，光有知识讲不好。因此，掌握讲解技能是景区导游做好讲解服务的关键。景区导游只有根据游客的不同情况，灵活地使用导游资料，运用导游艺术和技巧，才能使导游内容生动而又富有生命力。

景区导游讲解服务是导游员以丰富多彩的社会生活、璀璨壮丽的自然美景、悠久的历史文化、多彩的民族风情为题材，以兴趣爱好不同、审美情趣各异的游客为对象，对自己掌握的各类知识进行整理、加工和提炼，用简洁明快的语言进行的一种意境的再创造。导游讲解的技能就是导游讲解方法的多样性、灵活性和创造性的体现。游览活动是游客旅游活动的中心环节，要让游客在游览、参观及行进途中获得知识和审美的感受，真正领略游览的乐趣，景区导游员必须做好导游讲解工作。

一、景区导游讲解的原则

景区导游讲解服务是导游人员的一种创造性劳动，因而在导游实践中其方式方法可谓千差万别，但这并不意味着导游讲解可以随心所欲。相反，要保证景区导游讲解服务的质量，无论导游人员采用何种讲解方式，都必须符合导游讲解的基本规律，遵循导游讲解的基本原则。

1. 客观性原则

所谓客观性原则是指导游讲解要以客观现实为依据，在客观现实的基础上进行意境的再创造。客观现实是指独立于人的意识之外，又能为人的意识反映的客观存在，它包括自然界的万事万物和人类社会的各种事物。这些客观存在的事物既有有形的，如自然景观和名胜古迹；也有无形的，如社会制度和旅游目的地居民对游客的态度等。在导游讲解中，导游人员无论采用什么方法或运用何种技巧，都必须以客观存在为依托，必须建立在自然界或人类社会某种客观现实的基础上。

例如：导游向游客介绍外滩黄浦江畔的黄浦公园，虽然游客看到的是新中国成立后历次改造后的随意进出的开放式的公园，但导游人员以此为基础把游客的思绪拉回到100多年前：1865年英租界工商部利用廉价的中国劳力，挖掘洋泾浜河泥，来填平从外白渡到今天北京东路一带的泥滩，使之成为平地，并辟为公园。1868年8月8日，公园宣布对外开放，这是上海的第一家公园，当时定名为Public Park（公家花园，也称外滩花园），明确规定，"华人与狗，不得入内"。这项有辱于华人的规定，激起了广大市民的义愤，他们强烈要求租界当局纠正错误，对华人开放外滩花园。上海道台也顺应民意，决定将外滩花园以西至四川路（今四川中路），以东至苏州河南岸滩地填平，改作河滨公园（也称华人公园），于1890年12月对广大市民开放。经过上海市民的长期不断斗争，租界当局才被迫答应从1928年7月1日起，外滩花园与兆丰（今中山公园）、虹口（今鲁迅公园）三家公园对华人开放。

2. 针对性原则

所谓针对性原则是指导游人员从游客的实际情况出发，因人而异、有的放矢地进行导游讲解。游客来自四面八方，审美情趣各不相同，因此，景区导游人员要根据不同游客的具体情况，在讲解内容、语言运用、讲解方法上有所区别。通俗地说，就是要看人说话，投其所好，导游人员讲的正是游客希望知道并感兴趣的内容。

例如：上海博物馆的导游带领建筑业的旅游团参观上海博物馆，导游人员应多讲博物馆建筑的特色、风格和设计方面的独到之处，甚至还要同他们交流有关建筑方面的专业知识。如果是带领学生游客参观上海博物馆，要重点通过文物讲上海的松泽文化，让学生对上海的历史产生自豪感，增强学生对上海地区历史文化知识的了解。如果带领的游客是绘画爱好者，要重点讲博物馆的双年展。如果带领一般的游客参观上海博物馆，就宜将重点转到文物发现、展出的故事和有关的民间传说。

3. 计划性原则

所谓计划性是指景区导游人员在特定的工作环境和时空条件下，发挥主观能动性，科学地安排游客的活动内容，有计划地进行导游讲解。旅游者赴外地旅游，一般逗留的时间是有限的，而在某一城市或某一参观游览点的时间则更短暂。如何使他们在有限的时间内达到预期的目的，取决于景区导游如何周密、科学地安排旅游计划和导游讲解。每个参观游览点的具体导游方案，就是计划性的具体体现。如各条参观游览线路所需时间、途中购物时间、午间就餐时间等。如果在时间安排上缺乏计划性，就会出现"前松后紧"或"前紧后松"的被动局面，甚至有的活动被挤掉，影响计划的实施而导致游客的不满甚至投诉。

例如：参观豫园这样的景区，一般旅游团需要2~3小时，但对有组织的专业旅游团来说，这远远不够，有时需要花两三天时间；有个别旅游团在上海只逗留两天，甚至一天，参观豫园只能花1小时，而对这样一个内容丰富的旅游点来说，时间太紧。这就需要景区导游人员根据特定的时间和地点进行导游讲解。时间富余时，就进行较详细的讲解，也可以多参观些小景点；时间紧张时，就讲解得简要些，少参观些小景点。

4. 灵活性原则

所谓灵活性，就是因人而异、因时制宜、因地制宜。游览活动多受人数、天气、地理、交通等多种因素的影响和限制。最佳时间、最佳路线、最佳旅游点，都是相对而言的。客观上的最佳条件如果缺少完美的导游艺术的运用和发挥，导游效果也会逊色。因此，导游人员应根据旅游者不同的审美情趣、旅游点的不同美学特征，以及不同的季节、气候、场合，灵活运用具体的导游方法。

导游方法贵在灵活，妙在变化。大自然本身是千变万化、阴晴不定的，四季总在更迭，时辰总在交替，因此要求导游讲解自然景观时要因时而异。灵活还在于触景生情、随机应变。特别是沿途导游，不能千篇一律，讲解内容应"信手拈来、妙趣横生"。

例如：参观上海植物园，每个季度甚至每个月的主题花卉不同，游览路线和重点讲解内容不同，相对应的沿途导游内容也不同。晴天、阴天和下雨天参观的路线和重点观赏的植物、花卉也不同。

景区导游讲解的客观性、针对性、计划性和灵活性体现了导游服务的本质，也反映了导游方法的规律。四者互为补充，构成了一个不可分割的有机整体。导游人员应该对这些原则心领神会、灵活运用，将它们自然而巧妙地融入自己的景区导游讲解服务过程中去。

二、景区导游讲解的基本要求

1. 正确恰当

导游讲解时，其语言、语调、语法、用词要恰当正确，多用敬语和谦语。内容要有根有据，正确无误。切忌信口开河，任意夸大。

通过导游活动，导游人员应该向游客传播中华文明。在这一过程中，正确性起着至关重要的作用。一伪灭千真，如果导游人员杜撰史实，张冠李戴，游客一旦发现受了导游人员的蒙蔽，必定产生极大的反感，会怀疑导游讲解的真实性，甚至否定一切。所以

要求景区导游人员在进行讲解服务时、在回答游客的问题时，必须正确无误。而导游语言的科学性越强，越能吸引游客的注意，越能满足他们的求知欲，导游人员也会得到越多的尊重。

2. 清楚易懂

导游在讲解时要按口语化要求，缩短句子或在句中停顿，改变书面用词和句式，使表达简洁明了、浅显易懂、层次分明、逻辑性强，忌用方言俚语、书面语、长句和逆序语句。

3. 生动形象

导游人员向游客提供讲解服务时，游客大多数情况下是在听导游人员说话，所以导游人员的语言除了语音、语调、语速要把握好，语言要具备准确性和逻辑性之外，生动性也至关重要。导游人员的语言表达要力求与神态表情、手势动作及声调和谐一致，使之形象生动，言之有情。妙趣横生、幽默诙谐、发人深省的导游语言不仅能引人入胜，而且会起到情景交融的作用。为此，导游语言的表达应力求做到：使用形象化的语言，创造美的意境；使用鲜明生动的语言，增加语言的情趣性；使用幽默诙谐的语言，增强语言的感染力。

三、景区导游要克服的不良讲解习惯

1. 含混不清

景区导游对讲解内容要胸有成竹，才能用词贴切、有条不紊地讲解。如对事物理解不全面，望文生义，听起来言语不清，易使人产生误解。还有的导游说话含糊，主要是由于对讲解内容不熟悉，缺乏自信心，讲解时常用"大概、好像、可能"之类的模糊语言，游客肯定不会满意。

2. 啰唆无趣

有的景区导游讲解时，生怕游客不理解，反反复复、颠来倒去地解释、说明，尽管其动机是好的，但啰唆的话语往往会把听者的耐心耗尽。还有的导游想用一些哗众取宠的语言来吸引人，讲解时，故意用一些琐碎的话作铺垫，用不必要的旁征博引来东拉西扯，结果要么言不及义，要么离题太远，使人感到啰唆无趣。

3. 艰涩难懂

景区导游人员在讲解时机械地背诵导游词，用生涩的装饰语、倒装句、专用术语，或用艰涩、冷僻的词语，游客听不进去，而且也无法理解消化，还有的导游人员为了卖弄知识，故意引用一些古文诗词，引用之后又不做解释，故作高深。造成口语晦涩难懂的原因，除了导游人员的工作态度之外，不懂口语特性也是主要原因之一。

4. 不良语言习惯

景区导游人员在讲解时使用平时的口头禅，如"这个、那个、可能、嗯、差不多、结果呢、反正、嗯那"等，会妨碍整个讲解内容的连贯性，游客听起来很不舒服。

作为一名景区导游人员，必须具有较强的口语表达能力，思维应该敏捷，口齿应该清晰，用词应该准确。即使游客突然提出一些问题，不便给予确切的答复，也不要含糊其词，用一些拖泥带水的习惯口头语来应付。

四、景区概况的讲解

景区讲解人员在对具体景点进行讲解前，应将所参观的旅游景区的概况向游客做介绍。

（一）景区概况的讲解内容

（1）景区的地理位置，即景区位于城市的哪个方位，什么路、多少号。

（2）景区的历史沿革或成因，即景区何年所建，当时的历史背景是什么。对于自然景观还需要说明其自然的成因。

（3）景区用途，就是为什么而建，或者说当时的建造目的，这主要针对人文景观而言。

（4）景区特色，即景观上有何独特之处，景观观赏点的分布、建筑结构布局有何特点、观赏意义何在，美学价值如何。

（5）景区的地位，即该游览景区在世界、全国、省内、市内处于何种地位。

（6）名人的评论，即利用"名人效应法"介绍景区受人称颂的情况。

（二）景区概况的讲解范例

1. 外滩景区概况

外滩景区位于黄浦江和苏州河的交汇处，与浦东东方明珠景区隔江相望。它北起外白渡桥，南至延安东路，地形呈新月形，全长1300米。在中山东一路的西侧有北京东路、南京东路、九江路、汉口路、福州路、广东路、延安东路等几条各具特色的道路。

旧时，这里原是上海城厢外东北面的沿江滩地，俗称"黄埔滩"。1843年上海开埠后，英国第一任驻沪领事巴富尔看中了这块地方，遂在1845年以上海道台公布的《上海土地章程》为依据，划定外滩在内的800亩土地为英租界。当时，沿江开筑的道路称黄浦路、黄埔滩路，1945年更名为中山东一路。

外滩在20世纪90年代和2010年上海世博会前夕经历了两次大规模改造，尤其是世博会前夕，即2009年2月至2010年3月的改造，全面提升了外滩滨水区域的环境品质，更加凸显了"万国建筑"的历史文化风貌和特色，成为能与法国巴黎香榭丽舍相媲美的上海最具标志性、最经典的城市景观区域。

外滩景区具有自己的特色与功能，其主要由"万国建筑博览群"、外白渡桥、黄浦江、观光长廊等组成，是人文景观与自然景观完美结合的典范。

它是一部"万国建筑"百科全书。中山东一路（全长约1300米）的西侧，排列着折中主义式、文艺复兴式、哥特式、新希腊式、法国古典主义式、装饰艺术派式、现代主义式、巴洛克式、中国民族式等多种风格的建筑。这些临江矗立、巍峨参差、鳞次栉比的建筑，错落有致、气势雄伟、庄重坚实、装饰豪华、色调和谐、线条挺拔，形成一道蔚为壮观的万国建筑博览风景线。它们凝聚着各国著名建筑设计师和中外能工巧匠的心血，是人类建筑史上一份宝贵的财富。

它是进行爱国主义教育的好基地。外滩作为爱国主义教育基地有三层含义：第一，"租界"的历史警示着国人不能忘记当年的国耻；第二，革命前辈和英烈的事迹教育着人们新中国来之不易；第三，经济的繁荣激励国人要敢于竞争、善于竞争。

作为旅游景区，它集人文景观和自然景观为一体，西方古典风情和中国现代风情相得益彰，是上海都市旅游中经久不衰的经典旅游景区，也是上海的"大客厅"。

2. 豫园景区概况

豫园景区位于上海市中心城区的黄浦区，景点有：城隍庙、豫园、豫园旅游市场和上海老街，以及沉香阁、小桃园清真寺、文庙、大境阁等。

早在五代十国时期，金山建"霍光神庙"，元代，上海建"霍光行祠"。明太祖朱元璋封秦裕伯为上海城隍。1413年，拆行祠城隍庙。明嘉靖三十八年（1559年）至明万历十五年（1587年），上海人潘允端为了孝养双亲建成占地70余亩的私家园林。鸦片战争后，屡毁屡兴。新中国成立后，政府多次大力修复，豫园风光辉煌再现，1982年被评为全国重点文物保护单位，2001年，被列为国家4A级旅游景区，2009年10月又以"豫园雅韵"美名，获"新沪上八景"第二景殊荣。20世纪80年代末，建成豫园旅游商城，又在方浜中路再现清末民初上海城市旧貌——上海老街，1995年被评为"20世纪90年代上海十大新景观"。

豫园景区的特色是集园林、宗教、建筑、商业、美食、民俗六种文化于一体。

园林文化：当年豫园占地70余亩，但是，400多年的沧桑风雨，园林几度被夷为废墟。新中国成立后，人民政府悉心经营，豫园恢复四成景观，约30亩，其余40亩就是以湖心亭为中心的荷花池、九曲桥、绿波廊，以及今之商城一带。景区的母体是前大豫园，园林文化气息十分浓郁。

宗教文化：豫园景区及其近旁寺庙观堂十分集中，儒学、佛教、道教、伊斯兰教、天主教、基督教等汇聚一处，形成罕见的宗教文化现象。

建筑文化：老城厢豫园景区是一处明、清、民国时期的建筑博览馆，豫园、沉香阁、城隍庙、豫园旅游商城、上海老街、文庙无不是旧有或仿古建筑。

商业文化：豫园景区有"购物天堂"的美誉，商品以日常用品为主，琳琅满目，应有尽有，商品有小、土、特的特点，堪称"小商品王国"。

美食文化：它既有代表上海本帮菜的上海老饭店，又有汇聚各地风味的和丰楼，更有驰名中外的名特小吃，是著名的"小吃王国"。

民俗特色：这儿的石库门住宅、这儿的百年老店、这儿的岁时年节，都洋溢着浓郁的沪上民俗风情。

3. 人民广场景区概况

人民广场景区位于上海市中心，黄浦区西北部，总面积达30多万平方米（含广场所占面积）。

如今的人民广场地区，在中国近代史上曾经是远近闻名的上海跑马场（厅）。1850年，英国殖民者在上海成立"跑马总会"，开辟跑马赛场赌博。后来，总会又勾结英国驻沪领事、政府官吏和当地地保，用恐吓威胁的手段强行买下人民广场一带的400多亩土地，于1862年建成了新的、更大的跑马场（后又称跑马厅），成为远东地区最大的赌窟，长期毒害中国人民。1949年5月，中国人民解放军解放上海后，上海跑马场（厅）终于回到人民的怀抱。

新中国成立后，上海市人民政府决定对跑马场（厅）进行彻底的改造。1950年，旧跑马场（厅）的中部辟建了一条东西向的大道，长500多米。人民大道的南面是人民广场，以北建成人民公园。每年的五一节和国庆节，上海市有关部门都会在人民大道和人民广场举行庆祝和纪念活动。

从20世纪80年代后期起，人民广场和人民大道不再举行大规模的游行、集会活动。市政府决定再次对人民广场进行大规模的改造，协调解决广场交通问题，增添新的建筑景观，调整绿化系统，成为上海城市的一大新景观。

与此同时，包括人民大厦、上海博物馆新馆、上海大剧院和上海城市规划馆在内的一批新建筑也陆续建成，这些建筑成为上海市新的标志性景观。在广场周边地区，港陆广场、明天广场、中区广场等高楼大厦拔地而起。至此，人民广场今天的格局基本形成。

人民广场成为集地理中心、政治中心、文化艺术中心、交通中心和游憩中心为一体的景区。

4. 东方明珠景区

东方明珠景区位于浦东新区西北部的陆家嘴地区，隔黄浦江与外滩建筑群隔江相望。主要景点有东方明珠广播电视塔、金茂大厦、上海环球金融中心、上海国际会议中心、上海海洋水族馆、上海大自然野生昆虫馆、陆家嘴中心绿地、滨江大道等。

东方明珠景区的形成得益于浦东的开发开放。1990年4月18日，党中央、国务院宣布开发开放浦东。20多年来，浦东大地发生了史无前例的变化，以日新月异的面貌展现在世人面前，建立起陆家嘴金融贸易区、张江高科技园区、外高桥保税区、金桥出口加工区和孙桥现代农业开发区五大功能区。陆家嘴金融贸易区是我国改革开放以来唯一的一个以金融贸易命名的开发区，是发展都市旅游、商务观光旅游、会展旅游的理想之地，东方明珠景区就坐落其中。

东方明珠景区是浦东开发开放的缩影。这里记载着浦东开发开放的历史脚步和惊人速度，也展示着浦东开发开放的辉煌成果和宏伟蓝图，是浦东开发开放最具说服力的见证。东方明珠景区是上海现代化摩天大楼最为集中的地区。"摩天览胜"作为"新沪上八景之一",也成为景区靓丽夺目的标志性品牌。东方明珠景区是上海都市旅游的热点景区。

5. 龙华景区概况

龙华景区位于上海中心城区的徐汇区,景点有龙华塔、龙华寺、龙华烈士陵园。周边景点有:徐家汇商城、徐家汇天主教堂、徐光启墓、桂林公园、锦江乐园、上海植物园、黄道婆墓等。

龙华景区是上海地区最早的人文景观,相传远在三国时期,僧人康会于吴赤乌五年(242年)在此搭茅棚供佛,赤乌十年(247年),吴大帝孙权应康会弘扬佛法之请,为报母恩,在江南建了13座佛塔,此处即为其一。因佛塔敬供未来佛弥勒,而弥勒将在龙华树下成佛,故寺塔以龙华名。北宋初年吴越王钱弘俶重建寺塔,明代龙华庙会传承至今,清代龙华晚钟成为沪上八景之一,1995年,龙华公园改建为上海龙华烈士陵园。

龙华景区的特色是文化的多样性和旅游的丰富性,主要表现在以下三个方面。

(1) 佛教文化与宗教旅游:龙华寺塔院齐全,伽蓝七堂,佛像众多,妙相庄严,展现了佛教文化的魅力,龙华寺的匾额楹联,既点示了各处殿堂的主题、闪现了佛门智慧,又深含中华传统的文化意蕴,龙华寺的钟声、庙会、佛事、珍宝,这些为宗教旅游提供了丰富的内容。

(2) 革命文化和红色旅游:龙华烈士陵园有上海烟雨台之称,烈士陵园是英雄丰碑瞻仰区,是国家级红色旅游地。

(3) 民俗文化和风情旅游:一年一度的迎新春撞龙华晚钟,融宗教、文艺、美食、购物于一体的龙华庙会,这些是上海地区最具代表性的民俗风情活动。

任务二 旅游景区解说方法

技能实训

实训目的	学生能够掌握景区讲解的基本方法
实训要求	通过实训,学生能够熟练运用讲解方法进行景区、景点的讲解
实训时间	本实训环节共4学时
实训地点	教室或景区模拟实训室
实训材料	多媒体设备、景点导游词卡片、旅游景点背景材料

续表

实训内容及步骤	1. 实训准备 （1）学生分成若干小组，自行选择要讲解的景区及小景点。 （2）分组查阅景区小景点的背景资料，到景点进行实地观察。 （3）实训指导老师向学生传授旅游景区讲解的基本方法。 （4）学生运用老师传授的景区讲解基本方法，撰写旅游景点讲解词，制作卡片。 （5）学生分组进行小景点讲解练习。 2. 实训开始 （1）学生分别讲解相应小景点导游词。 （2）教师对学生的讲解进行讲评并归纳总结。 （3）学生修改并提交小景点讲解词，每组学生把小景点讲解词汇总成一份景区导游讲解词，并装订成册。 3. 实训结束

实训考核

1. 实训指导教师根据学生对小景点的讲解和景区导游讲解基本方法的运用情况进行评分。

2. 按百分制记分，小景点的讲解45分，景区导游讲解技能的掌握20分，景区小景点讲解词汇编15分，实训纪律及态度20分。

3. 评分表

旅游景点讲解评分表

组别：_____ 姓名：_____ 时间：_____

项目		应得分	教师评分
小景点的讲解	全面性	15	
	准确性	15	
	生动性	15	
景区导游讲解技能的掌握		20	
景区小景点讲解词汇编		15	
实训纪律及态度		20	
合计得分		100	

考核时间： 年 月 日　　　　　考评教师（签名）：_____

知识链接

导游讲解方法是景区导游人员为取得良好的导游效果而采取的正确的、有效的讲解方法和技巧。运用恰当的导游方法和技巧是导游员对各方面知识进行加工、提炼的一种

创造性劳动。

景区导游讲解是一门艺术性很强的活动，同样的景区，以不同的形式和方法进行讲解，会收到不同的效果。为了使自己成为旅游者的注意中心并将他们吸引在自己周围，景区导游人员必须讲究导游讲解的方式、方法，要善于编织故事情节，结合游览活动的内容，解释疑惑，制造悬念，引人入胜；要有的放矢，启发联想，触景生情；要有选择地介绍，采用有问有答、交流式的对话，努力将旅游者导入意境。导游讲解方法有多种，这里只选取一些常用的进行介绍。

景区导游员在讲解前，首先要有意识地"占领"最佳位置，面向游客面带笑容，既不要靠游客太近，也不要离游客太远，距离游客1米即可。导游员的语音大小、高低要根据当时的环境而定，手势的幅度不要过大，讲解的景点空间距离跨越也不要过大。

一、分段讲解法

规模较大的旅游景点包含的知识丰富，涉及的内容广泛，讲解时难以面面俱到，因而不宜平铺直叙地进行全面介绍，而应采用分段讲解的方法。所谓"分段讲解法"，就是将一处大景点分为前后衔接的若干部分来进行讲解。首先在前往景点的途中或在景点入口处的示意图前用概述法介绍景点总体情况（包括历史沿革、占地面积、欣赏价值等），并介绍主要景观的名称，使旅游者对即将游览的景点形成初步印象，达到"见树先见林"的效果，使之有"一睹为快"的欲望。通过"游前讲解"将旅游者导入对游览对象的憧憬之中，到现场游览时导游员再依次讲解。分段讲解法需要注意讲解内容的相对独立性，在讲解这一景区的景物时注意不要过多涉及下一景区的景物，但在快结束这一景区的游览时导游可以适当地提示下一景点或下一景区，这样可以提高旅游者的游兴，使导游讲解环环相扣，引人入胜。

例如：讲解上海城市历史发展陈列馆时，导游员可以按照景点的分布将整个上海城市历史发展陈列馆的讲解内容分为总体介绍、车马春秋、华亭溯源、城乡旧貌、开埠掠影、十里洋场、海上旧踪、建筑博览展示区等几个部分，依次讲解。

各位游客，上海城市历史发展陈列馆位于东方明珠广播电视塔内，是反映上海近代历史变迁的形象陈列馆，展示面积达1万平方米。陈列馆征集文物及其他展品，采用"融物于景"的场景化展示手法，辅以高科技的技术手段，将文物、道具和模型融于一体，是集历史、文化、鉴赏于一体，具有创新理念的陈列；参观陈列馆，是在穿越历史，是在走过一个时代，让观众追寻海上旧梦，景仰现代史实，品味上海悠久的文化。整个展览馆分为以下几个部分：

- 车马春秋，不同年代的交通工具记录了上海交通发展演变的历史。
- 华亭溯源，馆内通过实物和模型，再现了上海先民当年生活和劳作的场景：碾谷、推磨、织布。
- 城乡旧貌，展示的是明清时代上海老城厢的商业景象和民俗，展馆中由酒馆、豆腐铺、打铁铺、中药店、香烛店组成。
- 开埠掠影，展示了上海这座城市的面貌因开埠而带来的文化变迁。馆内主要景点有：吴淞海战、当铺、石库门、洋泾浜徐家汇天文台、20世纪初的南京路等，耳畔还不时可以听到用沪语叫卖各种小吃的声音。
- 十里洋场，展现近代上海崛起成为远东重要城市的历史轨迹，反映了近代上海发展既繁荣又畸形的一面。主要景点有：跑马厅、十六铺码头与黄浦江、大世界、西洋镜、王开照相馆、圣三一堂、天蟾舞台。
- 海上旧踪，重现了百年来上海这座城市有过的昔日辉煌。馆内有景点：江海北关、张园、大华饭店、哈同花园、丹凤楼图景、棚户区、市郊年夜等。
- 建筑博览，这一展区由上海近代优秀建筑的模型组成。

二、突出重点法

所谓"突出重点法"，就是在导游讲解时避免面面俱到，而是突出某一方面信息的讲解方法。关于景点的信息很多，要讲解的内容也很多，导游员必须根据不同的时空条件和对象区别对待，有的放矢地做到轻重搭配、重点突出、详略得当、疏密有致。导游讲解时一般要突出下述四个方面的内容。

1. 突出大型景区景点中具有代表性的景观

游览规模大的景点，导游员必须做好周密的计划，确定重点景观。这些景观既要有自己的特征，又能概括全貌。到现场游览时，导游员主要讲解这些具有代表性的景观，以点代面，帮助旅游者建立起对整个景点的印象。

例如：豫园按主体建筑分为大假山、万花楼、点春堂、会景楼、玉玲珑、内园六大景区，导游讲解豫园时运用重点讲解法应突出玉玲珑景区，玉玲珑景区有玉玲珑、玉华堂、涵碧楼等景观。导游讲解时应重点讲玉玲珑，因为玉玲珑是豫园的镇园之宝。

2. 突出景区景点的特征及其与众不同之处

旅游者来自异国他乡，对旅游目的地景区景点的文化背景缺乏深入了解，因此对所游之处往往难以准确地加以理解和区分。导游员需要发挥自己的职业作用对游览的景点进行细致讲解，以深化旅游者对游览对象的理解认识，这就需要强调不同景点的特征及其与众不同之处。

以讲解宗教建筑为例。我国的宗教建筑主要有佛教寺院、道教宫观、伊斯兰教清真寺等，各具特色。即使同为佛教寺院，甚至是同一佛教宗派的寺院，因其历史、所处环境、规模、结构、建筑艺术、供奉的佛像等各不相同，导游员的讲解也可以突出讲明各自的特征及其与众不同之处。这一技巧在同一地区或同一次旅游活动中参观多处类似景观时尤为重要，导游员必须突出各个景点的差异，以求吸引旅游者的注意力，避免旅游者产生雷同的感觉。

例如：龙华寺是弥勒佛的人间道场，所以讲解的重点应该在寺内供奉的两尊弥勒像：一尊为弥勒殿的化身像（和尚像）；一尊为天王殿的真身像——天冠弥勒（菩萨像）。天冠弥勒是弥勒在兜率天内院修行的法相，身份是菩萨，他颈佩璎珞，头戴五佛冠，手持莲花，花上是他修行之处兜率宫内院。

3. 突出旅游者感兴趣的内容

旅游者的兴趣爱好各不相同，但从事同一职业的人、文化层次相同的人往往有共同的爱好。导游员在研究旅游团的资料时要注意旅游者的职业和受教育程度，以便在游览时重点讲解旅游团内大多数成员感兴趣的内容。投其所好的讲解方法往往能产生良好的导游效果。

例如：导游人员讲解外滩时，对以建筑业人士为主的旅游团，导游员要突出讲解外滩的万国建筑的风格、建成年代、建筑结构、建筑体量、建筑特色等，还应介绍重点建筑物和装饰物的象征意义等。如果是历史爱好者为主的旅游团，导游应突出上海外滩的历史沿革，历史上发生的重要事件，历史人物在外滩的事迹等。

4. 突出"……之最"

某些旅游景点在某一方面十分突出，往往是世界（中国、某省、某市、某地）最大（最长、最古老、最高，甚至可以说是最小）的……这样的信息在讲解中要做重点介绍，以突出其旅游价值，赋予旅游者更多的收获和满足感。不过，导游员在做"……之最"的讲解时必须实事求是，要有根据，绝不能杜撰，更不要张冠李戴。

例如：上海海洋水族馆位于陆家嘴环路1388号，是目前世界上最大的人造海洋水族馆之一，也是上海最大的旅游文化合资项目，被誉为"科普教育基地"。

上海海洋水族馆造型别致，它是由两幢硕大的不对称三角形建筑组成的，远看好像大小金字塔形（主楼共分5层，地上3层，地下2层）。海洋水族馆采用高科技手段展示了世界上五大洲四大洋的450多个品种、总数18000多条各种珍稀鱼类。水族馆内设有目前世界上唯一的中国展区，展出中华鲟、扬子鳄、娃娃鱼等名贵珍稀的水中生物。

海洋水族馆有四条海底观赏隧道，总长155米，是世界上最长的海底观赏隧道之一，这是水族馆的精华所在。其中沙虎鲨的数量之多为中国水族馆之最。海洋水族馆还设有两个特别的展区：致命水生物展和长江流域珍稀水生物展。上海海洋水族馆的展示主题是：通过水世界，亲历五大洲。

三、触景生情法

"触景生情法"就是见物生情、借题发挥的导游讲解方法。在导游讲解时，导游员不能就事论事地介绍景物，而是要借题发挥，利用所见景物创造意境，情景交融，引人入胜，使旅游者产生联想，从而领略其中之妙趣。

触景生情贵在发挥，要自然、正确、切题地发挥。导游员要通过生动形象的讲解、有趣而感人的语言，赋予固定的景物以生命，注入情感，引导旅游者进入审美对象的特定意境中，从而使他们获得更多的知识和美的享受。

例如：旅游者登上东方明珠，举目远眺，对上海浦东的陆家嘴金融中心和世博园叹为观止时，导游员抒发情感"当时上海浦东的发展十分落后，上海人宁要浦西一张床，不要浦东一间房"。在党和国家的政策扶持下，上海人民凭借勇敢、勤劳、智慧，才成就了浦东今天的繁荣景象，并成为中国金融的中心，保障了上海城市的发展，促进了上海国际大都市建设。有这样勤劳的上海市民，上海一定能在建设国际著名城市的事业中创造出新的奇迹来。

四、虚实结合法

虚实结合法中的"实"是指景观的实体、实物、史实、艺术价值等，而"虚"则指与景观有关的民间传说、神话故事、逸闻趣事等。所谓"虚实结合法"就是导游员将典故、传说、逸闻趣事有机结合，设计讲解情节的导游手法，即导游讲解故事化。虚实结合法可以产生艺术感染力，避免平淡的、枯燥乏味的、就事论事的讲解方法。但二者结合必须是有机结合，以"实"为主，以"虚"为辅，"虚"为"实"服务，以"虚"烘托情节，以"虚"加深"实"的存在，努力将无情的景物变成有情的导游讲解。运用虚实结合法需要注意"虚"的内容要精、要活，不能随心所欲，更不能胡编乱造。所谓精，就是所选传说是精华，具有代表性，与讲解的景观密切相关；所谓活，就是讲解时要活，见景而用，即兴而发。

例如：导游讲解城隍庙时可以采用虚实结合法。很早以前，有一年大旱，上海金山一带的农田干得开裂，田里的禾苗都快要枯死了。农民们急得心里像着了火似的，整天坐也不是，站也不是，却也拿不出办法来，只得唉声叹气："唉！要是能把黄浦江的水引到这里，就可以用江里的水浇田了。""说得倒轻巧，开这么大一条河，得干多少年呀！"正在这时，"嚯"地站出来一位虎背熊腰的黑脸大汉，他说："把这件事交给我吧，我保管一夜工夫就开好。""一夜工夫？"大家都简直有点不相信自己的耳朵，有人甚至还忍不住笑了出来。但是也没有别的办法，就随他去吧。第二天早晨，农民们奔到田里一看，啊呀！果然，一条清澈的河流从黄浦江分出来，灌溉了几千亩良田。这时候，大家才知道那黑脸大汉原来是汉朝大将军霍光显灵。他带领子子孙孙开河灌田，解救了这场灾难。于是，人们就修筑了城隍庙，铸造了霍光将军的神像供在大殿。而那条河则被称为新开河。【虚：神话故事】

中国周代就有祭祀"八蜡"的仪式，其中第七蜡指水土之神，是城隍的原型。城隍"剪恶除凶，护国保邦"，保佑一方平安。对城隍的信仰，始于南北朝，流行于唐宋。到了明代达到巅峰。元代在今黄浦区方浜中路建有一座金山神庙——霍光行祠。明初，秦裕伯为上海城隍神。永乐年间（1403—1424年）上海知县张守约将秦裕伯请到霍光行祠，与霍光合署"办公"，前殿奉霍，后殿奉秦，老百姓喜称"一庙二城隍"。临街的三门牌楼上有"保障海隅"四字，点明城隍职责所在。城隍庙有前殿和后殿，前殿正中是高5米的霍光神像，后殿为单檐歇山式建筑，殿内正中供奉红面城隍秦裕伯。【实：历史沿革】

五、问答法

问答法就是在讲解中导游员向旅游者提出问题或启发他们提出问题的导游方法。使用问答法的目的是为了活跃游览气氛,激发旅游者的想象思维,促使旅游者和导游员之间产生积极的思想交流,使旅游者获得参与感、自我成就感;也可避免导游员唱独角戏以及灌输式讲解所带来的乏味无趣,加深旅游者对所游览景点的印象。

问答法的具体形式主要有以下几种。

1. 自问自答法

导游员自己提出问题,并做适当停顿,让旅游者猜想,但并不期待他们回答,只是为了吸引他们的注意力,促使他们思考,激起兴趣,然后做简洁明了的回答或做生动形象的介绍,还可借题发挥,给旅游者留下深刻的印象。

例如:女士们、先生们,我们现在已经来到了上海人民英雄纪念塔,稍后我们便去参观。现在请允许我向大家提三个问题:第一,上海人民英雄纪念塔1950年5月28日是由谁亲自主持奠基仪式的?第二,上海人民英雄纪念塔塔名题词是由谁亲笔书写的?第三,上海人民英雄纪念塔三根高达60米的花岗石组成的塔体寓意着什么?(略作停顿)看来大家对这三个问题都有所了解,但还不全面,现在就由我来给大家做详细的介绍吧。

上海人民英雄纪念塔是1950年5月28日由新中国成立后上海第一任市长陈毅亲自主持奠基仪式的。1994年5月28日上海人民英雄纪念塔建成揭幕,塔名题词是由江泽民同志亲笔书写。由三根高达60米的花岗石组成的塔体,寓意着在上海为中国人民革命事业英勇奋斗、献出生命的人民英雄们永垂不朽!纪念塔所在的下沉式圆岛广场周围有上海百年风云大型花岗石浮雕。浮雕长120米,高3.8米,表现了1840~1949年上海人民的革命斗争史。

塔旁下沉式的浮雕广场上共有七组浮雕:前六组分别是抗英斗争和小刀会起义、传播革命思想、工人运动,中国共产党成立,抗日战争,解放战争;第七组是庆祝上海解放。浮雕共有97个典型人物,表现了先烈们伟大的革命业绩。

2. 我问客答法

导游员提出问题,要求旅游者开动脑筋,积极作答,导游员在旅游者的答案中引申讲解。其关键在于善于提问,要从实际出发,适当运用。希望旅游者回答的问题要提得恰当,不至于使游客一无所知、一头雾水,同时也要估计到可能出现的不同答案,能事先准备对不同答案做出评价。导游员要诱导旅游者回答,调动其积极性,但不要强迫他们回答,以免使旅游者感到尴尬或产生心理压力。旅游者的回答不论对错,导游员都不应打断,更不能笑话,要给予鼓励和引导。最后由导游员引申讲解,并带出更多、更广的话题。

例如:(讲解园林中的木雕图案)导游员提问:"大家现在看到的蝙蝠、桃子和灵芝图案有什么寓意呢?"(稍作停顿,等待旅游者的回答,但时间不宜过长)导游接着评价旅游者的答案并引申讲解:"大家说得很对。蝙蝠因为谐音,在我们的传统文化中象征着福,桃子和灵芝也是吉祥的象征,分别代表着寿和如意。三者合而为一就是福寿如意!在这里,我也祝大家福寿如意!"

3. 客问我答法

导游员要善于调动旅游者的积极性和他们的想象思维,欢迎他们提问题。旅游者提出问题,证明他们对某一景物产生了兴趣,进入了审美意境。对他们提出的问题,即使是幼稚可笑的,导游员也绝不能置若罔闻,千万不要笑话他们,更不能显示出不耐烦,而是要善于有选择地将回答和讲解有机地结合起来。不过,对旅游者的提问,导游员不要他们问什么就回答什么,一般只回答一些与景点有关的问题,注意不要让旅游者的提问冲击了讲解主题,打乱讲解计划。导游员要学会认真倾听旅游者的提问,善于思考,掌握旅游者提问的一般规律,总结出一套相应的"客问我答"的导游技巧,以求满足旅游者的好奇心理。

六、制造悬念法

导游员在讲解时提出令人感兴趣的话题,但故意引而不发,激起旅游者的好奇心,进而主动探索思考答案,进入对旅游景点的主动审视之中,最后由导游员根据旅游者的答案做补充说明和引申讲解。这种讲解方法叫作"制造悬念法",俗称"吊胃口、卖关子",是一种常用的导游手法。这种先藏后露、欲扬先抑、引而不发的讲解方法,一旦"发(讲)"出来,会给旅游者留下特别深刻的印象,而且导游员可始终处于主导地位,成为旅游者的注意焦点,有利于减少旅游者走失等意外事故的出现。制造悬念是导游讲解的重要手法,通常能够活跃气氛、制造意境、提高旅游者游兴、提高导游讲解效果。

例如:苏州网师园的月到风来亭,依水傍池,面东而立,亭后装一大镜,将对面的树石檐墙尽映其中。景点导游员将游客带到亭中,这样介绍说:"当月亮升起的时候,在这里可以看到三个月亮。"他微笑着,望着游客,并没有立即往下讲。游客们好生奇怪,都以为是听错了或是导游员讲错了,最多只有两个月亮:天上一个,水池里一个,怎么可能会有第三个呢?大家的脸上都露出了迷惑不解的表情。这时,导游员才点出:天上、池中还有镜里共有三个月亮,大家才恍然大悟,在响起一阵掌声、叫好声之后,也更领悟到镜子安置之巧妙,印象特别深刻。

七、类比法

类比法就是通过用旅游者熟悉的事物同眼前的事物进行比较,达到以熟喻生、触类旁通效果的讲解方法。类比法的种类有两种,同类相似类比和同类相异类比。景区导游运用类比法进行讲解要把握两个技巧:一是对旅游者的情况(文化层次、知识结构)有一定的了解;二是所类比的要有根据,切忌作不相宜的比较。

同类相似类比，是将旅游者熟悉的景物与所见景物作比较。

例如：景区导游在为日本游客介绍上海豫园城隍庙时，可以说："城隍庙就如同你们东京的浅草。"简单的一句话可使客人瞬间明白城隍庙的性质和类型。再如：导游员讲解南京路时可以将南京路比作日本东京的银座、美国纽约的第五大街、法国巴黎的香榭丽舍大街。

同类相异类比，就是将两种风物比出规模、质量、风格、水平、价值和时间等方面的不同。

例如：导游讲解上海的人民广场时，将人民广场与北京的天安门广场相比，比出两个城市广场在性质上一个是游憩性，一个是政治性的不同，在风格上一个是现代，一个是古代的差异，在绿化上多和少的差异，在面积上大和小的差异。

八、渗透法

渗透法是导游员在讲解景物或事理时，适当介绍一些相关的背景知识和材料的一种讲解方法。使用渗透法的注意事项：所介绍的背景知识应便于旅游者对景物的理解，切不可离题万里；为避免冗长，可采取在讲解中逐步渗透的原则；渗透程度因旅游者文化程度而异，对文化层次高的旅游者，渗透的知识量大些，对文化程度低的旅游者，可穿插些浅显易懂的知识。

例如：导游带一个美国团游览上海豫园景区时，可以说："中国园林按占有者身份，可以分三大类：皇家园林、私家园林和寺庙园林。豫园属于私家园林。一般来说，中国园林由三个基本要素组成，即山水、动植物和建筑。"如果旅游者感兴趣，导游员可以进一步从布局、道路、空间、花卉、取景、雕塑等方面分析比较东西方园林的不同之处，使这些来自西方的旅游者对东方园林有一个感性和理性的认识，由此感悟中国园林艺术的精髓。

导游为游客讲解龙华塔的时候，可以说："塔起源于古印度，梵文称作 Stupa（窣堵波），中国古代称之为浮屠。佛经上说，释迦牟尼圆寂之后，尸体被火化，变成各色晶莹的珠子，这些珠子、骨头、头发、牙齿等都叫作'舍利子'，因而建塔埋葬，以资纪念。后来佛教高僧、大法师死后，亦建塔埋葬灵骨，也有用以埋葬重要的经卷、袈裟、法器的。"如果游客感兴趣，可以进一步说："据统计，中国现存的塔近万座，遍布全国，一般来说，南塔清秀挺拔，北塔端庄厚重。中国的佛塔源于古印度，但又有自己的特点，即把中国原有的亭台楼阁建筑特点运用在塔的建筑之中，创造了各种样式的名塔，有楼阁式塔、密檐式塔、内楼外密檐式塔、亭阁式塔、花塔、喇嘛塔、金刚宝座塔等。今天我们看到的龙华塔属于楼阁式塔。"

项目四

景区导游词的创作技能

【学习目标】

- 了解旅游景区导游词的概念、分类和功能。
- 掌握导游词的修辞方法、创作要求。
- 熟悉导游词的基本结构、特点和注意事项。
- 能够根据不同的景点特色、游客群体创作出有特色的导游词。

任务一　景区导游词的创作

技能实训

实训目的	学生能够撰写创作导游词
实训要求	通过实训，学生能根据收集的背景材料，加工整理，创作出文辞优美的导游词
实训时间	本实训环节共 4 学时
实训地点	教室或景区模拟实训室
实训材料	多媒体设备、景区的背景材料参考书
实训内容及步骤	1. 实训准备 （1）学生分成若干小组，按组选择要撰写导游词的景区。 （2）教师为学生讲解导游词基本结构、写作特点和注意事项。 （3）学生分组查阅相关资料，创作导游词。 （4）学生对加工好的导游词配图和制作 PPT。 （5）按照导游讲解的要求进行创作好的导游词讲解练习。 2. 实训开始 （1）学生分别讲解创作好的导游词。 （2）教师对学生的讲解和导游词创作进行讲评并归纳总结。 3. 实训结束

实训考核

1. 实训指导教师根据学生对导游词的讲解和导游词创作要求的把握情况进行评分。
2. 按百分制记分，导游词的讲解30分，导游词创作要求的把握50分，实训纪律及态度20分。
3. 评分表

景区导游词创作评分表

组别：_____ 姓名：_____ 时间：_____

项目		应得分	教师评分
导游词讲解	全面性	10	
	准确性	10	
	生动性	10	
导游词创作	创作要求的把握	20	
	导游词的效果	20	
	PPT 制作	10	
实训纪律及态度		20	
合计得分		100	

考核时间：　年　月　日　　　　　考评教师（签名）：_____

知识链接

景区导游服务的核心是景区讲解。优秀的讲解离不开优秀的导游词，所以景区导游一定要掌握导游词创作方法，多收集资料，写出高质量的导游词。

一、导游词的概念与分类

景区导游词是导游人员引导游客观光游览的讲解词，是导游员同游客交流思想、向游客传播文化知识的工具，也是吸引和招徕游客的重要手段，它是应用写作研究的文体之一。导游词事实上是一种对旅游景点进行历史的、文化的、审美的、解读的文体。导游词就是要还原历史、还原生活、还原文化、还原事实。当然，这种还原不是用历史学家或考古学家的眼光，而是用艺术家的眼光加以取舍，重新组合。

景区导游从形式上有书面导游词和现场口语导游词两种。书面导游词，是用文字形式书写出来的导游词，它是口语导游词的基础和脚本。掌握了书面导游词的基本内容，根据游客的实际情况，临场加以发挥，改成符合口语表达方式和习惯的导游词，即成为口语导游词。实训所说的导游词艺术加工，既包括书面导游词的创作，也包括口语导游词的再创作。

二、导游词的功能

景区导游词的功能主要体现在以下四个方面。

一是引导游客鉴赏。景区导游词的宗旨是通过旅游景观绘声绘色的讲解、指点、点评，帮助旅游者欣赏景观，以达到游览的最佳效果。

二是传播文化知识。景区导游词向游客介绍有关旅游胜地的历史典故、地理风貌、风土人情、传说故事、民族习俗、名胜古迹、风景特色等，使游客增长知识。

三是陶冶游客情操。景区导游词的语言具有言之有理、有物、有情、有神等特点。通过语言艺术和技巧，给游客勾画出一幅幅立体的图画，构成生动的视觉形象，把旅游者引入一种特定的意境，从而达到陶冶情操的目的。

四是帮助游客了解旅游商品。景区导游词通过对旅游地出产物品的说明、讲解，客观上起到向游客介绍商品的作用。

三、收集导游词撰写资料

景点导游在面对不同游客时需要提供不同的讲解服务内容，因此其语言效果在很大程度上取决于导游的知识水平，包括导游所掌握知识的广度和深度。随着时代的发展，游客对景区导游讲解的水平要求也越来越高，所以导游的知识要做到常用常新，需要不断去充实完善。可见，导游对各种资料的收集就显得尤为重要。常用的资料收集方法有：

（一）专业书籍

与旅游景区有关的相关书籍，是导游获取旅游景区信息的最直接渠道，导游多读书、读好书的同时，不仅能获取旅游景区的相关信息，更能从书籍中对旅游地的描述中汲取艺术的语言，丰富自己的导游语言，导游在讲解时也能利用书籍中的知识旁征博引、举一反三，给旅游者带来大量的信息。

（二）杂志、报纸

景区导游员要保证自己的讲解内容与景观的实际情况一致，因此对于已有的或收集的资料要保证其时效性。杂志和报纸是景区导游员收集最新讲解资料的重要途径，尤其是旅游专业杂志和报纸，大都包含着导游常用的专题知识和业界的最新动态，导游可以花较少的时间，获得更集中、更丰富、更准确的知识。

（三）旅游网站

网络的出现使人们获取信息的渠道经历了巨大的变革，使人们足不出户便可通过网络知晓天下形势，查找最新的旅游信息资料，而且网络上既有官方发布的各项统计数据,又有业界同仁的旅游感受与经验分享,从中还可以借鉴许多优秀的导游词,可极大地丰富导游的视野。

(四) 视频信息

景区导游可以通过各种正式出版的音像制品、专业或综合电视台制作的旅游节目,更加直观地、图文并茂地介绍各地的旅游资源,而且专业的解说比查阅纸质文献更快捷、更方便。

(五) 各种碎片化资料

景区导游员要在自己的生活和工作中处处留心,注意收集能为自己所用的有用信息,内容不一定局限在景区景点、历史文化、民风民俗方面,只要是能在导游讲解中出现的,能为讲解增光添彩的内容,都可以收集。而且收集资料的方式也不一定局限于上文所述的渠道,例如在朋友闲谈、与游客的交流中,都可能会获得宝贵的导游讲解素材。总之,景点导游员在生活中要做有心人,处处留心、善于捕捉各种有用的信息,多多积累导游讲解资料。

四、导游词的基本结构与撰写

在景点旅游中,旅游者绝大多数时间是在景点中度过的。景点是文化的具体表现,不同的景点有不同的文化内涵。因此,景点导游就成为导游中最大量、最核心的工作。边游边导,讲深讲透,又能让游客爱听想听,方显出优秀的导游水平。一篇完整的导游词由前言、总述、分述、结尾四部分组成。

(一) 前言

前言部分一般写景区导游在陪同旅游者参观和游览前,向大家表示问候、欢迎、自我介绍、对游客的祝愿的话。前言实质上是一个开头,既简短亲切,又有引出下文的作用。

如:"各位朋友、各位来宾,大家好!首先我代表我们景区和我个人对大家能来上海佘山度假区旅游、观光表示热烈的欢迎!我叫×××,是你们今天的景点导游,我将尽力帮助大家在游览期间玩得开心、吃得放心、住得安心。同时,也希望佘山度假区的游览能给大家带来不小的收获,留下一个美好的回忆。在我带大家游览前,我给大家提几个小要求,希望大家能共同遵守……"

或者:"各位游客,上午好!我是中共一大会址的讲解员×××。非常欢迎你们到中共一大会址来参观考察,希望你们能在这里有所收获!"

(二) 总述

在游览开始之前,导游要向游客介绍一下景点的简要情况,使游客对景区有一个大致的了解,激起客人游兴,将游客导入审美意境。总述部分主要是向旅游者讲述景区的导向性知识和说明性知识。

1. 导向性知识

在游览示意图前，导游应讲明景区的地理位置、游览注意事项、游览路线（注意不能漏掉精品景点和景物）、游览时间安排、集合时间、集合地点、提醒大家跟团活动等知识。

例如：上海植物园是国家4A级旅游景区，位于徐汇区西南部，龙吴路的1111号，是一个以植物引种驯化和展示、园艺研究及科普教育为主的综合性植物园。游览时请大家注意安全，注意保护环境，不要攀折花木，不要乱丢垃圾。我们今天的游览路线为：正门（2号门）—绿化示范区—草药园—兰室（这里有非常名贵的各种兰花，大家千万不要错过）—盆景园—桂花园—月季园—蔷薇园—樱花林—槭树园—3号门出。游览时间大约2小时，11点钟在3号门门口集合，请大家跟随我一起游园，不要单独活动。

2. 说明性知识

说明性知识主要是向游客说明景区的历史沿革、文化特色、重要地位、旅游价值、名人评价等，使游客深切感受景区参观游览的重要意义。

（1）景区的历史沿革。导游词主要写景区产生的由来和历史变革，景区与相关历史事件和历史人物的关系。

（2）景点主要特色。导游词主要写景点的自然景观、人文景观有哪些特色。

例如：上海海关大楼的钟楼为哥特式，有10层楼高，其大钟是仿英国国会大厦的大钟制造的，在英国造好后运到上海组装。据说花了白银2000多两，是亚洲第一大钟，也是世界著名大钟之一。海关大楼巍然屹立在黄浦江之滨，它那铿锵、激昂的钟声象征着庄严、象征着使命。

（3）景点用途。导游词主要写该景区建设的目的，是为了纪念名人还是欣赏风光。

例如：龙华烈士陵园是为了缅怀烈士、弘扬革命精神而建立的全国爱国主义教育示范基地。

（4）景点地位。导游词要写出该景区在世界上或在国内、省内、市内处于什么地位，或是几级文物保护单位。

例如：龙华烈士陵园是全国重点文物保护单位。外白渡桥建于1906年，1907年建成通行，是上海历史上第一座钢铁桥。

（5）名人事迹及评价。导游词要写出历史名人、国家领导人、世界名人、著名文人参观该景区后有哪些评论或故事。

例如：南浦大桥通车于1991年12月，是黄浦江上第一座大桥，在世界上也数得着，据说是世界上第四大双塔双索面斜拉桥。呈"H"形的主桥塔高达150米，十分壮观，高高的横梁上写着"南浦大桥"四个红色大字。但不知道去过的朋友注意没有，那个"浦"字是个错字：右肩上的一点，不是在一横上面，而是在下面。这是谁写的，竟然出这么大笑话？可能有人看了那字体后已猜出来——邓小平！不错，这四个字确实是邓小平写的。其实，邓小平题字有很多逸闻，如请语言专家找错别字一事，就为许多人津

津乐道。据公开的资料，1983年6月，邓小平给"学习雷锋标兵"朱伯儒题词——"向朱伯儒同志学习，做一个名符其实的共产党员"。写好后，邓小平对前来取字的中共中央办公厅同志特别嘱咐，"请不要急于拿去发表，应该请语言学家推敲一下，看看有没有用字不准确的地方。"后来，办公厅找到著名的语言学家王力，请王力把关，王力看到题词后认为"名符其实"的"符"不太妥当，应该改为"副"。邓小平听了汇报后，认为王力的意见是对的，欣然重写了一次。重写时，邓小平还对办公厅的同志说："老师写了错别字，贻误了学生，国家领导人写了错别字会影响国民的文风。"从这件事上可以看出，邓小平在题字下笔时是十分严谨的，不会随便乱来。那么，对题字如此讲究的邓小平，怎么会在一个"浦"上犯错？这里面有两个说法。坊间说法是，邓小平当时老眼昏花，点错了地方。邓小平生于1904年，在为南浦大桥题字时，邓小平虽然精神很好，但毕竟已是87岁高龄的老人了。结果在写那一点时，一时失误，把"浦"字右肩上的一点点到了一横下面。这说法靠谱么？我觉得不对劲，即便邓小平老了，下笔时点错了地方，也可以重写一遍啊。官方说法，为我们解开了这个谜团，原来这个"浦"字是邓小平有意写错的。这又是为什么呢？当年，中国大陆改革开放的最前沿并不在上海和"长三角"一带，而是在南方的深圳，在"珠三角"流域。有一个名词想必大家都没有忘记——"深圳速度"，深圳"三天一层楼"在今天看来并不算什么，但在20年前还是罕见的。因为深圳的高效率，当年甚至连计划生育工作都向深圳学习，结扎上环讲究"深圳速度"。到了1991年，经过10年的改革开放，上海已经有了很大变化，成绩可以说是前所未有的，南浦大桥的建成就是一个标志。但在当时政治大气候和偏左的意识形态下，上海远没有今天这么有生机、这么大胆、这么开放、这么有成就。作为中国大陆改革开放的"总设计师"邓小平，始终惦记着自己设定的改革开放路线和进程情况，对中国大陆第一大经济中心城市上海的改革开放更是放心不下，可以说目光时时刻刻都放在那儿。早在1990年4月18日，国务院便向全世界宣布开发开放浦东，但上海却并没有完全放开手脚，效果远没有深圳那么理想，有人仍在姓"社"、姓"资"上纠结。邓小平当时看在眼里，急在心头，他不时利用一些场合给同志们（有关官员）"洗脑"。这次南浦大桥建成，上海请他题字，邓小平也没有放过"提醒一下"的机会。在题字时，邓小平有意将"浦"字右肩上的一点写到下面。现场官员还以为邓小平落错了笔。实际上邓小平是有意为之。笔下之意是：现在上海的改革开放比深圳慢半拍，没有走在前头。希望上海的同志们改革的胆子再大一些，开放的步子能再快一点、取得的成就能再辉煌一点。点错这一点，邓小平可谓用心良苦。明白邓小平的意图后，上海的"同志们"坐不住了。就在邓小平题字之后不久，上海突然开始发力，"开发浦东"全面启动。不久，在"深圳速度"之后，出现了一个新的词语——"浦东速度"。当代哪一个错字能有邓小平写错的这个"浦"字给力？称之为当代第一错字不为过吧。邓小平呢，在题字之后，也没有闲着，而是"出去走走"。1992年年初，邓小平在女儿的陪护下，先后到武昌、深圳、珠海、上海等地视察，完成了他人生中最后的大动作——视察南方。途中，邓小平连续发表了一系列重要讲话，为新一轮的改革开放定调子，中共党史称之为"南方谈话"。中国大陆从此进入了全面改革开放的快车道，姓"社"、姓"资"的问题也不再有人纠结了。邓小平设计的改革开放之路取得的成就，如今大家是有目共睹的，这里我就不多说了。而上海取得的成就呢，更不用多说了。上海人以前"宁要浦西一张床，不要浦东一间房"，现在这观念早没影了，浦东的繁荣已成为中国大陆第二轮改革开放的标志性成果，为全球瞩目！故事到这里并没有结束，邓小平错写"浦"字还有一个后话。据说邓小平当时许诺，如果上海全面超越了深圳，各方面都上去了，他也会让这一点"上去"，重新题字。很遗憾，如同未能在香港回归后亲自到"香港走一走"一样，邓小平也未能再重题这个字，那个错字如今已永远定格在南浦大桥上，定格在中国大陆改革开放的历史上！

（三）分述

分述部分是景区导游词最重要、最精彩的部分。在这部分中，导游词要对景点加以详细地说明讲解。每个旅游景区的景观要素组合虽然都比较复杂，但都存在主次之分，导游在带领游客游览的过程中，分述就是对旅游者游览的每个景观进行分别讲述。按照游览的先后顺序，对景观一一加以解说，即从大门开始沿游览路线边游边讲。由于时间等客观原因，在游览和讲解中往往不可能面面俱到。因此，在导游词中，对景观、景物的介绍要舍得放弃一些非主流景观，集中精力，利用有限的时间重点讲解介绍景区中最具有代表性的景点和景物，引导游客去欣赏、去品味。在对景区重点景观和景物进行取舍时，一是要遵循常规的重点，二是必须考虑游客的需要，不能仅凭导游员的主观意志。

在分述部分导游词的内容顺序安排上，应以游览的时间先后或方位为线索，既要分出段落与层次，又要用好过渡语，把各部分内容衔接起来。

例如：天王殿为单檐歇山式建筑，书法家沙孟海所书"天王殿"巨匾悬挂殿檐。天王殿内供奉四大天王、天冠弥勒和韦驮。

四大天王是东方持国天王、南方增长天王、西方广目天王、北方多闻天王。

东方持国天王，面蓝色和悦相，手中持琵琶，是乐器也是法器，弹奏出的声波能置妖魔鬼怪于死地。

南方增长天王，手持利剑，手中利剑能发出特有的光芒，斗魔而胜之，为褐面凶相。

西方广目天王，他的法器是龙蛇，发现哪里有妖魔鬼怪，就放出龙蛇去除之，为红面怒相。

北方多闻天王，他是佛的近侍，一手握伞，上书佛经；一手捧塔，表示财宝，同时他是战斗之神、胜利之神，又是财神，四天王中他香火最盛，为白面笑相。

由于中国几千年来是农业社会，所以四天王手中的法器，有汉语双关意。持剑意味锋，琵琶意味调，持伞代表雨，龙蛇代表顺，寓意"风调雨顺"。

龙华寺是弥勒佛的人间道场,所以供奉两种弥勒像:一为弥勒殿的化身像(和尚像);一为天王殿的真身像——天冠弥勒(菩萨像)。天冠弥勒是弥勒在兜率宫内院修行的法相,身份是菩萨。他颈佩璎珞,头戴五佛冠,手持莲花,花上是他修行之处兜率宫内院。

佛圆寂后,佛遗骨舍利奉安在佛塔内。古代佛寺以塔为中心,佛寺如同墓庐,韦驮为护法神,便面对佛塔而立,以示守责之忠。唐代以后,佛寺由以塔为中心,渐为以供佛祖佛像的大雄宝殿为中心,所以韦驮总是面对大雄宝殿而立。韦驮手中的法器叫金刚杵,用以降魔除妖。

(四)结尾

游览结束,导游要向游客致欢送词,以加深感情,获得锦上添花的效果。导游词的结尾欢送词没有固定的格式,通常有总结、回顾、感谢和美好祝愿。可以用真诚的告别与祝福用语结束全篇,也可以根据景点的具体情况,采用个性化的结尾。

例如:我由衷地感谢大家对我的支持和配合。其实能和大家达成这种默契真的是很不容易的,大家出来旅游,收获的是开心和快乐,而我作为景区导游,收获的则是友情和经历。我想这次我们都可以说是收获颇丰吧。也许大家返回家乡后,我们以后很难会有再见面的机会,不过我希望大家回去以后和自己的亲朋好友回忆自己的上海旅游之行的时候,除了描述上海如何繁华,豫园如何秀丽的时候,不要忘了加上一句,在那里还有一个景区导游×××,那是我的朋友。最后,预祝大家旅途愉快!真诚地祝福你们,一生平安,顺顺利利,以后若有机会,期盼再来上海旅游,来豫园会会你的朋友。

五、导游词创作的注意事项

1. 传奇而不传谣

一篇故事性强、富有传奇色彩的景区导游词,的确会让游客听得津津有味。但导游词写作如果以地摊文学为蓝本,编造一些稀奇古怪、子虚乌有的故事,就会降低其可信度,给人以上当受骗之感。

2. 幽默而不油滑

一篇幽默风趣的景区导游词,能给游客带来欢声笑语,创造一种其乐融融的美好氛围。值得警惕的是,当前一些导游为了博取游客的欢心,一味地为幽默而幽默,为笑话而笑话,为滑稽而滑稽,结果自然就会滑进油滑的泥潭。

3. 通俗而不庸俗

一般而论,景区导游词应该通俗易懂,追求口语化。但决不能像白开水一样淡而无味,苍白肤浅,给人以俗不可耐之感。导游词应该通俗化,但通俗不等于庸俗。

4. 不能千篇一律

到什么山唱什么歌,见什么人说什么话,这是导游的基本功。因此,景区导游词的写作必须有的放矢,要讲究针对性。

任务二　景区导游词的艺术加工

技能实训

实训目的	学生能够将导游词素材进行艺术加工
实训要求	通过实训，学生能熟练运用修辞手法对已有导游词进行再创作
实训时间	本实训环节共 4 学时
实训地点	教室或景区模拟实训室
实训材料	多媒体设备、导游词粗坯素材
实训内容及步骤	1. 实训准备 （1）学生分成若干小组，按组选择要加工的导游词粗坯素材。 （2）教师为学生进行旅游景区导游词修辞手法的讲解。 （3）学生按小组讨论运用导游词的修辞手法对选取的导游词粗坯进行加工和再创作。 （4）学生按照小组对加工好的导游词配图和制作 PPT。 （5）按照导游讲解的要求进行加工好的导游词讲解练习。 2. 实训开始 （1）学生分别讲解创作好的导游词。 （2）教师对学生的讲解和导游词创作进行讲评并归纳总结。 3. 实训结束

实训考核

1. 实训指导教师根据学生对导游词的讲解和运用修辞手法对已有导游词进行再创作情况进行评分。

2. 按百分制记分，导游词的讲解 30 分，运用修辞手法对已有导游词进行再创作 50 分，实训纪律及态度 20 分。

3. 评分表

景区导游词的艺术加工评分表

组别：_____　　姓名：_____　　时间：_____

项目		应得分	教师评分
导游词讲解	全面性	10	
	准确性	10	
	生动性	10	

续表

项目		应得分	教师评分
导游词的创作	修辞手法的运用	20	
	导游词的艺术性和口语化	20	
	PPT制作	10	
实训纪律及态度		20	
合计得分		100	

考核时间： 年 月 日　　　　　　　　考评教师（签名）：_____

知识链接

景区导游员要引导游客游览观光，向游客介绍景点，就离不开导游词。导游词的质量也直接影响着景区旅游服务的质量。一篇内容丰富、妙趣横生的导游词，不仅能让游客了解更多的相关知识，对景点产生浓厚的兴趣，而且能帮助游客获得极大的审美享受，给游客留下深刻而美好的印象。

一、导游词的创作要求

1. 用词要恰当准确，反复推敲

导游词通过信息传递，引起旅游者在情感上、观念上和行为上的互动。导游员在创作导游词时，要考虑所使用的词语易于被旅游者理解和接受，符合旅游者的表达和理解习惯。

如武汉市导游人员在归元寺向游客介绍《杨柳观音图》时说："这幅相传为唐代阎立本的壁画，它所体现的艺术手法值得我们珍惜。"这里，"珍惜"属于用词不当，而应该"珍视"。"珍惜"是爱惜的意思，而"珍视"则为看重的意思，即古画所体现的艺术手法值得好好欣赏。

又如当导游员在讲解"豫园始建于何时"时，如果导游员仅仅说明朝是不清晰的，只有说明"豫园始建于1559年"才能被旅游者理解和接受。

再如游客问："长城是什么时候修建的？"导游人员回答："秦朝。"这种回答属于表述不清，因为早在春秋战国时期，燕、赵、秦三国为防御北方的匈奴、东胡等民族的骚扰就筑起了高大的城墙，即为长城的起源。秦统一六国后，在原有长城的基础上修筑和连接战国长城，开始有万里长城之称。如果对外国游客，还应讲清春秋战国和秦朝的公历年代，这样外国游客才会对中国长城的历史有一个明确的认识。

2. 词语的组合、搭配要恰当

导游人员在选择贴切的词汇基础上，还要进行词语的组合与搭配，使之组合符合规范，搭配相宜，这样才能准确地表达意思。

如导游人员在向游客介绍了顾村公园的景观之后说:"这里的景色真叫人心旷神怡。"这里的"叫"字同心旷神怡的搭配就不如用"令"字更好,因为"令"字有"使"的含意,即客观事物使人们主观上产生一种感受。

3. 导游词语言表达要保持连贯

如果导游词对事物的来龙去脉只讲一鳞半爪,或者一个事件讲了上文没有下文,结果旅游者只能是丈二和尚摸不着头脑。因此导游词的语言表达要力求完整,一句话、一件事情、一段故事的表达都应有前因后果。

例如:导游人员在讲西湖孤山时,说"孤山不孤、断桥不断、长桥不长"。导游讲:孤山是由火山喷出的流纹岩组成的,整个岛屿原来是和陆地连在一起的,所以说"孤山不孤"。那么为什么又叫它孤山呢?一是因为自然的变迁,湖水将它与陆地分隔开来;二是因为这个风景优美的岛屿过去一直被称为孤家寡人的皇帝所占有。所以叫"孤山"。

4. 导游词的语言表达要有层次

导游人员应根据思维逻辑,在导游词创作时将要讲的内容区分前后次序,即先讲什么、后讲什么,使之层层递进、条理清楚、脉络清晰。

例如介绍武汉市长江夜游的导游词:

各位游客,我们的游船现在所在的位置就在长江与汉江交汇之处,浑黄的长江水与碧绿的汉江水汇成大大的人字,把武汉分为汉口、汉阳、武昌三镇。这两条江交接的地方像不像鱼的嘴巴?我们武汉人亲切地把它叫作南岸嘴。南岸嘴与被称为"德国角"的莫塞河与莱茵河交汇处极其相似,但规模更大,气势更恢宏。

现在我们看到的是位于汉水北岸的龙王庙码头,它全长1080米,始建于清乾隆年间,也就是1739年,此前筑有"龙王庙"。由于龙王庙地段河面非常狭窄,水急浪高,素以险要著称。故有人修筑龙王庙祈求龙王爷保佑平安。这里曾多次发生不同类型的险情,是武汉三镇防洪的重心。1931年,大水涨到26.94米时,汉口就发生过溃堤被淹的情况。新中国成立后,党和政府高度重视堤防安全,尤为关注龙王庙险段。每当汛期来临时,这里就成了各级领导和群众关注的焦点。

1998年,武汉遭到了百年罕见的特大洪水,水位达到29.43米。江泽民、朱镕基、温家宝等党和国家领导人到龙王庙险段指挥工作,面对汹涌的洪水,江泽民总书记向全世界人民宣告:伟大的中华民族是不可战胜的。武汉军民和全国人民一道,齐心协力共同作战,取得了抗洪斗争的伟大胜利,就在武汉军民战胜特大洪水之后,中央领导指示要抓紧整治龙王庙险段,从而拉开了龙王庙险段整治工程的序幕。1998年11月20日,该工程开工了,总投资2.34亿元,主体工程于1999年6月8日完工,并于当年汛期经受住了武汉有关水文记录第三高水位的严峻考验,真正使险点变成了景点。

请各位顺着我手指的方向看,在码头的防水墙上嵌有纪念98抗洪大型花岗岩浮雕,共有8个,依次为洪水压境、军民抗洪、严防死守、顽强拼搏、团结奋战、科技神力、力挽狂澜、欢呼胜利,这组浮雕高3.45米,总长度为102米,一幅一个故事,赞扬98

抗洪精神。这里还有一幅汉白玉浮雕"双龙戏珠",两条巨龙腾空而起,威风凛凛,象征着长江和汉水在龙王庙交结之意。

这一大段导游词的语言表达层次非常清晰。首先介绍了南岸嘴的情况,再介绍龙王庙的历史,然后引导到98抗洪救灾,最后到抗洪精神。由此可见,这位导游人员对此景点介绍的成功与其具有的严密的逻辑思维密不可分。

二、导游词的修辞方法

在景区讲解服务中,尽管有的导游员讲解语言准确,讲解逻辑清晰,讲解内容丰富,但就是无法调动游客的游兴,达不到应有的讲解效果。导游员若要使讲解内容深深地吸引旅游者,必须增加语言的鲜活性,运用修辞手法对导游词进行艺术加工。中国的语言博大精深,可以运用到导游词创作中的修辞手法多种多样,这里介绍几种主要的修辞方法供大家参考。

(一) 比喻

比喻就是用类似的事物来打比方的一种修辞手法,它包括下面5种形式:

1. 使抽象事物形象化的比喻

如:"土家族姑娘山歌唱得特别好,她们的歌声就像百灵鸟的声音一样优美动听。"这里土家族姑娘的歌声是抽象的,将其比喻为百灵鸟的声音就形象化了。

2. 使自然景物形象化的比喻

如:"如果说,云中湖是一把优美的琴,那么,喷雪崖就是一根动听的琴弦。"这里将云中湖比喻为琴,将喷雪崖比喻为琴弦,显得既贴切又形象。

3. 使人物形象更加鲜明的比喻

如:"屈原的爱国主义精神和《离骚》《九歌》《天问》等伟大的诗篇与日月同辉,千古永垂!"这里将屈原的爱国主义精神和作品比喻为"日月",使其形象更加突出。

4. 使语言简洁明快的比喻

如:"鄂南龙潭是九宫山森林公园的一条三级瀑布,其形态特征各异,一叠仿佛白练悬空;二叠恰似银缎铺地;三叠如同玉龙走潭。"这里将瀑布比喻为白练、银缎和玉龙,言辞十分简洁明快。

5. 激发丰富想象的比喻

如:"陆水湖的水,涟涟如雾地缠绕在山的肩头;陆水湖的山,隐隐作态地沉湎在水的怀抱。陆水湖的山水像一幅涂抹在宣纸上的风景画,极尽构图之匠心,俱显线条之清丽,那么美轮美奂地舒展着,那么风情万种地起伏着。她用山的钟灵揽天光云影,她用水的毓秀成鉴湖风月"。这里将陆水湖比喻为山水风景画,令人产生无穷的遐想。

(二) 比拟

比拟是通过想象把物拟作人或把甲物拟作乙物的修辞手法。在导游语言中,最常用的是拟人。

譬如:"迎客松主干高大挺直,修长的翠枝向一侧倾斜,如同一位面带微笑的美丽少女向上山的游客热情招手。"迎客松是植物,赋予人的思想感情后,会"面带微笑",能"热情招手",显得既贴切又生动形象。

运用比拟手法时,导游人员要注意三点:一要符合事物的特征,不能牵强附会;二要表达恰当、贴切;三要注意使用场合,比拟的手法在描述景物或讲解故事传说时常用,而在介绍景点和回答问题时一般不用。

(三) 排比

排比是将几个内容相关、结构相同或相似、语气连贯的词语或句子组合在一起,以增强语言气势的一种修辞手法。导游讲解中运用得当,可产生朗朗上口、一气呵成的效果,增添感人力量。

譬如:一段关于上海南浦大桥的导游词:"大桥的建成已成为上海又一重要标志。它仿佛一把钥匙,打开上海与世界的大门;它仿佛一面镜子,反映着代表中国最先进生产力水平的大都市的现代文明;它仿佛一部史册,叙述着中国的未来;它仿佛一本资质证书,充分证明中国完全可以参与和完成世界上的任何工程项目;它仿佛一曲优美的交响乐,奏出时代的最强音。"

(四) 夸张

夸张是在客观真实的基础上,用夸大的词句来描述事物,以唤起人们丰富想象的一种修辞手法。在导游语言中,夸张可以强调景物的特征,表现导游人员的情感,激起游客的共鸣。

譬如:"相传四川、湖北两地客人会于江上舟中,攀谈间竟相夸耀家乡风物。四川客人说'四川有座峨眉山,离天只有三尺三',湖北客人笑道'峨眉山高则高矣,但不及黄鹤楼的烟云缥缈。湖北有座黄鹤楼,半截插在云里头'。惊得四川客人无言以对。"这里用夸张的手法形容黄鹤楼的雄伟壮观,使游客对黄鹤楼"云横九派""气吞云梦"的磅礴气势有了更深的认识。

导游人员运用夸张手法应注意两点:一是要以客观实际为基础,使夸张具有真实感;二是要明确、鲜明,能激起游客的共鸣。

(五) 引用

引用是指用一些现成的语句或材料(如名人名言、成语典故、诗词寓言等)来说明问题的一种修辞手法。在导游讲解中经常运用这种方法来增强语言的表达效果。引用包括明引、意引和暗引三种形式。

明引是指直接引用原话、原文。其特点是出处明确、说服力强。

譬如:"归元寺的寺名'归元'亦称归真,即归于真寂本源、得道成佛之意,取自于佛经上的'归元性不二，方便有多门'的偈语。"这里引用佛经上的偈语诠释了归元寺名称的内涵，令人信服。

意引是指不直接引用原话、原文而只引用其主要意思。

譬如："国内外洞穴专家考察后确认，湖北腾龙洞不仅是中国目前已知最大的岩溶洞穴，而且是世界特级洞穴之一，极具旅游和科研价值。"这里引用的专家对腾龙洞的评价虽不是原话，但同样具有较强的说服力。

暗引是指把别人的话语融入自己的话语里，而不注明出处。

譬如："东坡赤壁的西面石壁更峻峭，就像刀劈的一样。留在壁面上的层层水迹，表明当年这儿确乎有过'惊涛拍岸，卷起千堆雪'的雄奇景象。"这里引用的苏东坡《念奴娇·赤壁怀古》中的词句虽没有点明出处，但却是对赤壁景观最形象的描写和绝妙的概括，让游客听后产生无穷的遐想。

导游人员在运用引用手法时，既要注意为我所用、恰到好处，不能断章取义，又要注意不过多引用，更不能滥引。

（六）映衬

映衬是把两个相关或相对的事物，或同一事物的两个方面并列在一起，以形成鲜明对比的修辞手法。在导游讲解中运用映衬的手法可以增强口语的表达效果，激发游客的情趣。

譬如："太乙洞厅堂宽敞、长廊曲折、石笋耸立、钟乳倒悬，特别是洞中多暗流，时隐时现、时急时缓，水声时如蛟龙咆哮，闻者惊心动魄，时如深夜鸣琴，令人心旷神怡。"这里"宽敞"和"曲折"，"耸立"与"倒悬"，"隐"和"现"，"急"与"缓"，"蛟龙咆哮"和"深夜鸣琴"形成强烈的对比，更加深了游客对洞穴景观的印象。

（七）列数字

导游巧用数字可以将景观讲解得更清楚、明白。

譬如：游览北京故宫时，导游人员若说故宫建成于明永乐十八年，不会有几个外国游客知道这究竟是哪一年，如果说故宫建成于1420年，对英国游客再加上一句"比莎士比亚诞生早144年"；对法国游客再加上一句"比凡尔赛宫早建成269年"；对美国游客再加上一句"比白宫早建成420年"，游客不仅很快记住了故宫的修建年代，而且还会产生中国人民了不起、中华文明历史悠久的感觉。

导游人员运用数字分析可以更准确地说明景观特色。

譬如：科学家发现各种比例关系中的最佳比值是0.618，并称其为"黄金分割率"。我国许多古建筑之所以给人布局得体、高矮适宜的感觉，就是其主要的比例关系接近黄金分割率的缘故。像北京故宫太和殿高35.03米，左右陪体（体仁阁、弘义阁）各高23.78米，比值为0.678；太和殿广场东西宽200米，南北进深130米，比值为0.65，均接近黄金分割率的比值，所以产生良好的审美效果。

导游人员还可通过数字来暗喻中国传统文化。

譬如，我国古代称单数为阳数，双数为阴数，"9"为阳数之首，且与"久"字同音，暗含"天长地久"之意；又如明显陵中九曲河上建有五道石桥，暗喻皇帝的"九五之尊"，等等。

三、可用于加工的导游词素材

（一）人民大厦

人民大厦位于人民大道200号，处在东西向的人民大道与广场南北中轴线的交会点上。1995年7月1日竣工，主楼高75米，地上18层，地下1层。除主楼外，还有南楼、北楼和东西裙楼，并建有地下车库。主楼用白色人造石贴面和蓝灰色垂直玻璃幕墙，既清新明快，又象征政府的清正廉洁。大厦中部略微突出，正面为突出的检阅台，南楼的敞厅和两侧裙楼的外墙面，有连续出挑的20多根廊柱，每个柱子的上方都雕刻着上海市市花白玉兰的图案。在大厦正门有国旗旗杆。门上方悬挂着国徽，内庭的门柱上悬挂着"中国共产党上海市委员会""上海市人民代表大会常务委员会""上海市人民政府"3块立碑。大楼建成启用后，人们通常称之为"市政大厦"。直到1997年，该幢大楼才正式定名为"人民大厦"。

（二）上海大剧院

上海大剧院位于人民广场西北角，1998年竣工投入使用，建筑占地面积11528平方米，整个建筑为地下2层、地面6层、顶部2层，共计10层。上海大剧院采用的是法国夏邦杰建筑设计所的设计方案，该方案以"一个敞开的宫殿，它是风景的延续"为构思，以繁体汉字"艺"的形象为建筑造型。其反翘式大屋顶就重达6000吨，相当于法国巴黎埃菲尔铁塔的重量。建筑物外墙装饰用去了749块、每块200千克重的幕墙玻璃。

大剧院以歌剧、交响乐、芭蕾和音乐剧为主要的演出形式。

大剧院的演出场所包括大剧场、中剧场和小剧场三部分。大剧场共设1800座，中剧场可容纳600多名观众，小剧场可容纳300人，除小型演出、时装表演外，还可召开各类会议。大剧场拥有目前国际上容纳面积最大的舞台和动作变换最多的舞台设备。舞台占地面积为1700平方米，分为主舞台，后舞台，左、右两个侧舞台四大部分，其中主舞台728平方米。

大剧院开演多年来，许多著名的中外艺术团体和艺术家们都曾先后来大剧院演出，为上海人民和在沪中外游客献上了精彩的节目，如世界著名男高音歌唱家帕瓦罗蒂的个人演唱会，《野斑马》《雷雨》《红楼梦》《音乐之声》等著名剧作的演出。

（三）上海城市规划展示馆

上海城市规划展示馆位于人民广场东北角。它与人民大厦西侧的上海大剧院形成人民大厦东西两翼的对称建筑，2000年对外开放。

整个展示馆设地下2层、地面5层，共计7层。展示馆大楼像是中国传统的高大城楼，整个建筑主立面以中轴线为基准，左右均匀对称，底层为三个城门，2~4层为城垣，5层与柱帽的结合体寓意为城门上的箭楼，顶部犹如四朵正在盛开的白玉兰花。上海城市规划展示馆是目前世界上最大的城市规划展示馆。

展示馆的主题是"城市·人·环境·发展"。进入展示馆大厅后，首先是以"辉煌"为基调的序厅，序厅的主题是"历史的丰碑"。1层和2层之间的夹层是"历史文化名城厅"，它整体反映了上海经历的百年沧桑。众多珍贵的上海老照片展示了上海城市发展的历史和丰富的文化内涵。2层是临时展厅。3层和4层集中展示了上海市的总体规划，它预示着"上海的明天"。3层是总体规划一厅，以上海核心区域城市主体模型为中心，整个模型占地面积600多平方米，是目前世界上最大的城市规划模型。4层是总体规划二厅，重点展示了上海未来发展的各项专业规划。展示馆5层设有环形临时展厅、多功能会议影视厅和休闲观光廊。地下1层是"上海1930风情街"。

（四）音乐旱喷泉

音乐旱喷泉位于人民大道南侧、人民大厦与上海博物馆之间，恰好处在广场最中心的位置。音乐旱喷泉所在的正方形广场有3000多平方米，其中喷水池1000平方米。为了避免水池占用大片地面，以及池水脏臭、吸附垃圾等弊端，喷泉的泵房、配电房和管理房全部进入地下，以保证广场的整洁、美观。音乐旱喷泉的四周有六块浮雕，北面两块是"申"和"沪"，南面两块是"纺织始祖"和"科技先驱"，东面一块是"友谊"，西面一块是"和平"。

音乐旱喷泉是下沉式的。台阶是海派风格浓郁的彩色玻璃灯。池中央最低的平面为黑色，代表"水"，有"杭州湾""东海"和"长江"。再高一个平面，有两种颜色，红色代表上海的地理版图，米黄色的版图代表与上海相邻的江苏和浙江。

（五）国际饭店

国际饭店位于人民广场之北，南京西路170号，是由当时金城、盐业、大陆、中南4家银行合办的"四行"储蓄会投资兴建的，1934年开业。国际饭店地下2层、地上22层，高83.8米，为当时上海第一高楼，也是远东第一高楼。2006年，国际饭店被公布为"全国重点文物保护单位"。国际饭店由匈牙利建筑师邬达克设计，大部分建筑材料和设备从德国进口，外观用料来自山东泰山、崂山，内部的圆柱和墙面采用国产优质大理石，属现代主义风格建筑。

1950年11月，上海地政局为了统一上海市的平面坐标，确定以上海最高建筑国际饭店楼顶的中心旗杆为上海城市坐标原点。

（六）上海国际会议中心

1999年建成，位于滨江大道2727号。国际会议中心的标志是两个巨大的球体建筑，球体表面的世界地图是用透明的夹胶玻璃一片一片拼接而成的。西面的球体直径38米，面对外滩一面用红色标出一块中国地图的形状，其中五角星代表北京，圆点代表上海。东面的球体直径46.5米，中间的主楼好似联结两个球体的纬线，寓意着国际会议中心是通向世界的桥梁，同时也象征着上海人民广阔的胸怀和美好的愿望——"让上海了解世界，让世界了解上海"。两个球体内以配套设施为主，设有餐厅、咖啡厅、游泳池、休息厅。

上海国际会议中心既有完善的会议设施，又有一流的宾馆服务，与其配套的就是五星级的东方滨江大酒店。上海国际会议中心自建成以来，出色地完成了诸多国际性重大会议的接待工作，在国内外享有盛誉。比如1999年9月举行的"99《财富》全球论坛上海年会"，2001年10月举行的亚太经济组织（APEC）会议，2004年5月全球扶贫大会和2006年上海合作组织峰会；等等。

景区导游的语言技能

【学习目标】

- 了解景区导游解说语言的定义、类别、"八有"要素。
- 掌握导游语言艺术表达的方法。
- 掌握导游体态语的类型并且能够熟练运用。
- 掌握景区导游交际语言的方式。
- 掌握景区导游解说语言的风格。

任务一 景区导游语言的艺术表达

技能实训

实训目的	提高景区导游解说语言的艺术性
实训要求	掌握景区导游语言艺术表达的方法并熟练运用
实训时间	本实训环节共4学时
实训地点	教室或景区模拟实训室
实训材料	多媒体设备
实训内容及步骤	1. 实训准备 (1) 实训指导教师向学生讲授导游语言艺术表达的方法。 (2) 学生根据导游语言艺术表达的要求准备导游词。 2. 实训开始 (1) 学生讲解自己准备好的景点导游词。 (2) 教师对每个学生导游语言艺术表达的情况进行讲评。 (3) 教师对学生总体讲解情况归纳总结。 3. 实训结束

实训考核

1. 实训指导教师根据学生对景区导游语言艺术表达的情况进行评分。
2. 按百分制记分,景区导游语言艺术表达80分,实训纪律及态度20分。
3. 评分表

旅游景区导游解说语言的艺术表达评分表

组别:_____　　　姓名:_____　　　时间:_____

项目		标准分	教师评分
景区导游语言艺术表达	音量	10	
	音色	10	
	语调	10	
	语速	10	
	停顿	20	
	节奏	20	
实训纪律及态度		20	
合计得分		100	

知识链接

语言是传递信息的一种符号,也是景区导游讲解服务的重要手段。景区导游讲解服务要求导游具有扎实的语言功底,能够运用正确的、优美的语言与旅游者交流思想、沟通信息,以取得更好的服务效果。因此,导游语言技能对导游人员来说,是必不可少的基本功。

一、旅游景区导游语言技能概述

(一)景区导游语言的定义

景区导游工作是一种社会职业,主要运用语言为游客提供讲解服务,在长期的社会实践中逐渐形成了具有职业特点的行业语言——景区导游语言。

景区导游语言一般是指景区导游员与游客交流思想感情,指导游客游览,在进行讲解、传播文化时使用的一种具有丰富感染力、生动形象的口头语言与态势语言。

(二)景区导游语言的类别

景区导游语言的类别,按其语言表达的方式,可分为两大类:一是口头语言;二是态势语言。

1. 口头语言

口头语言是以说和听为形式的语言，也是景区导游员主要使用的语言。它包括两种形式。一是景区导游讲、游客听的语言传递形式。在景区导游过程中，它的使用频率较高。例如：致欢迎词或欢送词、独白式的导游讲解等。二是景区导游员与一个或多个游客之间所进行的交谈，例如，问答、商讨等。

2. 态势语言

态势语言是以人的动作、表情、服饰等来传递信息的一种无声伴随的语言。在景区导游中，态势语言是一种运用较多的沟通方式。

（三）景区导游语言的特点

景区导游语言是一种特殊的职业语言，与其他职场语言如公关语言、课堂语言、辩论语言有着明显的不同，具有其自身的特点，主要表现在范围宽泛、表达灵活、具有美感等方面。

1. 范围宽泛

导游工作涉及面广的特点决定了导游语言范围宽泛的特点。主要体现在以下两个方面。一是日常生活用语和某些专业用语的结合。景区导游除了要满足一般的讲解需要之外，还要面对具体的专业考察人士有针对性地介绍有关专业方面的知识，这就要求导游人员不仅知识面要广，而且要掌握多种多样的语言建筑材料——专业术语与词汇，并且能够运用自如。二是讲解内容的多样性与语言表述多样性的统一。上到天文地理、中外古今，下到民俗风情、逸闻趣事，景区导游要知识广博，见人说人，见物说物，这就要求导游人员在思维和语言两个方面具有高度适应能力。

2. 表达灵活

景区导游人员在语言的运用上要根据时间、空间、对象、游客心理、游客情绪、行为表现的不同而采取不同的表达方式。这就要求导游人员在语言运用中做到机智和灵活，在语音、语调和表达方式上，适应各种局面，应对各种变化。在游客情绪低落时，采取劝导或激励的语言；在游客恼火生气时，采取谦和或微笑的语言；在游客疲劳时，采取风趣或轻松的语言；在游客发牢骚时，导游甚至可以采取沉默的语言，因为在任何解释都无效的情况下，沉默是最有效的应对方式。

3. 具有美感

景区导游的语言体现了导游人员的内在素质和文化修养，同时也是游客判断导游员的最直接的依据。旅游本身就是一项审美活动，游客在旅游期间希望所看到、听到的都是美的，因此，导游语言的表达必须具有美感。导游语言的美的方面是客观景区的美的直接反映，即导游员要把这种美用美的语言表达出来；另一方面也是游客审美需求愿望的体现。景区导游语言的美感不仅仅体现在正常的讲解中，在与游客交谈、游程的安排、简单的介绍等方面都需要美的语言体现。

(四) 景区导游语言的作用

1. 畅通信息传递

景区导游活动中的信息传递，不但要具有"物理效应"——准确、清晰，而且更应该关注这个信息能否引起最佳的"社会效应"。在特定的语言环境中，不能机械地把剩余信息完全省略，因为剩余信息在传递过程中能起辅助或"润滑"作用。

例如：

游客问上海植物园景区导游员："请问，樱花林还有多远？"请看两种回答方式。

甲导游："不远，快啦！"

乙导游："大约还有1公里，15分钟就能走到，您别急，慢慢走。"

游客从甲导游处获得了少量所需要的信息（路程不远，但到底多远？没讲）和负面信息（态度生硬），游客是不会满意的。这种信息渠道是不够通畅的。游客从乙导游处不仅获得了所需要的信息（1公里，15分钟的路程），而且收到了一定的"剩余信息"（您别急，慢慢走）。语言艺术使信息渠道畅通，效果良好。

2. 协调主客关系

主客关系是指景区导游人员（主人）与游客（客人）在旅游活动中临时结成的一种直接关系。景区导游语言艺术作为协调这一关系的具体方法，在很大程度上取决于对语言环境的感知、理解和决策。景区导游语言艺术中的微笑语，往往能平息游客情绪的焦躁和不满。

例如：

一位上海科技馆的景区导游员在接待一个亲子旅行团时，由于"宇航天地"展区的设备检修，不能参观和体验，全团游客十分不悦，还有家长冲导游员发火。这位导游人员始终面带歉意的笑容，诚恳地解释原因，并告诉游客科技馆除此之外的主要展区都能参观到。俗话说，"伸手不打笑脸人"，游客们见导游员态度诚恳，火气很快就消了。微笑语产生了无穷的魅力。

3. 激发游客热情

景区导游语言传递的目的，不仅是沟通信息，更重要的是引起信息互动，而引起信息互动的关键是语言必须具有激发力量。充满热情的景区导游语言可以使游客产生一股乐观向上的内在动力。

例如：

一个香港旅游团，一到上海就刚好遇上绵绵阴雨，情绪十分低落，抵达上海外滩时都没有什么游兴，一位外滩的导游员便有意对他们说："这天公真是太作美了。一听说远道而来的客人今天要游览外滩，就连忙下起蒙蒙细雨，大家还记得琼瑶阿姨那部小说拍的电视剧吗？对，就是《情深深雨濛濛》，主题歌是这么唱的：情深深雨濛濛，多少楼台烟雨中，记得当初你侬我侬，车如流水马如龙……说实话，各位今天运气真好，碰上大晴天，还真难感受到黄浦江与苏州河那别具一格的诗画情调呢。下面请大家随我一

起去感受上海外滩情深深雨濛濛,高楼望断情有独钟的海派浪漫吧。"几句幽默而又诗意的话,很快就使游客低落的情绪高涨起来,导游激发游客游兴的目的就达到了。

(五)景区导游语言的"八有"要素

1. 言之有物

景区导游讲解的内容要充实,有说服力;导游语言要具有鲜明的思想性。山水风光不能带走,但通过导游讲解获取的各种知识和由此获得的不同的思想感情可以带走。

2. 言之有据

景区导游员讲解必须做到有根有据,令人信服,不得胡编乱造、张冠李戴。对自己未调查清楚、证据不足、没有把握的事情,不要轻易表态或许诺。

3. 言之有理

景区导游员说话要诚实,不尚虚文;要言之有理,合情合理。导游员在与游客交谈、讲解、宣传中,要讲出道理,才会有说服力,从而使人信服。

4. 言之有情

景区导游员的言语要友好,富有人情味,要让听者感到亲切、温暖。景区导游员引导游客游览的景观,几乎是自己每天都要讲解的地方,难免会产生倦怠感,而游客却往往是第一次游览,甚至一生只游览一次。这样游客和导游员之间就会有一个感受上的差距。导游员要用亲切、友好的语言,表现出与游客一样的兴致勃勃,这样才能提高游客的游兴。

5. 言之有礼

景区导游员讲解要言语文雅,谦虚敬人,多用诸如"请""您好""谢谢""对不起"等礼貌用语,令游客听后舒心悦耳。

6. 言之有神

言之有神,要求景区导游员善于掌握自己听众的神情变化,把听众的注意力引导到特定的导游意境中。景区导游员在讲解时要精神饱满,声音传神,要多用形象化的语言,引人入胜。导游员以其特有的精神气质,向游客呈现出中华文明之风。

7. 言之有趣

景区导游员说话诙谐、幽默、风趣,令人愉悦,有助于活跃气氛,提高游兴。景区导游语言的风趣性主要表现在其幽默诙谐的语言风格上,形式可能是轻松的、玩笑的或善意的逗乐,以达到活跃气氛的效果。

8. 言之有喻

言之有喻,就是用比喻的语言,用游客熟悉的事物来介绍参观的事物,使游客对原本生疏的事物很快就能理解并产生亲切感,从而留下美好的印象。言之有喻,比喻要明白、恰当、易懂。

"八有"原则中,言之有理体现了景区导游语言的思想性(或称哲理性),言之有物、言之有据体现了景区导游语言的科学性和知识性,言之有神、言之有趣、言之有喻体现了景区导游语言的艺术性和趣味性，言之有礼、言之有情则是景区导游的道德修养在导游讲解中的具体体现。

二、旅游景区导游语言的艺术表达

景区导游语言主要是一种口头语言，从景区导游讲解的性质看，应该是一种艺术语言，讲究音量的强弱适中，音色的优美圆润，音调的高低强弱，语气的起承转合、自然流畅以及节奏的抑扬顿挫。为了充分发挥语言艺术的作用，要求景区导游员努力使导游语言的音、调、节奏运用得恰到好处，根据讲解对象的具体情况和当时的时空条件灵活运用，以求达到传情、传神的目的。

（一）景区导游语言的音量

音量是指声音的大小。景区导游讲解服务音量的大小有两点基本要求：一是要恰当适度，二是要流畅自然。景区导游把握音量大小的原则是讲解时以游客听清为准（必要时可借助扩音器），避免声音过高或过低。声音太高造成噪声，令人讨厌；声音太低，让人听起来费劲，游客注意力容易分散。

景区导游员在运用音量技巧时，应根据讲解内容和讲解对象、场合的不同及要求来控制声音的大小。一般来说，旅游者多时，音量大些，旅游者少时，音量适当小些。在室外讲解时，音量大些；在室内讲解时，音量则小些。根据言谈内容来调节音量，是指景区导游对一些关键性词语，譬如讲解安排中的一些信息，"现在大家自由参观，20分钟后这里集合"，"这里是江南三大名石之一的玉玲珑"，等等，要做重音处理。当然，音量处理并不仅仅是把句子中重要的字词或词组加重声音，有时还要用拖长音节、重音轻读、一字一顿等方法。

景区导游讲解中，大声疾呼、慷慨陈词、轻声细语都有特定的需要，如果能在讲解过程中进行恰当的选择和调整，就会收到理想的效果。

（二）景区导游语言的音色

音色又叫音质，就是声音的特色。一个人的音色好坏既有先天的因素，也与后天的训练有关。一般的人经过训练，都可以使自己的音色更加纯正。导游工作主要是利用有声语言进行交际，所以景区导游员必须学会控制自己的音色。景区导游岗位要求女性音色温柔、甜美；男性音色醇厚、圆润。总体来讲，景区导游的音色要明亮、柔和、充满热情，能够充分展示自己的个性并吸引游客，这样的音色会使游客感到亲切自然、轻松愉快，容易创造和谐的交际气氛。声音明亮指声音圆润、明朗、有弹性。这种声音显得自然而又刚柔自如，不仅声情并茂，还能因为气息长久而传得较远。讲话时最忌讳的是无力的、没有弹性的、沙哑的、沉闷的声音。这种声音不但传不远，就是在近处听起来也很吃力，使人很不舒服。

景区导游音色的训练方法：

1. 音色高低的练习

选一首古诗,进行训练。如"水光潋滟晴方好,山色空蒙雨亦奇;欲把西湖比西子,淡妆浓抹总相宜。"

(1) 先从低音说起,一句句地升高,然后再一句句地降下来。

(2) 一句高,一句低,高低交替。

(3) 每个字的音调由低到高,再由高向低。

建议:固定3个月长期练习,每周5次。

2. 音色强弱的练习

(1) 小音量的练习。要求:音量虽小,但吐字清晰。

(2) 中音量(即正常音量)的练习。要求:吐字清晰,抑扬有致。

(3) 大音量练习。要求:气息强大,音色高亢响亮。

(4) 三种音量,混合练习。

建议:固定3个月长期练习,每周4次。

3. 音色的实音与虚音练习

(1) 实音练习。要求:音色响亮、扎实,清晰度高。

(2) 虚音练习。说话的气息强而逸出较多,音量则有所控制,注意实音的清晰。虚音多用在表达感叹、回味、夸张等情感的语句中。

建议:固定2个月长期练习,每周3次。

4. 虚实结合的练习

(1) 明朗音色的练习。要求:轻松明快,朗朗上口。

(2) 暗淡音色练习。暗声的气息深沉,共鸣点散而靠后,音色偏暗,多用来表达忧伤、抑郁的感情。

(3) 明暗对比练习。通过明暗对比,更恰当准确地表达思想感情。

建议:固定2个月长期练习,每周3次。

5. 刚声与柔声的练习

(1) 刚声练习。要求:气息充足,音色响亮,铿锵有力,掷地有声。

(2) 柔声练习。要求:气息舒缓,音色柔美,如春风袭人。

(3) 刚柔对比练习。声音能刚能柔,刚柔相济,使声音刚强中带有柔韧,柔韧中富于变化。

建议:固定3个月长期练习,每周5次。

(三) 景区导游语言的语调

语调是指贯穿于整个语句的高、低、长、短、抑、扬、顿、挫,以及声音的轻、重、缓、急的调子。语调就是利用这些因素把表达者的思想感情和态度表现在语音上,形成不同的高低起落。不同的语调,即使是相同的言辞,传递出的语义和情感也会不同。如"你真好"这句话,如果用平调处理,意含肯定;如果用升调,则有嘲讽的意味。选择怎样的语调,除了言辞本身的情感因素外,还应依当时特定的语境而定,景区导游员为调节旅游者低落的情绪,讲解时宜多用升调。

汉语普通话的语调基本上有升调、降调、平调三类。景区导游员在语调运用中可以把握下面的方法:升调(↑)一般用于兴奋、激动、惊讶、疑问等感情状态,如:"快看,这就是沪上八景的海天旭日"(激动),"你也知道梅妻鹤子的故事吗"(惊讶);降调(↓)一般表示肯定、赞扬、悲伤、厌恶等感情状态,如:"现在,我将带大家游览玉佛寺"(肯定),"我们豫园的游览进行得很顺利,是由于各位游客的配合与支持"(赞扬);平调(→)多用于庄严、平静、冷漠的感情状态,如"衡山路的行道树主要为梧桐树"(平静),"我们现在看到的就是上海人民英雄纪念碑"(庄严)。景区导游在讲解时,要灵活运用语调变化,没有语调变化的讲解是呆板的,没有活力的。

(四) 景区导游语言的语速

语速是语流速度的快慢。对语速快慢的调节,同样会影响景区导游语言的艺术效果。无法想象景区导游员用一种恒定不变的语速进行讲解服务会受到旅游者的欢迎,而过快或过慢的语速也不太适合导游的讲解服务。

景区导游语速的控制要注意以下两个要点。一是语速快慢的变化要适宜于旅游者的特点,景区导游给老年旅游者讲解时,语速要适当放慢;给中青年旅游者讲解时,语速要适中;给青少年旅游者讲解时,语速要适当加快。二是语速要适宜于讲解内容的特点,对那些需要特别强调的内容,如参观旅游的时间安排、重点景观,以及年代、人名、数字等,要注意放慢语速;对那些不太重要的事情、众所周知的内容,则要适当加快语速。

总之,语流的速度要同景区导游员讲解的内在韵律保持一致,这样的导游讲解才是有艺术性的。

(五) 景区导游语言的停顿

停顿是语音的暂时中断。景区导游员与游客之间的交流主要是以口、耳为渠道进行的面对面交流,要让游客听懂并基本接受导游讲解的内容,就必须给游客一定的时间,这是停顿的主要作用。景区是一个开放的场所,游客的注意力很难总是集中于景区导游的讲解,适当的停顿可以使游客分散的注意力重新集中。景区导游语言表达中的停顿是语言有效表达的重要因素之一,没有停顿,就没有节奏,就难以表达各种必要的情感。讲究口头表达中的停顿,可以丰富表达内容,增强语流波澜,使表达富有情趣、富有新意。

1. 导游语言表达中的四种停顿

导游在同游客的语言交流过程中,表达的停顿主要有换气停顿、语法停顿、逻辑停顿、心理停顿四种。

(1) 换气停顿。换气停顿主要是生理方面的需要,主要作用是缓气、减弱吸气和呼气的声音。

(2) 语法停顿。语法停顿主要是为了区分景区导游讲解的语言单位。正确地运用语法停顿，能使由各种语言单位充当的各种句子成分的关系正确、清晰。语法停顿是反映一句话里面的语法关系的，在书面语言里就反映为标点。一般来说，语法停顿时间的长短同标点大致相关。例如句号、问号、叹号后的停顿比分号、冒号长；分号、冒号后的停顿比逗号长；逗号后的停顿比顿号长；段落之间的停顿则长于句子停顿的时间。

(3) 逻辑停顿。逻辑停顿基本是出于强调、呼应、转换等方面的需要，目的是使表达更加准确。强调性的逻辑停顿一是根据表达的内容确定；二是根据表达的目的确定。景区导游想强调什么讲解内容或者需要游客注意什么信息，就可以采取逻辑停顿。呼应性逻辑停顿，"呼"是强调的内容，在"呼"之后要加以停顿，停顿一下以后才是"应"的内容。对导游员来说，在讲解过程中，要区分好"呼"与"应"这两部分的具体内容，并注意调整如何"呼"以及如何"应"，把握住这一点，游客听起来就比较容易了。转换性的逻辑停顿主要是语义以及表达情感转折的需要，是为了提醒游客注意下文的转变。

(4) 心理停顿。心理停顿是景区导游员表达情感的需要。在导游讲解过程中，导游员自己的心理感受的变化以及希望给予游客的各种心理暗示都是通过心理停顿体现出来的。心理停顿的时间一般较长，不太受其他三种停顿的限制。逻辑停顿与心理停顿不能截然分开，但是两者在实际表达中也有不同的表现和功能。逻辑停顿常常重在强调表达要点，以引起听者的注意，停顿时间一般比较短。心理停顿主要是为了适应情感表达的需要，一般不受时间限制，也不太受语法停顿和逻辑停顿习惯的限制，主要是为了引起听众的特殊注意，并且把听众的注意点引到所表达的内容上来。这一点对导游讲解十分重要，因为心理停顿往往是引起游客特别注意、调动游客参与的积极性或者使游客融入讲解活动的重要手段。

2. 景区导游语言的停顿技巧

景区导游语言的停顿，并不仅仅是言语间的自然换气，更是一种强调语义、加重感情的语音处理技巧，即所谓的"声断意连"。景区导游员即使不停地讲解，有时也无法更好地吸引旅游者。据有关专家统计，最容易使听众听懂的谈话，其停顿的时间约占谈话时间的1/3。

景区导游讲解服务中可以根据气息需要，在不影响语义完整的地方做一个短暂的停歇。要注意，换气停顿，不要妨碍讲解内容的语意表达，不要割裂语法结构。

景区导游在讲解时要根据言语内在的逻辑做出合适的停顿。

例如："外滩信号台广场位于——延安路口的江滨处，以信号台为中心，周边——布置成排的树木和温泉，信号台总面积约——3565平方米，是一个富有上海历史记忆和地域文化特色的空间，信号台展示了——外滩的历史变迁。信号台俗称——外滩天文台、外滩灯塔，1908年建成，并于1926年和1927年实施了——扩建计划，形成了现存的外滩信号台全貌。建成后，气象预报和授时信号均由——徐家汇观象台决定发布。气象信号台每天5次在塔顶桅杆上悬挂——各种形状的标志，向来往的船只告示——吴淞口外的风力和海浪等气象信息，以保证——船只的航行安全。"

这段景点讲解中的每处停顿，都是为了引起旅游者的注意而设定的，"外滩信号台广场位于"哪里？"以信号台为中心，周边"怎样？"信号台总面积约"多少？"信号台展示了"什么？"信号台俗称"什么？"1926年和1927年实施了"什么？"气象预报和授时信号均由"谁发出？"气象信号台每天5次在塔顶桅杆上悬挂"什么？"向来往的船只告示"什么？

景区导游讲解的感情停顿，常用于激动、悲愤、疑虑、感叹等情感状态。景区导游讲解时，运用适当的感情停顿，会让人感到语言的力量。

例如："多么迷人的浦江夜色，我要——陶醉了。"（激动）"您刚刚还撑着自己的遮阳伞，怎么会——丢呢？"（疑问）

（六）景区导游语言的节奏

节奏是语言的韵律成分。语言的节奏本质就是说话和听话时与语义表达或理解相关的组词断句策略的语音体现，是由语义的表达和理解主要语义所决定的一种语言韵律上的结构模式。一般将节奏分为轻快型、凝重型、低沉型、高亢型、舒缓型、紧张型六种。在实际表达中，这六种节奏常常是处于转换状态，使导游的语言表达在快与慢、抑与扬、轻与重、虚与实等节奏中取得和谐的效果。

景区导游调整语言节奏的方法有以下几种。

1. 选用音节对称的词语搭配以调整节奏

景区导游语言在调整节奏方面，主要是要做到音节、音部的搭配匀称、平稳，给人以整齐和谐的美感。首先应尽量选用音节对称的词语，使之互相搭配和对应，单音节匹配或对应单音节、双音节匹配或对应双音节、多音节匹配或对应多音节等。例如："互相学习""互相帮助"如果打乱这种整齐的双音节之间的搭配，说成"互相学""互相帮"，就会拗口，不顺耳。再如，"见树不见林"与"只见树木，不见森林"，"只见新人笑，不见旧人哭"，表达形式中单音节、双音节与多音节不同的选择搭配，主要是出于音节平稳的需要。

2. 扩充或压缩词语的音节以平稳节奏

景区导游员可以通过对词语音节的扩充或压缩来达到节奏平稳的目的。

例如：现存龙华塔七层八面，砖木结构，塔体橙黄，刹杆高耸。宝塔飞檐曲栏，姿态雄伟美观，为上海地区至今保存最完美的古塔之一。

"橙"扩展为"橙黄"，"高"扩展为"高耸"，既要与前面的双音节词"塔体""刹杆"搭配，又要与上下文的双音节搭配。

3. 调整句式以协调节奏

景区导游员通过句式的调整可以协调表达节奏。句式的调整主要是将结构比较整齐

的一组句子与结构比较松散的句子交错使用，构成忽整忽散、忽急忽缓的节奏。

例如：上海动物园位于长宁区虹桥路 2381 号，紧邻上海虹桥国际机场。始建于 1954 年，原名西郊公园，占地面积 74.3 万平方米，属于国家级大型动物园。在园区中，金丝猴欢蹦乱跳、大熊猫憨态可掬、亚洲象摇头摆尾、火烈鸟活泼可爱、松鼠猴小巧玲珑、绿鹦鹉乖巧伶俐。上海动物园饲养展出的珍稀野生动物共计 620 多个种类，数量超过 7000 只，其中有非洲的猩猩、澳洲的袋鼠、北极的白熊、南极的企鹅，种类繁多令人目不暇接。上海动物园是市民休闲娱乐和少年儿童接受自然知识教育的良好场所，自 1954 年开园以来共接待海内外来宾一亿五千多万人次。

上例中加横线的部分是散句，娓娓道来，徐缓自然；加点状着重号的部分是整句，音节对称，结构整齐，节奏统一。先是散句，后是整句，交错进行，舒缓自如。下加曲线的部分又将整句和散句有机结合在一起，层次清晰，描述自然，表达效果甚佳。

任务二　景区导游体态语的运用

技能实训

实训目的	学会景区导游的体态语
实训要求	掌握景区导游体态语的内容和运用的方法
实训时间	本实训环节共 2 学时
实训地点	教室
实训材料	多媒体设备
实训内容及步骤	1. 实训准备 (1) 实训指导教师向学生讲授导游体态语的分类和运用要求。 (2) 学生熟悉并练习体态语的运用。 2. 实训开始 (1) 学生逐个上台按照老师的要求展示导游的体态语并回答老师提出的体态语运用的要求。 (2) 教师对每个学生体态语的展示情况进行讲评。 (3) 教师对学生体态语掌握的总体情况归纳总结。 3. 实训结束

实训考核

1. 实训指导教师根据学生对景区导游体态语的掌握情况进行评分。
2. 按百分制记分，景区导游体态语掌握 80 分，实训纪律及态度 20 分。
3. 评分表

旅游景区导游体态语实训评分表

班级：_____　　姓名：_____　　时间：_____

项目		标准分	教师评分
景区导游体态语	表情语	15	
	目光语	15	
	微笑语	15	
	手势语	15	
	界域语	10	
	躯干语	10	
实训纪律及态度		20	
合计得分		100	

知识链接

导游的语言分为有声语言和无声语言。有声语言对于景区导游的讲解很重要，但是如果把导游讲解仅仅归结为有声语言，那就太简单化了。事实上，景区导游在讲解服务时，会通过动作、表情、目光、身体姿势、空间距离等体态语来表达自己的情感和意愿。体态语是伴随有声语言的一种辅助性语言，是表达一个人内心世界的无声而真实的语言。

一、体态语的特点

（一）信息量大

据研究，各种感觉器官接收信息的比例是：视觉87%、听觉7%、嗅觉3.4%、触觉1.5%、味觉1%。在信息传递中，体态语不仅信息量特别大，而且信息通道也相当宽。有时，虽然没有言语，但是我们通过人的表情，就可以观察出他的处境和心情，达到"见其面、知其心"的效果。

（二）可靠程度高

根据弗洛伊德学说，要了解说话人的深层心理，即无意识领域，单凭语言是不可靠的，因为人类语言所传达的意识大多属理性层面，经过加工整理后表达出来的语言，往往不能直率地表达一个人的真正意向，这就是所谓的"言不由衷"。爱德华·霍尔在他的《无声的语言》一书中说："无声语言所显示的意义要比有声语言多得多，而且深刻得多。"

（三）表现力强

体态语是一种可视的、立体的语言艺术，表达内容丰富，表现力强。例如演出同一个剧目，听广播的效果不如看现场演出。因为现场演出不但使用有声语言，还配合体态

语言，这就使演出生动、形象、逼真，具有更大的吸引力和感染力。

二、体态语的主要类型和运用原则

（一）表情语

面部表情一般是指人们的整体面部，尤其是脸部的表情。面部表情是人的内心情感的外部表现，可以表现出极其复杂的思想感情。面部表情是能跨越文化隔阂的交际手段之一，在各种不同的民族文化中都采用几乎相同的面部动作或者面部动作组合来表情达意。人们常说的"察言观色""看脸色行事"等主要就是指观察人的面部表情。人的面部表情或平和、或喜悦、或兴奋、或惊讶、或惊恐、或悲哀、或蔑视等表现，是人们心理感受的外在反映和体现，也常常影响甚至左右着交际的成功或失败。所以，景区导游员要想取得交际的成功，一方面要善于控制自己的面部表情，另一方面还要善于观察游客的面部表情。要避免背对游客，使他们看不到导游人员的面目表情。

景区导游员控制自己的面部表情时要注意以下几点：

一要灵活。景区导游面部表情的变化要随着讲解内容的需要迅速进行调整。

二要鲜明。景区导游讲解内容是明快的，面部表情就要眉舒目展；讲解内容是快乐的，就要眉开眼笑；讲解内容是沉重的，表情要严肃凝重；讲解内容是郁闷的，表情宜眉头紧锁；讲解内容是愤怒的，表情宜面红耳赤……这样的话，才能感动游客。

三要真诚。景区导游在讲解时的面部表情要真实，任何虚情假意或者故作姿态都会引起游客反感。

四要有分寸。景区导游员在讲解过程中表情运用要适度，过于夸张反而不自然、不和谐。

例如：

南浦大桥是我国自行设计、自行建造的双塔双索面叠合梁斜拉桥，是上海的骄傲，也是中国的骄傲！竣工通车于1991年12月1日的南浦大桥，总长8346米，主桥长846米，跨径423米，通航净高46米，桥下可通行5.5万吨巨轮。它是目前世界上第四大双塔双索面斜拉桥，呈"H"形的主桥塔高150米，上有邓小平同志亲笔书写的"南浦大桥"四个大字。主桥设有6条机动车道，桥面总宽为30.35米，两侧各设2米宽的人行道，游人可乘坐电梯到达主桥，一览浦江两岸无限风光。南浦大桥是黄浦江的第一座大桥，宛如一条巨龙横卧浦江之上，使上海人圆了"一桥飞架浦江"的梦想。

随着这段导游词的讲解，导游员的脸上就应该流露出喜悦、自豪、兴奋的神色，并且面部的表情也应该随着讲解内容同时产生并结束，这样，才会打动游客，才会激发游客的激情。

（二）目光语

目光语是通过视线接触所传递的信息。达·芬奇的名言"眼睛是心灵的窗户"说明了眼睛可以折射出人们心灵深处的各种复杂的感情。与其他体态语相比，目光语是一种最富表现力的语言。

景区导游在运用目光语时要掌握以下三点：

一是注视的部位要正确。景区导游人员在工作中，尤其是在导游讲解过程中，应把视线停留在旅游者的双眼和嘴部之间，这种部位的注视，利于传递友好、礼貌的语言。

二是注视的时间要适当。景区导游在为旅游者进行讲解服务或与旅游者交谈时，视线接触的时间应占全部时间的40%左右。超过60%时间则太长，长时间目不转睛地盯着旅游者是一种失礼的行为，会造成旅游者的紧张。景区导游在为旅游者讲解时，平均每次与旅游者目视的时间应控制在3秒左右，而每次相互对视的时间应控制在1秒左右；总体注视的时间太短，少于讲话时间的20%，长时间不看旅游者，会被误解为心不在焉、应付差事，是一种失礼行为。

三是注视的方式要恰当。景区导游服务中目光注视的方式，以正视和环视为宜。与个别旅游者交谈用正视表示庄重和尊重。为旅游团队讲解时要用环视与正视相结合的方式。导游在为游客讲解时不能仰视看天，表现出目中无人、高傲；也不能俯视看地，看起来底气不足、缺乏信心，难以取得游客的信任。在室内讲解时导游人员不应该戴墨镜，在室外讲解时也应该尽量少戴或不戴太阳镜；否则，旅游者看不到导游的眼神，导游也无法同旅游者进行目光交流。导游人员的目光不要长时间停留在个别游客身上，要照顾到整个旅游团的游客，使处在每个位置上的游客都不会产生受到冷落的感觉。这有助于创造友好、和谐、服务周到的良好气氛。

导游的目光语运用有一定的民族性，接待美国游客，当向客人致意或与客人交谈、为客人讲解时，一定要正视对方。如果不看着对方，这通常被认为是羞怯或者是缺乏热情，甚至是懦弱、工作经验不足的表现。景区导游为日本和韩国客人讲解，不要长时间正视对方而要转移目光，避免目光接触。因为这两个国家的人认为，目光直接接触是威胁对方，或者可能会有某些暗示。

（三）微笑语

微笑语是通过笑容传递信息。人们也称微笑为"交际世界语"，在人类各民族文化中，微笑的语义基本相同，常常用来表示友好、愉悦、欢迎、欣赏、请求的意思，因此微笑语是"永恒的通行证"。当然，微笑语也能表达口头语言所不便表达或难以启齿的语义，如表示拒绝、歉意、否定等意思。

在景区导游工作中，微笑是友好的表情。对旅游者来说，景区导游的微笑是欢迎的表示，传递着友好的信息。初次见面，景区导游的微笑，能迅速拉近与旅游者之间的心理距离，消除陌生感，取得旅游者的信任。微笑可以帮助导游人员克服困难，说服旅游者接受导游的意见和建议，化解不愉快的气氛。因此，景区导游应该微笑待客。

国际标准微笑，就是别人在离你3米的时候就可以看到绝对标准迷人的微笑。面容和悦，嘴角微微上翘，露出上齿的八颗或六颗牙齿。注意要保持牙齿的干净以表示尊重。微笑要真诚甜美、亲切感人。注意口眼结合，嘴唇、眼神含笑。

微笑的训练：

第一步，放松唇部肌肉。试着一个音节一个音节地发出 Do、Re、Mi、Fa 的音，直到高音 Do。不是连着念，而是大声且清楚地将每个音念三次，尽量将嘴形做到最满，放松唇部肌肉。

第二步，锻炼嘴角弧度。用门牙轻轻地咬住木筷子。把嘴角对准木筷子，两边都要翘起，并观察连接嘴唇两端的线是否与木筷子在同一水平线上，保持这个状态 10 秒。

第三步，训练保持微笑。找到最满意的微笑以后，试着对着镜子，训练自己维持相同笑容至少 30 秒。尤其是容易笑僵、笑容尴尬的人，更要加强这一阶段的训练。

第四步，唇周拉提做结。大拇指抵住下巴，利用中指沿着下唇中央到嘴角的方向，以轻弹方式提拉。

（四）手势语

手势语是指手的位置和手部的各种动作所表达的意思。

1. 手势活动的范围

手势活动的范围主要有三个区域。

一是肩部以上的上区。手势在这一区域多表示信心、希望、喜悦、祝贺、赞美等内容与感情。

二是肩部至腹部的中区。手势在这一区域多表示叙述、说明等内容以及平和、安定等感情。

三是腹部以下的下区。手势在这一区域多表示憎恨、不悦、蔑视、厌恶等消极的内容与感情。

除了特定的各种手势外，还有握手、鼓掌、挥手以及手指动作等手势，这些手势作为表情达意的辅助工具，在导游人际交往中发挥着非常重要的作用。

2. 导游手势语的类型

导游讲解时的手势，不仅能强调或解释讲解的内容，而且能生动地表达讲解语言所无法表达的内容，使讲解生动形象，让游客能看得见、悟得到。

导游的手势语在讲解时主要运用以下三种。

（1）情感手势。情感手势主要是用来表达导游讲解的情感，使之形象化、具体化，即所谓"情意手势"。比如导游讲解时说到"从浦东的开发可以看出，我国的社会主义现代化建设一定会取得成功"时，可用握拳的手有力地挥动一下，既可渲染气氛，也有助于情感的表达。

（2）指示手势。用来指示具体的对象的手势，即"指示手势"。例如"现在我们来到了南京路，这里是上海最繁华的商业街，素有'中华商业第一街'之誉，东起外滩（用手指东边），西至静安寺与延安西路交会处（用手指西边），全长 5.5 千米，在南京路两侧（用手指两边）商厦鳞次栉比，云集着 600 多家商店。据统计，南京路每天客流量在 170 万人次以上，连续多年蝉联全国零售商业企业前三名的上海第一百货商店、上海华联商厦、上海新世界商城都在南京路。总之,怎样运用好讲解的表情语,全在于导游员自己的细心琢磨。

（3）象形手势。用来模拟物品的形状,即"象形手势"。如当讲"有这么大的鱼"时,就要用两手食指比一比。当讲到"5千克重的西瓜"时,就要用手比成一个球形状。在哪种情况下用哪种手势,都应视讲解的内容而定。在手势的运用上必须注意:一要简洁易懂;二要协调合拍;三要富有变化;四要节制使用;五不要使用对方忌讳的手势。

3. 手势语的民族性

手势语是一种比较复杂的伴随语言,常见手势在不同国家和地区的含义有所不同。导游人员要根据不同客源地的游客选用恰当的手势语,以免适得其反,不但没有辅助导游人员的讲解,还造成了游客的误解或反感。

食指和中指上伸成V形,拇指弯曲压于无名指和小指上:在世界大多数地区用它来示数表示二,而用它表示胜利据说是第二次世界大战时期英国首相丘吉尔发明的。不过在表示胜利的时候,手掌一定要向外,如果手掌内向,就是贬低人、侮辱人的意思了。在希腊,做这一手势的时候,即使手心向外,如手臂伸直,也有对人不恭之嫌。

拇指和食指合成一个圈,其余三个手指头伸直或者略微弯曲（OK手势）:在中国和世界很多地方,这个手势表示"数字0"或"数字3"。在美国和英国表示"OK",即赞同、了不起的意思。在法国表示"零"或"没有"。在泰国表示"没问题""请便",在日本、缅甸、韩国表示"金钱",在印度表示"正确、不错",在突尼斯表示"傻瓜"。在巴西、俄罗斯和德国,这个手势象征人体上非常隐蔽的孔。因此,导游在接待这些国家的游客时,决不要打这个表示OK的美国手势。

左手或者右手握拳,伸直食指,这个手势,在世界上大多数国家表示"数字1",在法国表示"请求提问",新加坡表示"最重要",在澳大利亚表示"请再来一杯啤酒"。

举臂,张开手,来回摆动,在美国表示"向人打招呼、告别,或者只是要引起离他较远的人注意",在欧洲大多数地方,这个动作表示"不!"欧洲人在打招呼或告别时,习惯于举臂,将手在腕部上下挥动,好像篮球运动员运球的动作。意大利人则用完全不同的手势:他们举手,仅手指向内摆动。

在中国招呼人过来是采用手心朝下的手势;在美国,招呼人是手心向上;但在日本,手心向上是招呼小猫、小狗的动作。

竖起大拇指,在中国以及许多别的国家里这个非常普遍的手势常被用来无声地表示支持和赞同,"了不起""干得好"或者"棒极了"。然而,在某些地区,这个手势具有完全不同的意义。在澳大利亚,如果大拇指上下摆动,这等于在骂人;在尼日利亚等地,这个手势也被认为非常粗鲁,因此必须避免这么做。在日本,他们伸出大拇指表示"老爷子",用小指表示"情人"。美国人、欧洲人伸直胳膊竖起大拇指表示要求搭便车。

举起拳头,把食指和小指伸直,美国大多数得克萨斯州人会识别这个手势,因为它象征得克萨斯大学的标志和吉祥物——著名的得克萨斯长角公牛的长角。但是,在意大利,同样的手势却表示某个人的妻子有外遇。在非洲,它可以表示祈求上帝降祸于别人。在巴西和委内瑞拉,同样的手势被认为是用以避邪的,是祝愿幸福的表示。

在世界大多数地方,上下点头表示"是",左右摇头表示"不"。然而,在保加利亚,他们的习惯刚好相反。他们点头表示"不";而他们左右摇头表示"是"。

在中国以及世界上大多数国家,先握拳,然后把拇指和小指尽量伸直来模拟电话听筒,再把这个手势放在耳边,表示"请你听电话",但这并不是全球公认的信号。在阿根廷,"请你听电话"的手势是伸出食指在太阳穴或耳边画圈,而对德国人来讲,这是表示"那太荒唐了"。

4. 握手

景区导游对少量客人的到来表示欢迎或者在讲解结束后,和客人告别的时候,会和游客握手。因此,导游要掌握握手的正确方法。

握手时,距对方约一步远,上身稍向前倾,两足立正,伸出右手,四指并拢,虎口相交,拇指张开下滑,向受礼者握手。掌心向下握住对方的手,显示着一个人强烈的支配欲,无声地告诉别人,他此时处于高人一等的地位,应尽量避免这种傲慢无礼的握手方式。相反,掌心向里同他人的握手方式显示出谦卑与毕恭毕敬,如果伸出双手去捧接,则更是谦恭备至了。平等而自然的握手姿态是两手的手掌都处于垂直状态,这是一种最普通也最稳妥的握手方式。

(1)握手时间。除了关系亲近的人可以长久地把手握在一起外,一般握两三下就行。时间过短,好像在走过场。时间过久,特别是拉住异性或初次见面者的手长久不放,会显得有些虚情假意,甚至会被怀疑为"想占便宜"。一般要将时间控制在3秒左右。如果要表示自己的真诚和热烈,也可较长时间握手,并上下摇晃几下。

(2)握手力度。景区导游的握手力度要掌握好,握得太轻了,对方会觉得你在敷衍他;太重了,人家不但没感到你的热情,反而会觉得你是个老粗,女士尤其不要把手软绵绵地递过去,显得连握都懒得握的样子,既然要握手,就应大大方方地握。

(3)握手顺序。下级或者地位低于对方,被介绍之后,最好不要立即主动伸手。长辈伸手后,晚辈才能伸手相握;同样是上级先、主人先、女士先;如果女士不想和男士握手,男士不应该主动伸出手;如果男性年长,是女性的父辈年龄,在一般的社交场合中仍以女性先伸手为主,除非男性已是祖辈年龄,或女性未成年在20岁以下,则男性先伸手是适宜的。但无论什么人如果他忽略了握手礼的先后次序而已经伸了手,对方都应不迟疑地回握。在景区导游欢迎和送别游客的时候,导游也可以视情况先伸手向客人表示欢迎和欢送。

(4) 握手需注意的礼仪。第一，握手时双目应注视对方，微笑致意或问好，多人同时握手时应顺序进行，切忌交叉握手。与人握手时不要看第三者或心不在焉。第二，握手时不要一句话不说，也不可长篇大论、点头哈腰、过分客套。第三，不要用左手，即使你是左撇子，也要用右手；有些国家习俗认为人的左手是脏的，所以这个错误不能犯。第四，男士在握手前先脱下手套，摘下帽子，面对女士，特别是在晚会上穿着晚礼服的女士，可以戴着手套。第五，如果需要和多人握手，握手时要讲究先后次序，由尊而卑，即先年长者后年幼者，先长辈再晚辈，先老师后学生，先女士后男士，先已婚者后未婚者，先上级后下级。第六，多人相见时，注意不要交叉握手，也就是当两人握手时，第三者不要把胳膊从上面架过去，急着和另外的人握手。第七，在任何情况下拒绝对方主动要求握手的举动都是无礼的。但手上有水或不干净时，应谢绝握手，同时必须解释并致歉。第八，与中东人和亚洲国家的游客握手时，往往轻轻握一下，那是因为在他们的文化里，紧紧握手意味着挑衅。

（五）界域语

界域语是交际者之间以空间距离所传递的信息，它是人际交往的一种特殊的无声语言。研究表明，人体周围都有一个属于自己的个人空间，犹如其身体的延伸，人际交往只有在这个空间允许的限度内才会显得自然。否则，一旦冲破这个限度，就会使交往双方或某一方感到不自在或不安全，而做出本能的反应。比如一个旅游者正在一块石头后面给自己的恋人打电话，如果导游员走近，他就会下意识地转过身去，压低声音，因为别人闯进了他的安全区。因此，在交往中要注意与交往对象保持一定的距离，双方之间的交往距离直接反映了交往双方关系的密切程度。

界域语可分为四类，即亲热界域语、个人界域语、社交界域语、公众界域语。

1. 亲热界域语

亲热界域语是接触性界域语，这个距离为0~45厘米，即双方有身体上的接触，如拥抱、亲吻等，导游人员通常不用，假如出于尊重对方习俗非用不可，也应慎重，应符合对方的习俗礼仪。

2. 个人界域语

个人界域语是接近性界域语，距离一般为45~120厘米，这是双方手臂伸直可以互相接触的距离，语义为"亲切、友好"，如促膝交谈、围坐聊天等。

3. 社交界域语

社交界域语是交际性界域语，距离一般为120~360厘米，语义为"严肃、庄重"，通常用来处理交际类事务，如商务谈判、导游讲解等。

4. 公众界域语

公众界域语，这个距离一般为360厘米至无限远，一般适用于公众场合，如演剧、开大会等。

景区导游人员在带团过程中，比较常用的是个人界域语和社交界域语，应避免使用亲热界域语。无论是讲解服务还是生活服务，要注意给旅游者留出充足的个人空间，避免侵犯他们的隐私，这既是一种修养，更是对旅游者的一种尊重。

（六）躯干语

身体躯干动作包括头部、颈部、肩部、胸部、背部、腹部、腰部、下肢等各部位的动作都是体态语的重要组成部分。身姿是指整体的身体形象，如站相、坐姿、走姿等。这些躯干动作以及身姿形象伴随着有声语言的表达，可以传达出各种微妙的意义，也往往反映着一个人的仪态、风度、气质、修养等方面的信息。景区导游员必须注意使自己的体式身姿端庄得体、稳重大方，给游客留下有风度、懂礼仪、可信赖的良好印象。

景区导游优美典雅的站姿是一切动作的基础。站姿的基本要领是：两脚跟靠拢，脚尖分开，开度45°~60°，身体重心落在两脚前脚掌上。两腿直立，双膝并拢。收腹提臀，髋部上提。挺胸立腰，挺直脊背，全身肌肉要有一定紧张感。双肩平齐，放松下沉，双臂自然下垂，虎口向前，手指自然弯曲。头正，颈直，下颌微收，双目平视前方，面带微笑。整体上给人一种精神饱满的感觉。

走姿最能体现出一个人的精神面貌。正确的走姿会让景区导游显得富有青春活力，优美的走姿会使景区导游身体各部分散发出迷人的魅力。景区导游走姿的基本要领是：双目向前平视，面带微笑收下颌。上身挺直，头正，挺胸收腹，两肩外展，重心稍向前。手臂伸直放松，摆动时要以肩关节为轴，上臂带动前臂向前，手臂要摆成直线，肘关节微曲，前臂不要向上甩动，向后摆动时，手臂外开不超过30°，前后摆动的幅度为30~40厘米。跨步均匀，两脚之间相距约一只脚到一只半脚的距离。步伐稳健自然，要有节奏感。迈步时，男子脚尖可微微分开，但脚跟内侧与前进方向应近乎一条直线，避免内外八字。女导游行"一字步"，即两脚落在一条直线上，两膝内侧相碰。男导游步速每分钟108~110步，女导游步速每分钟118~120步。走路时，男导游要显示出阳刚之美，女导游要显示出阴柔之美。

坐姿是景区导游乘坐游览车或休息时用的躯干语。坐姿的基本要领是：男导游张开腿部而坐，但不宜超过肩宽，小腿与地面垂直，手放置在膝盖上或放于大腿中前部，体现出男子的自信、豁达。女导游则是膝盖并拢，两腿自然弯曲，两脚平落地面或小腿交叉不向前伸直，体现其庄重、矜持。入座时，先退半步然后坐下，要求动作协调，声音轻，全身肌肉稍有紧张感。腰挺直，上身微前倾。就座时，坐满椅面的1/2或2/3。两腿垂地或微内收，背部不靠椅背，两手自然弯曲，手扶膝部或交叉放于大腿中前部，或一手放于大腿上，另一手放于沙发扶手上。从座位上站起时，脚向后收半步，再起身站立。起身时动作不可迅猛，而应舒缓地、自然大方地站起。

任务三 景区导游交际语言的运用

技能实训

实训目的	提高景区导游与旅游者交际用语的艺术性
实训要求	掌握景区导游交际语言方式并熟练运用
实训时间	本实训环节共 2 学时
实训地点	教室或景区模拟实训室
实训材料	多媒体设备、景区或模拟环境
实训内容及步骤	1. 实训准备 (1) 实训指导教师向学生讲授导游交际语言的方式。 (2) 学生分组根据导游交际语言方式准备好交际用语。 2. 实训开始 (1) 教师设置景区导游与游客交际的情景。 (2) 学生根据老师设置的情景分组扮演游客与景区导游。 (3) 教师根据学生与游客交往中交际用语方式的运用情况进行评分。 3. 实训结束

实训考核

1. 实训指导教师根据学生对景区导游交际语言运用的艺术性进行评分。
2. 按百分制记分，景区导游交际语言的艺术性80分，实训纪律及态度20分。
3. 评分表

旅游景区导游交际语言的艺术性评分表

小组：_____ 姓名：_____ 时间：_____

项目		标准分	教师评分
景区导游交际语言 的艺术性	劝服	20	
	提醒	20	
	拒绝	20	
	道歉	20	
实训纪律及态度		20	
合计得分		100	

考核时间：　　年　　月　　日　　　　　考评教师（签名）：_____

> 知识链接

景区导游员任何一次言语交际行为，都是为了实现一定的目标而进行的。在景区导游与游客以及相关接待单位有关人员（领队、全陪、地陪等）的交际过程中，语言是最基本、最重要的工具，其表达方式、方法和技巧对交际效果会产生重要影响。因此，为了与景区导游的主要接待对象——游客以及相关接待人员和谐交往，景区导游应不断提高自己的导游交际语言技能。

导游交际语言包含的内容很多，如见面时的问候语言、交谈时的语言、致辞（欢迎词、欢送词）时的语言等。这里就景区导游在讲解服务中对游客进行劝服、提醒、拒绝、道歉等语言技能进行阐释。

一、劝服的语言技能

景区导游服务过程中，导游人员常常需要对客人进行劝服。如游览路线被迫改变需要劝服游客接受；对游客的某些不当行为需要进行劝阻等。景区导游使用劝服语言要注意：一是要以事实为基础，根据事实讲明道理；二是要讲究方式方法，根据不同的对象调整劝说的措辞和表达方式，使游客易于接受。

景区导游在对游客进行劝服时，可以采用以下几种劝服方法：

1. 诱导式劝服

诱导式劝服是景区导游员通过诚恳的语言，循序渐进地解析所存在的问题或所发生的事情，通过有意识、有步骤的引导，澄清事实，讲清利弊得失，最终使游客信服，进而接受导游员的建议而放弃自己意见的一种方法。例如，有一个旅游团队在游览东方明珠景区时，因为要赶飞机，不能游览门票中包含的城市历史陈列馆，游客产生不满和抱怨，这时东方明珠景区的导游就要把取消城市历史陈列馆的原因（因遭遇早高峰以及高架道路的交通事故，比预计时间推迟到达东方明珠景区）讲透，接着要谈如果坚持排队去看城市历史陈列馆，不能及时赶去浦东机场乘坐飞机，会导致客人机票的损失，也会影响客人接下来去北京的旅游行程。导游员诚恳的言辞和得失分析，在一定程度上会弱化旅游者的不满情绪。

2. 迂回式劝服

迂回式劝服是指景区导游员不对旅游者进行正面说服，而是通过迂回曲折的语言进行旁敲侧击，使旅游者接受导游的观点而放弃自己的观点和行为的一种劝服方法。这种劝服方法的优点是不伤害客人的自尊心，而又使游客易于接受。如某旅游团有一位游客在景区游览中喜欢离团独自活动，出于安全考虑和确保旅游团活动的整体性，景区导游走过去对他说："这位先生，大家现在暂停游览休息一会儿，很希望您过来给大家讲讲您在这个景区游览中的新发现，作为我导游讲解的补充。"这位游客听了会心一笑，自动地赶了过来。在这里，导游人员没有直接叫游客过来，因为那样多少带有命令的口气，而是采用间接的、含蓄的方式，用巧妙的语言让游客领悟到导游话中的含义，游客的自尊心也没有受到伤害。

3. 鼓动式劝服

鼓动式劝服是导游员运用具有煽动性的激情语言，劝服旅游者改变主意的方法。例如，一个旅游团抵达泰山脚下，山上飘起了小雨，下雨需要撑伞和穿雨披，给客人的登山带来了不便，旅游者产生了打道回府的念头。泰山的景区导游见此情景，灵机一动，充满激情地说道："真得感谢天公作美啊！泰山在连续40多天的干旱后终于下起了雨，各位的运气真是太好了！我国的著名作家李健吾先生在他的大作《雨中登泰山》中说，从火车上遥望泰山，几十年来有好些次了，每次想起'孔子登东山而小鲁，登泰山而小天下'那句话来，就觉得过而不登，像是欠下悠久的文化传统一笔债似的。山没有水，如同人没有眼睛，似乎少了灵性。我们敢于在雨中登泰山，看到有声有势的飞泉流瀑，倾盆大雨的时候，恰好又在斗母宫躲过，一路行来，有雨趣而无淋漓之苦，自然也就格外感到意兴盎然。各位，请别让雨淋湿了心情，穿戴好雨披，和我一起领略烟雨变幻中泰山别样的美景吧！"

4. 暗示式劝服

暗示式劝服是指导游人员不明确表示自己的意思，而采用含蓄的语言或示意的举动使人领悟的劝说。例如，有一位游客在景区抽烟，违反了景区公共场合禁止吸烟的规定。导游人员不便当着其他游客的面扫这位游客的面子，在其面向导游人员又想抽烟时，导游人员向他摇了摇头（或捂着鼻子轻轻咳嗽两声，或用手指指请勿吸烟的牌子），使游客熄灭了香烟。这里导游人员运用了副语言劝服的方式。进行劝服时要因人而异、因事而异，要根据游客的不同性格、不同心理或事情的性质和程度，分别采用不同的方法。

二、提醒的语言技能

在景区导游服务过程中，导游人员常常会碰到少数游客由于个性或生活习惯的原因表现出群体意识较差或丢三落四的行为，如集合迟到、离团独自活动、走失、遗忘物品等，耽误了整个旅游团的游览，损害了其他旅游者的利益。对此类游客，导游人员应从关心游客的安全和旅游团集体活动的要求出发给予特别关照，在语言上要适时地予以提醒。由于导游人员处在为游客服务的位置，导游人员对游客首先要尊重，其次要有服务意识，对游客的安全负责。对游客的某些行为需要提醒时，须使用委婉的语言。景区导游提醒的语言要富有情感，方式要巧妙，做到既不伤害游客的自尊，又使其意识到了自己的错误，并在行动上加以改正。提醒的语言方式主要有以下几种：

1. 敬语式提醒

敬语式提醒是导游人员使用恭敬的词语，对游客直接进行的提醒方式，如"请""对不起"等。景区导游人员在对游客的某些行为进行提醒时应多使用敬语，这样会使游客易于接受。如"请大家安静一下""对不起，请将您的空饮料瓶扔进垃圾箱"。这样的提醒，比"喂，你们安静一下""你不要乱扔垃圾"的命令式提醒的效果要好得多。

2. 委婉式提醒

由于社会约定俗成的习惯，有些话语大可直言不讳表述，有些却容易伤人，引起别人的不悦。景区导游员采取委婉的方式对旅游者的某种行为加以提醒是必备的语言技能。例如有一个跛脚的旅游者，走路十分不便，导游员对他说："这儿景色很美，您可以坐下来好好欣赏一下，我来替您拍照。"如果说："你的脚不太方便，坐下歇会儿"，显然不如前一番话效果好，委婉的语言具有柔中带刚的独特威力。

3. 协商式提醒

协商式提醒是导游以商量的口吻对旅游者的行为进行提醒，以取得旅游者认同。协商是将导游员与旅游者置于平等的位置上，导游员主动同旅游者进行商量，是对旅游者的尊重。一般来说，在协商的情况下，游客是会主动配合的。如某游客在游览中经常离团独自活动，导游人员很关切地询问他："先生，您对景区哪些景观比较感兴趣，您能否告诉我，接下来的导游讲解中我好重点讲解，谢谢！"再如："先生，对不起，可以麻烦您坐到景区游览车后面一点的位置吗？将您现在的位置让给晕车的小朋友，谢谢您！"

4. 幽默式提醒

幽默式提醒是导游人员用有趣、诙谐而意味深长的词语对游客进行的提醒方式。导游人员幽默的话语，既不伤及旅游者的自尊心，又能使其在同伴的笑声中得到反思。如，导游在带领游客游览长城时，提醒游客注意安全并按时返回时说："长城地势陡峭，请大家注意防止摔倒。另外，也不要头也不回一股脑儿地往前走，一直走下去就是丝绸之路了。"又如，几位游客爬到汇丰银行门口铜狮子的背上照相，导游人员见了忙上前提醒他们："希望大家不要欺负这头年老体弱的狮子！"这比一脸严肃地说"你们这是破坏文物，是要罚款的"，效果要好得多。

三、拒绝的语言技能

拒绝是对别人的意见、要求予以拒绝。景区导游服务中，导游人员常常会碰到游客提出各种各样的问题和要求，除了一些合理的、经过努力可以办到的要求可予以满足外，有一些问题和要求是不合理的或不可能办到的，对这类问题和要求，导游人员需要予以拒绝。但是，由于导游人员同游客的主客关系，不便于直接回答"不"，这时导游人员须学会使用回绝的语言表达方式和技巧。

1. 坦诚式拒绝

坦诚式拒绝是导游人员对游客提出的要求坦诚地回绝。这种方法主要用于拒绝开明、开朗的旅游者提出的不合理要求。即使这样，导游员也应避免当场说"不""不可能""没有"之类的词，应讲明解决问题的难度，以理服人，使旅游者心悦诚服地收回所提要求。如有位旅游者在其他游客集合要走出景区赶往机场的时候，提出要返回距离很远的景区购物商店购买旅游纪念品，景区导游此时应断然拒绝，但必须讲明沿途的交通状况和可能发生的误机事故，分析购买行为可能出现的后果，劝其去景区的电子网站购买。

2. 迂回式拒绝

迂回式拒绝是导游人员对游客的发问或要求不正面表示意见，而是绕过问题从侧面予以回应或回绝。如中国共产党第一次全国代表大会会址的导游在为美国游客讲解出席大会的各地代表的时候，讲到湖南小组的代表是毛泽东、何叔衡，这时一位美国游客突然发问："请问现在的中国人认为毛泽东好还是邓小平好？"该导游想了想说："您认为在美国人民的心目中是华盛顿好还是林肯好？"美国游客一时语塞。

对这类政治性很强的问题，尤其是西方游客长期受资本主义宣传的影响，一时难以和他们讲清楚，导游人员采取这种迂回式的反问方式予以回绝也是一种较好的选择。

3. 引申式拒绝

引申式拒绝是导游人员根据游客话语中的某些词语加以引申而产生新意的回绝方式。如某游客在离开景区之前，把自己用剩的半瓶防晒霜送给导游人员并说："这种防晒霜很贵重，对于我这种敏感性的皮肤很管用，现在送给你作个纪念。"导游人员可谢绝并说："既然这种防晒霜很贵重，又对您的皮肤很管用，送给我这个皮肤不敏感的人就太可惜了，还是您自己带回去慢慢用更好。"这里导游利用客人的话语进行的引申十分自然，既维护了自己的尊严，又达到了拒绝的目的。

4. 委婉式拒绝

委婉式拒绝是指导游用迂回曲折的含蓄语言拒绝旅游者的要求。有时，导游员无法接受旅游者的不合理要求，直接拒绝怕伤了旅游者的自尊，只能采取委婉的方式，使听话的对方仍然感到是受人尊重的。如旅游者在下午游览完景区后，问导游："请问是不是接待完我们这批游客你今天就可以下班了？"导游回答："是的。"客人又问："那你下班后可以和我们一起去吃晚饭，然后我们去衡山路泡吧吗？"导游员主观上不想去，可以说："今天晚上，我有安排，如果今天上午你告诉我的话，我把时间安排好，就同你们一起去了。"这样的回答比"没空，去不了"听起来没那么生硬，要委婉得多。

5. 诱导式拒绝

诱导式拒绝是导游人员针对游客提出的问题进行逐层剖析，引导游客对自己的问题进行自我否定的方式。如有位法国游客问中华民俗村的导游人员："有人说，西藏应是一个独立的国家，对此你是怎么看的？"这位导游人员反问他："您知道西藏政教领袖班禅、达赖的名字是怎么来的吗？"该客人摇摇头说："不知道"。导游人员接着说："我告诉您吧，他们的名字是清朝皇帝册封的，可见西藏早就是中国的一部分。正如布列塔尼是法国的一部分一样，您能因为那里的居民有许多自己的民俗就说它是一个独立的国家吗？"这位法国客人摇摇头笑了。

总之，景区导游员无论采用哪种拒绝方式，其关键都在于尽量减少游客的不快。导游人员应根据游客的情况、问题的性质、要求的合理与否，分别采用不同的回绝方式和语言表达技巧。

四、道歉的语言技能

在景区导游服务中,导游人员说话的不慎、工作中的某些过失或相关接待单位服务上的欠缺,都会引起游客的不快和不满,造成游客同导游人员之间关系的紧张。不管造成游客不愉快的原因是主观的还是客观的,也不论责任在导游人员自身还是在景区方面,抑或相关接待单位,导游人员都应妥善处置,需要采用恰当的语言表达方式向游客致歉或认错,以消除游客的误会和不满情绪,求得游客的谅解,缓和紧张的关系。

1. 微笑式道歉

微笑式道歉是导游人员运用体态情感传递情意,以求得游客谅解的道歉方式。微笑是一种润滑剂,微笑不仅可以对导游人员和游客之间产生的紧张气氛起到缓和作用,而且微笑也是向游客传递信息的载体。如某导游人员回答游客关于豫园的提问时,将豫园的建立时间简单回答说成是明朝,其他游客补充后,导游人员觉察到这样简单的回答是错误的,于是对这位游客抱歉地一笑,使游客不再计较了。

2. 直接式道歉

景区导游在与旅游者的交往中,直接道歉一般用于两种情况。一种情况是旅游者自身不遵守有关规定,致使事故发生。导游员并没有过失,事情已经发生,导游一味地埋怨与责怪均无济于事,这时就应进行安慰和道歉(没能阻止事故发生的道歉),例如家长游客疏于对小朋友的照看,只顾自己赏景拍照,小朋友不听景区导游的劝阻爬到栏杆上玩,导致摔伤。另一种情况是由于导游员或景区工作失误造成差错,引起旅游者不满。这时导游员不应找理由为自己开脱,如果旅游者的损失已经造成,导游员又强词夺理为自己申辩,那么矛盾会进一步激化,相反,导游员若及时向旅游者认错、道歉,只要道歉是发自内心的,旅游者必然冰释前嫌。例如,旅游景区在淡季推出对旅游者的优惠促销政策,原来收费的游乐设施免费向游客开放,导游没有引导游客前去游玩,造成游客的利益受损,这时候导游员应诚恳地直接道歉,以求得游客的谅解。

3. 迂回式道歉

迂回式道歉是指导游人员在不便于直接、公开地向游客道歉时,采用其他方式求得游客谅解的道歉方式。如某景区导游人员在前几个景点的讲解中过多地接触和关照部分游客,引起了另一些游客的不悦,导游人员觉察后,便主动地多接触这些游客,并给予关照和帮助,逐渐使这部分游客冰释前嫌。在这里,导游人员运用体态语言表达了歉意。

总之,景区导游人员运用道歉语言的时候要注意:道歉要诚恳,注意态度和用词,不要无休止地道歉;道歉要及时,知错必改;道歉要把握好分寸,要分清出错的大小以及产生的后果,要分清道歉和表示遗憾的实质区别。

任务四　景区导游解说语言的风格

技能实训

实训目的	形成景区导游解说的风格
实训要求	掌握景区导游解说的风格类型、特点并尝试形成解说风格
实训时间	本实训环节共 4 学时
实训地点	教室或景区模拟实训室
实训材料	多媒体设备
实训内容及步骤	1. 实训准备 （1）实训指导教师向学生讲授导游解说语言的风格。 （2）学生课后准备好代表自己语言风格的导游词。 2. 实训开始 （1）学生课上讲解自己准备好的风格导游词。 （2）教师对学生的讲解情况进行点评并提出改进建议。 （3）教师对实训进行总结和对学生的语言风格进行评分。 3. 实训结束

实训考核

1. 实训指导教师根据学生对景区导游讲解语言风格的掌握情况进行评分。
2. 按百分制记分，景区导游讲解语言的风格 80 分，实训纪律及态度 20 分。
3. 评分表

旅游景区导游讲解语言的风格评分表

小组：_____　　姓名：_____　　时间：_____

项目		标准分	教师评分
景区导游讲解语言的风格	整体风格	40	
	语言风格代表性词语的选择和运用	20	
	语言风格特点的把握和体现	20	
	实训纪律及态度	20	
	合计得分	100	

考核时间：　　年　　月　　日　　　　考评教师（签名）：_____

> 知识链接

　　导游语言风格是导游员语言艺术与自身气质的一种综合。语言风格要长期实践、总结才能形成。对任何一个导游员来说，只要坚持不断地学习与实践、总结与探索，就一定能够形成深受旅游者欢迎的语言风格。

　　语言是导游员最重要的基本功之一。通过导游讲解，使大好河山的"静态"变为动态，使沉睡了千百年的文物古迹死而复活，使优雅的传统工艺品栩栩如生，从而使旅游者感到旅游生活妙趣横生，留下经久难忘的深刻印象。导游工作要求每个导游员具有比较扎实的语言功底，形成自己的语言艺术风格。景区导游语言表达能力的改进、语言风格的形成对讲解服务质量的提升至关重要。

一、导游语言艺术风格的简介

　　风格的形成和具备，不是看导游员一时的语言行为，而是看导游语言是否贯穿着一种基调，这种基调具有相对的稳定性和一贯性，但是它又不是一成不变的，它往往随着导游员的工作阅历、审美趣味、语言修养等主观方面的特点以及导游内容、导游对象的变化而变化。比如，年轻的导游员其语言风格大多比较活泼，但随着年龄增长等方面的因素，其风格有的可能趋于稳健。

　　导游语言艺术的风格，是导游员所具有的精神特点和语言艺术的综合反映。马克思曾引用过18世纪的德国自然科学家、文学家布封说过的一句话："风格即人"。导游语言艺术的风格作为一种语言表现形态，是导游语言整体上所显现出来的具有代表性的特点，是由导游员主观方面的特点与导游内容的客观特征有机统一所造成的一种整体现象。所以导游语言艺术风格既是导游艺术特色的一个重要组成部分，同时又是形成这种特色的许多其他组成部分借以表现出来的工具和手段。

　　导游员大都有自己不同于他人的语言风格。这个导游员与另一个导游员常用的词语、句式以及语言技巧等都不是完全一样的，但比较起来，有的要鲜明一些、突出一些、集中一些。这是由于他们在长期的导游工作中，不断探索积累，使得自己的导游语言具备一定的个性，形成了自己的语言艺术风格。别林斯基认为"风格是在思想和形式密切融会中按下自己的个性和精神特征的印记"。(《别林斯基论文文学》) 一个成熟的导游工作者在运用导游语言时，不论自觉与否，总要表现出他对自然景观和人文的独特的感受、认识和情感。因此，即使讲解同一项导游内容，其导游语言也具有各自不同的风格。比如，讲解同一处古迹，有的善以生动的描述使人感动，有的善以冷静的叙述令人惊叹。同样是幽默风趣，有的温文尔雅，让人忍俊不禁；有的诙谐戏谑，使人捧腹之余深思。造成这种风格迥异的主要原因是导游员在个性爱好、审美趣味等方面存在着一定的差异性。这种差异性是形成不同语言艺术风格的直接因素。当然，不同的导游内容、不同的导游对象也是影响导游语言艺术风格的主要因素。比如，有的日语导游员由于长期与日本游客打交道，导游语言也就形成了委婉、含蓄的艺术风格，有的英语导游员由于接待西方游客较多，所以导游语言艺术风格往往是明快、简洁的。

导游语言艺术风格有一个形成和变化的过程。有些刚从事导游工作的人，由于对导游内容还不十分熟悉，认识得也不很透彻，大都照本宣科，生搬硬套一些导游资料上的东西，甚至遣词造句都一个模样，没有自己独特的见解和语言艺术风格，但随着自己不断地学习和实践，知识和经验也就不断丰富，于是成竹在胸、熟能生巧，逐渐形成自己鲜明的语言艺术风格。

二、景区导游语言的特点

（一）情感性

尽快接近旅游者、消除导游员与旅游者的心理距离、取得旅游者的信任、激发和维持旅游者的游兴是景区导游成功的关键，这就决定了景区导游语言必须具有情感性。"情"在导游服务中是永恒的基调。

1. 景区导游语言要"有情"

就是通过语言的形式，把导游员对旅游者的关爱充分地表达出来。如导游员在与旅游者第一次见面时要多问声"早安""上午好""下午好"；在旅游者感到不方便或不满意时要多说声"对不起"；在旅游者感到疲劳时多说声"辛苦了"；在旅游者身体不舒服时多问声"你身体不舒服吗，要不要看医生"；对年老体弱的旅游者多问声"晚上休息得还好吧，如果需要什么帮助就请不要客气"；等等。

2. 景区导游语言要"动情"

就是景区导游员要善于运用富有感染力的语言，帮助旅游者尽快熟悉所要熟悉的游览对象，尽快进入旅游的最佳角色状态，保持旺盛的旅游兴趣。与此同时，在旅游者碰到困难或需要鼓励的时候，如爬山爬不动或者走路走不动的时候，景区导游员要献出自己的真情，真正做到以情感人。这种真情的爱，在很大程度上就是通过语言表达来实现的。

3. 景区导游语言要"共情"

就是景区导游员要善于发现旅游者的兴趣，在旅游者为某人、某事、某物感到兴奋时，导游员要积极地去"分享"，以实现与旅游者在情感上的"共振"，使自己的讲解和介绍与旅游者的情感跌宕起伏，保持一种和谐与默契，这对于提高导游语言的效果至关重要。但在"共情"的过程中，导游人员要注意自己的身份，不要失态，不要过分表露自己的情绪。

（二）互动性

导游语言的互动性表现在两个方面：

一是语言表达的主体（导游人员）与客体（旅游者）往往都处于一种空间移动的动态之中，尤其在导游讲解的时候，这种状况表现得尤为明显。因此，语言表达的主体与客体同

时游动和媒介（语言）本身的流动交互在一起，无疑构成了导游语言互动的第一个层次。

二是语言表达的主体与客体往往处于一种交互状态，形成相互影响、相互制约的关系，这种情景通常表现在导游语言交际之中。显然，主体与客体的交互状态构成了导游语言互动性的第二个层次。

（三）直观性

导游语言特别是导游讲解总是随着参观游览的进程直面具体的人和物。见人说人、见物说物，是导游讲解特别是沿途介绍的基本要求。不具有直观性的讲解，就不具有导游讲解的属性。

（四）形象性

形象性是与直观性联系在一起的。导游员首先要通过自己的讲解，善于把旅游者眼前的人和物的形态模型描绘得栩栩如生，还要把与之产生联想中的人和物描述得有声有色，以强化导游语言的吸引力和感染力。

（五）创造性

导游语言时空跨度大、场景多变、内容丰富、对象复杂，面对如此多变的语言环境，导游员要使自己的语言成为旅游者美的享受，甚至成为其人生的启迪，因此需要不断地进行创造，创造是导游语言保持常青的源泉。

三、导游艺术风格的类型

导游语言艺术风格有一个形成和变化的过程。带团时间久了，通过自己不断地学习和实践，知识和经验也就不断丰富，于是成竹在胸，熟能生巧，逐渐形成自己鲜明的语言艺术风格。

导游语言艺术的风格具有多样性的特点，因为它所反映的旅游景观本身具有多样性，导游员的思想情感、审美观念、语言修养具有多样性，并且游客审美的多样化也要求导游语言的风格具有多样化的特点。当然，导游语言艺术风格的多样性不仅表现于不同的导游员，而且也表现于同一导游员。优秀的导游员其语言才能往往具有多方面的适应性，在主体风格的相对稳定之中，同样可表现出多种技巧的变化。

纵观各种导游语言风格，主要有质朴平实型、热情豪放型、幽默诙谐型三种类型。

（一）质朴平实型

这种风格类型的特点是：平实、随和、亲切、自然。

看全国服务技术能手柴云森在云南泸沽湖畔摩梭村寨景区讲解"母系社会遗俗"的导游词实例：

母系氏族社会，这一古老的社会形态，在世界上绝大多数地区早已消失于远古之中了。过去，人们只知道美洲、澳洲等地的土著居民中保留着母系氏族制，殊不知生活在我国云南西北部距昆明800多公里的狮子山下，泸沽湖之滨的摩梭人，虽然早已进入阶级社会，但仍残留着许多母系氏族时代的遗俗。摩梭人是纳西族的一个支系。在摩梭人的母系氏族社会里，母系是家庭和社会的主宰，家庭财产由妇女继承，"孩子知其母，不知其父"，人们不结婚，无所谓丈夫和妻子，只是"阿注"即"朋友"或"同居者"。

他们的语言中没有"爱情"这个词汇，故而也没有所谓的"爱人"。这些来访的"阿注"，都是些男子，尽管他们和妇女们一样从事建房种田、照看孩子、料理家务，但他们在家里只处于从属的地位。他们是家庭的成员，可通常都不在家里。男女不论在什么地方相会，只要双方同意就可以成为"阿注"。白天干完了一天的活计，晚上就到阿注家过夜，夜深人静之后，男阿注去找女阿注，用预先约好的方式敲门或丢小石子在女子住的房屋顶上。女方听到悄悄地来开门，把男子带到自己的住房里。次日，不待天明，他就得悄悄离去。清晨，如果起得早，你可以看到摩梭村寨的山间小路或巷道里男人们正在匆匆地返回自己的家里。这是短期约会的方式。

长期阿注就没有必要这样偷偷摸摸的了。去长期女阿注的家，男子可以从从容容地到她家的正房里与她的兄弟、舅舅等寒暄聊天。入夜，当女阿注的兄弟、舅舅等逐渐离家去找自己的阿注后，便到女阿注的卧室共宿。长期阿注都有互换礼品的习惯，也有的男子帮助其女阿注家从事生产劳动。有些长期阿注感情较好，最后可发展到建立婚姻家庭。一时没有阿注的男青年，他们三两成群，或独自一人，去那些尚未有阿注或阿注外出的妇女家里串门，若谈得投机，当夜便在此留宿。找不到阿注的男子便到其他人家的马厩或牛栏上去住宿，因为自己家里的姐妹或甥女的阿注来过夜，自己住家里不方便，必须避开。

摩梭人少年男女满十三岁就要举行"成人节"，时间为每年正月初一的早晨。"成人节"上少女行穿裙子礼，少男行穿裤子礼，穿裙子礼在火塘的右侧举行，穿裤子礼在火塘的左侧举行，少年男女按传统要踏在肥猪膘和一袋粮食上面，在专选的成年人帮助下穿上新裙子或新裤子。这个仪式意味着她或他在未来的生活中不愁吃和穿。在座的人，无论是客人或家里人都要给他们礼物、祝福，他们还要到处找老年人叩头，以求长寿。

阿注关系的建立很简单，既有"一见钟情"，也有朋友互相帮助或母亲为女儿找阿注或通过媒人介绍的，阿注关系的解除也很简单，只要男女任何一方不愿意，便可断绝关系。女方可以采取不开门或男方来访时不见面的方式拒绝，男子则只需不去女家访宿即可。引起关系破裂的原因，通常是由于双方或一方另有阿注。

摩梭人一生所能有的阿注是没有什么限制的，少的两三个，多的七八十个。长期的阿注是比较少的，最多的是短期阿注，短期阿注是指交往不长的阿注，一般不超过一年，短的甚至只有一两天。男女各有这么多阿注，所生子女只认母而不认父。在这种情况下，很自然就会产生异母同父兄妹间互为阿注的事。大家都说，这种事是难免的，而且是为传统所允许的，是合乎道理的。现在，这种事例已很难找到了。至于舅舅与外甥女为阿注，同母兄妹为阿注，这种更为原始的婚姻关系，虽被认为不当，但仍存在于现实生活中，这种行为被人在背地里非议，但并不受到公开的严厉谴责。

如今，随着社会的发展，摩梭人的生活发生了巨大变化，昔日的阿注婚姻正在逐步被夫妻合法婚姻所代替，父系家庭已经成了主要的家庭形式，但也应该看到，习惯势力的影响仍很大，对摩梭人落后婚姻的彻底改革，仍然是一个长期的、艰巨的工作。

这段解说词讲述的是摩梭人的婚姻习俗，从头到尾几段没有什么形容词作修饰，甚至连比喻之类的修辞手法也没有，语言十分平静，遣词造句也很实在，不急不缓，娓娓道来，就像在描述一幅不着色彩的白描风情画，使人不觉得枯燥，因为它能满足旅游者的好奇心和求知欲，所以给人的印象同样是鲜明和深刻的。

然而，这种语言风格如果处理不当，往往会给人一种粗俗、呆板的印象。因此，导游员在培养自己这种风格时，要注意通俗而不粗俗、平实而不呆板，多给旅游者传递一种亲切之感。

（二）热情豪放型

这种风格类型的特点是：语言简洁明快、条理清晰、直截了当、流畅奔放，充满着活泼与激情。下面请看全国优秀导游林青先生"天涯海角"景区的导游词实例：

女士们，先生们，早上好！今天我们去参观一个新的旅游景点，这就是"天涯海角"。为什么要将此地称为"天涯海角"呢？在这个世界上真的有"天涯海角"这样一个地方吗？这正是我要告诉大家的。

第一，"天涯海角"这一名称是根据古代宗教演说"天圆地方"这一理论延伸出来的，这种理论认为：天是圆的而地是方的。假如这种理论成立的话，那么它又在哪儿呢？历史上的说法是，它在这儿，就在这儿——海南岛的最南端，三亚市向西走24公里，天涯海角也就是今天我们要去的地方。这是原因之一，即理论根据。

第二，众所周知，俄罗斯有个叫西伯利亚的地方。那里一年四季冰天雪地，荒无人烟，萧瑟凄凉，是专门用来流放犯人的。在我国古代尤其是唐宋两朝，这一带就是中原地区的"西伯利亚"，是封建王朝的流放地。为什么要选择这儿而不选择别处呢？因为这里交通闭塞，人烟稀少，瘟疫流行，常年干旱，天气酷热，环境极为恶劣。这是原因之二，可以说是地理因素。

第三，唐宋两朝，许多被流放至此的人由于路途艰难，初到伊始，人地生疏，水土不服，加之情绪低落，悲观失望，极少有生还中原的。他们个个无不怀着走天涯，下海角的感受。"天涯海角"在他们看来，不仅是指大地的尽头，而且意味着人生末日的到来。难怪被流放至此的唐朝宰相李德裕称之为"鬼门关"。他的全诗是："一去一万里，千去千不还；崖州在何处，生度鬼门关。"这可以说是当时的真实写照啊！此乃原因之三，即历史原因。

由于以上三个原因，即理论上的原因、地理上的原因和历史上的原因，人们称此地为"天涯海角"。

今天我们去"体验"一下作为一个流放者走天涯、下海角的心情，但是，作为旅游者，我们不但没有不佳的情绪，反而心花怒放。我相信你们会为能前往这么一个带有神奇色彩，令人向往的古迹胜地而感到欣慰的。

在北京旅游的人们常说"不到长城非好汉"，今天我要说"不到天涯海角誓不罢休"。

我为诸位能有机会到此一游而感到骄傲。大家想想，在我们漫长的人生道路上，假如有机会到过天涯海角，这个被李德裕"高度赞誉"为"鬼门关"的地方，试问，在我们今后人生道路上，还有什么克服不了的艰难困苦呢？一切困难与天涯海角相比就显得无足轻重、暗淡无光了。这是我此时的第一想法。此外，我发现在我们中间有许多成双成对的伴侣，有恩爱的老夫老妻，也有卿卿我我的年轻情侣，我羡慕你们，为你们高兴。你们想过吗？你们手拉着手、肩并着肩来到天涯海角，做丈夫的把妻子带到天涯海角，妻子则跟着丈夫到了天之边、海之角，请问你们这一辈子还会分开吗？我相信你们一定会更加相亲相爱、心心相印、白头偕老、永不分离。

女士们，先生们，我们很快就要到达目的地了，现在我给大家简单介绍一下几个主要景点，诸位见到的一座巨石上面刻着四个大字"南天一柱"。根据中国传统的说法，天是圆的，它由地上四个角的四根柱子支撑着，这就是其中一根柱子的化身，它支撑着南天，让人民安居乐业。除此之外，我认为它更能代表海南人民坚强、勇敢的性格，是海南人民的象征。

到了天涯海角，诸位会看到两座巨石，上面分别刻有"天涯""海角"的字样，这就是我们的目的地。在此我有一个提议，到了天涯海角咱们来个集体合影好吗？希望这张合影能给各位留下永久的记忆。谢谢！

对林青这篇富有激情的导游词，学者曾点评：这位导游员对"天涯海角"十分熟悉，讲解语言十分明快，在解释"天涯海角"时，条理清晰，从理论、地理和历史三个方面进行了简洁、明了的讲解，随后又采取议论和抒怀的手法，为旅游者"创造"了一个游"天涯海角"的愉快心境，并激情满腔地一连用几个设问句，把这种情绪推上了高潮，催人精神振奋，令人欢欣鼓舞。如果这位导游对旅游者没有如火的热情，对"天涯海角"没有真挚的热爱，就可能流于一般性的解说，不可能具有这样鲜明独特的语言艺术风格。

要形成这种语言艺术风格并不是那么简单的，如何把握好情感和语言的分寸十分重要。语言既要明快，又要注意含蓄，情感既要奔放，又要注意收敛。否则就显得肤浅、轻飘。上例的导游语言在这方面把握得比较好，值得学习和借鉴。

（三）幽默诙谐型

这种语言类型的特点是：寓庄于谐、富有情趣、机智活泼、妙趣横生，既使人发笑，又意在言外，引人深思，它以滑稽、诙谐、搞笑的语言形式反映客观事物，表达思想和情感内涵，蕴藏着一种乐观向上的精神力量。请看全国优秀导游于柏林"故宫"导游实例：

这个建筑物是故宫朝南的大门，叫作午门，午是正晌午的午，是位于正中的意思。午门的下面，有五个拱门，正中间的门只有皇帝才能出入，即使地位很高的大臣，也只

能使用最两端的小门。这些都是根据身份、等级来严格规定的。过去，只有皇帝在结婚的时候，皇后才能从午门进入一次，其他女性一律禁止出入午门。当然现在是谁都可以进啦。

过去皇帝对心腹都是这样严厉，一般百姓就更不用提啦，连靠近故宫都不行。所以，这个故宫被称作紫禁城。紫是紫色的紫。过去有天帝在紫宫中生活的传说，皇帝认为：老子不是旁的东西，老子就是天帝之子，老子住的地方当然也得是紫色的宫殿。于是，用了个紫字。禁就是禁止入内的禁字，也就是禁止随便进入的意思。

这正中的路是皇帝专用的。这条路不但是故宫的中轴线，也是整个北京城的中轴线。北京的主要建筑大多都是沿着这条中轴线而建，两边的建筑物也多是对称的。皇帝的宫殿位于这条中轴线的中间，显示着"普天之下，唯我独尊"。这条路是用大理石铺成的。请看，这大理石路比两边的路高出一块儿来。当皇帝走这段路时，还要在上面铺上地毯之类的东西，这样就更高了。所以，纵然是皇帝身材短小，在这上面一走，也显得高大伟岸！

皇帝是了不起的"爷儿们"，这中间的门也是了不起的"爷儿门"。每当皇帝经过这中间的门时，都要敲响大钟、大鼓伴奏才行。皇帝这样迈着步子：咚咚——咚咚咚咚——咚——咚——真是威严无比！皇帝打心眼儿里感到：看，还是老子伟大！下面，我们大家也假装当回皇帝，体会一下皇帝走路的感觉吧！

（在太和殿广场）尽管故宫周围有10米高的城墙和52米宽的护城河，皇帝还是担心有人挖地道钻进故宫暗杀他，吓得睡不着觉，绞尽脑汁想了个办法，就是把广场用15层砖横、竖交叉地铺严实了，才终于放下心来，从这件事也可以看出，当时的权力斗争是何等激烈！当然，在大典时，文武百官三呼万岁，但皇帝还是怀有戒心，想：这里面，这家伙，那家伙，说不定哪个家伙想暗杀老子。不注意哪行！所以这广场的砖层有三四米深。

（在太和殿的石台上）这个石头做成的东西叫嘉量，嘉量是当时的标准衡量工具，表示皇帝公平处事，谁半斤、谁八两，心里自然有数。

对面还有一个石头做成的东西，叫作晷。是用来看时间的石头表。皇帝的意思是：重量和时间的基准都在老子这里。

请大家从石台上回头看广场，我们进了故宫之后还没有见过树，为什么在这么宽阔的地方连一棵树都不种呢？

不是为了防止暗杀，而是为了制造气氛。如果种了树，郁郁葱葱一片绿，鸟儿在上面又唱又叫的，就会呈现生活的气息。如果不种树，就会产生庄严的气氛。我们来想象一下：过去大臣要见皇帝时，全都得从天安门走着进来，走在宽阔的路上，看着高大的建筑，在庄严肃穆的气氛中，大臣就会越走越感到压力沉重，当走到皇帝面前时，就会自然地双腿打着哆嗦跪了下来。

从这段导游词，我们可以想见导游员是一位性格开朗活泼，对生活充满乐观，对事物有着浓厚趣味思想的人，正因为他具有这种个性，所以导游语言具有幽默诙谐、妙趣横生的风格特点。他在讲解中打破了文物介绍资料的局限，不拘泥于具体细节的精确性，但却具有艺术的真实性。他运用夸张、模拟、比喻、想象、歪解等语言艺术手法（包括幽默艺术手法）进行讲解，显得有声有色、有滋有味。

再如，有导游在南京栖霞寺讲解时，采用幽默诙谐的方式对景观进行了如下的解说：

（进了大雄宝殿，指着释迦牟尼拈花指的坐像问游客）大家知道释迦牟尼的手指为什么呈拈花指状吗？（游客摇头说不知道。）大家知道释迦牟尼和我国古代的大教育家孔子是同一个时期的人。他在未成佛之前是古印度一个王国的王子，由于看到人间的生老病死和苦痛灾难，舍弃王族生活，出家修道，经过六年多的修行和苦思冥想，终于在菩提树下顿悟成佛。在这六年中他遍游了印度各地。而孔子也是遍游诸国，宣传儒家文化。有一天，两人偶然相遇，得知对方身份后互相仰慕，惺惺相惜，两人交流之后都互不服气，提出打赌：每人问对方一个问题，回答不出来者要被对方弹前额一下。孔子首先提出一个问题，释迦牟尼没有回答出来，孔子二话不说举起手指对着释迦牟尼的前额"砰"的一声弹了一下。所以大家看一下释迦牟尼，他的前额上留下了一个红点。释迦牟尼很不服气地揉了揉额头问了孔子一个问题，结果孔子也没回答出来，释迦牟尼举起手来就准备弹孔子，这时孔子大叫：等一下，我去WC！说完一溜烟地跑了。释迦牟尼很憨厚地在原地等孔子回来，结果一等就等了几千年。

（到了藏经阁，指着藏经阁上一组唐僧师徒的取经雕塑问游客）大家知道这是什么吗？（游客说是西游记）。对了，这是唐僧师徒取完真经后回来的一组图像。唐僧师徒是经历了多少劫难才取到真经的？（游客说八十一难）。错！是八十难。当年唐僧师徒取到真经走后，佛祖问观世音菩萨：唐僧师徒经历了多少劫难？观音回答：八十难。佛祖曰：九九归一，还缺一难。于是作法，让唐僧师徒落到了通天河畔，河畔无人烟，更没有船可渡河，正在为难之时，一只大乌龟出现在他们面前。大乌龟说：当年是我驮你们过来的，现在再让我把你们驮回去吧。师徒四人大喜，上了龟背，行到河中，大乌龟忽然问唐僧：圣僧，当年我驮你过去时曾托你向佛祖问问我能活多久，你帮我问了吗？唐僧面露尴尬，无言以对，原来唐僧只顾取经，竟然忘记了。大乌龟见唐僧无语，心中恼恨，于是沉入水中。等到师徒四人好不容易上岸，才发现经书已经被水浸湿，在翻晒经书之时发现少了一本长生不老经。那么这本书到哪儿去了呢？俗话说千年的王八万年的龟，看来这本书是被乌龟吃了，所以人世间才有生老病死，但和尚却认为经书被水里的鱼吃了，所以和尚在念经时都不忘敲鱼头，是希望它们把经书吐出来。

幽默诙谐是思想、学识、智慧、情趣在语言运用上的结晶，是人际交往瞬间闪现的光彩夺目的火花。对于导游服务来说，幽默是"添加剂"和"催化剂"，它既能为导游的社会交际添加愉快的情感，又能使旅游者冰释一切烦恼和愁闷，甚至使其得到哲理的启迪。

但是，幽默诙谐语言的运用也要注意场合，如在处理旅游者伤亡等严肃的场合就不宜用幽默的语言。另外，还要注意旅游者的个人情况，防止无意中"以语伤人"。

自然景观类旅游景区解说

【学习目标】

- 掌握山地类旅游景区解说的技能。
- 掌握水体类旅游景区解说的技能。
- 掌握生物类旅游景区解说的技能。

任务一　山地类旅游景区解说

技能实训

实训目的	熟悉并掌握山地类旅游景区的讲解技能
实训要求	1. 查阅山地类景区的相关资料、了解景区概况和导游图 2. 科学设计景区游览顺序和游览路线，合理安排游览项目 3. 撰写山地类旅游景区的导游词并进行生动讲解
实训时间	本实训环节共 2 学时
实训地点	教室、景区模拟实训室或山地景区
实训材料	1. 多媒体设备 2. 导游词卡片 3. 山地景区背景材料

续表

实训内容及步骤	1. 实训准备 （1）学生分成若干小组。 （2）学生分组分批查阅资料及到山地旅游景区进行调查。 2. 实训开始 （1）了解和熟悉山地旅游景区背景资料。 （2）分析山地自然景观特色和分布。 （3）设计游览路线、安排游览内容。 （4）撰写山地景区导游词。 （5）分组模拟讲解。 （6）实训指导教师点评总结及评分。 3. 实训结束

实训考核

1. 实训指导教师根据学生对山地景区的导游讲解资料收集、游览路线安排、导游词撰写、景区导游解说情况进行评分。

2. 按百分制记分，山地类旅游景区导游讲解80分，实训纪律及态度20分。

3. 评分表

山地类旅游景区解说考核评分表

组别：_____　　姓名：_____　　考核时间：_____

项目		应得分	教师评分
山地类旅游景区的解说	讲解资料的收集	10	
	线路设计的合理性	10	
	导游词的撰写质量	30	
	景区解说的质量 （完整性、生动性、实用性）	30	
实训纪律及态度		20	
合计得分		100	

考核时间：　　年　　月　　日　　　　　　考评教师（签名）：_____

知识链接

山地类旅游景区是地貌旅游景观中最有旅游价值的部分。"山是风景的骨架，水是风景的眉目。"山地类旅游景区以其雄伟的姿态、奇异的造景、险峻的地势、秀丽的景色成为我国著名旅游景区的典型代表，占有非常重要的地位。著名的山地类旅游景区有

五岳，即东岳山东泰山、西岳陕西华山、南岳湖南衡山、北岳山西恒山、中岳河南嵩山；四大佛教名山，即文殊菩萨的道场山西五台山、观音菩萨的道场浙江普陀山、普贤菩萨的道场四川峨眉山、地藏王菩萨的道场安徽九华山；四大道教名山，即湖北武当山、四川青城山、江西龙虎山与安徽齐云山；以及雁荡山、崂山、花果山、玉龙雪山等风景名山。山地是风景构成的基本要素，而气候、气象、水体、植物、动物等，均因不同的山地条件，呈现出不同的风景形态。因而，做好山地类旅游景区的讲解是景区讲解人员必备的技能。

一、山地景区基本知识

（一）山地基本概念和分类

山通常是指由土石构成的显著高出地表的高耸部分。山地是组成一个地区地貌的骨架。在旅游资源学上，习惯将陆地上海拔高度在500米以上，相对高度在200米以上，具有明显山顶、山坡和山麓的隆起高地统称为山地。

按山的高度分，可分为高山、中山和低山。海拔在3500米以上的称为高山，海拔在1000~3500米的称为中山，海拔低于1000米的称为低山。丘陵指绝对高度在500米以内，相对高度不超过200米，起伏不大，坡度较缓，地面崎岖不平，由连绵不断的低矮山丘组成的地形。我国山地面积占全国总面积的33.3%，若再加上丘陵面积，可达44.6%。

山地按成因可分为构造山、侵蚀山和堆积山。构造山包括褶皱山、褶皱断块山和断块山等。例如，喜马拉雅山脉就属于褶皱山，华山是断块山。侵蚀山是地壳上升地区，地面经外力侵蚀分割而形成的山地。原为构造山，经外力侵蚀分割，也可形成侵蚀山，如中国的泰山。堆积山是由各种泥沙或岩石堆积而成的山体，如火山、冰碛丘陵、沙丘等。

山地景观，是指具有旅游观赏价值的山地。山是风景的本底，是诸多景观发育的基础，是人文景观的主要承载体。许多山地还是自然保护区和风景名胜区的所在地，拥有丰富的文化遗产和科学价值。山地景观既是自然风景的基本类型之一，也是与其他造景要素相结合构成综合美景的要素之一。如山与水结合形成的山水美景、山与林结合形成的山林美景、山与建筑和文化结合形成的历史文化遗产等。在中国的历史文化中，"山水"基本就是"旅游"的代名词。过去，人们往往把旅游活动称作"游山玩水"。由此可见，中国的山地景区在旅游活动中占有非常重要的地位。山地是构成风景的基本要素，是造景、育景的舞台和骨架，也是其他风景不可缺少的背景和借景。有些山地如嵩山还具有科学研究价值，被中外地质学家公认为是研究地球发展历史和地壳构造运动的"天然地质博物馆"。还有些山地如嵩山、太行山、王屋山、鸡公山、龙门山等拥有丰富的文化遗产，具有重要的社会历史价值，被人们誉为"历史文化宝库"。所以，山岳景观是重要的旅游资源，是一个国家或地区旅游业发展的物质基础。

（二）山地造景功能

山地景观，既是大自然的产物，又是人类文化的结晶；既是人类宝贵的物质财富，又是不可多得的精神宝库；既是旅游观赏审美、育美的理想场所，又是具有科普教育功能的"露天大课堂"；是上承几千年、下传千万代的"传家宝"。

山地景区的形成，一般与下列因素有关。

1. 山地美丽景观

凡山地景观，一般都有令人陶醉的美景，要么具有雄、奇、险、秀、幽、旷等不同的形态美，如泰山天下雄、华山天下险、峨眉天下秀、青城天下幽；要么具有各种美学要素集一身的综合美，如黄山自古以来就有"五岳归来不看山，黄山归来不看岳"的说法。

山地景观所表现出的美感主要体现在两个大的方面，即个性美与综合美。个性美的内容主要有以下七个方面。

（1）雄：是指具有高大形象的山体景观，也是最能激动人心的一种美。高有相对高度和绝对高度之别。如泰山贵为五岳之首，但就其绝对高度而言，五岳之中泰山仅居第3位，海拔1545米，但是泰山却以雄伟之姿、磅礴之势凌驾于齐鲁大地之上，从而"会当凌绝顶，一览众山小"，尽显高峻挺拔，主要是因为其相对高度较高。泰山之雄除了本身的雄姿之外，更有其悠久的历史原因，历代帝王的封禅，从秦皇、汉武登山封禅朝拜开始，泰山便成了天神的化身，受众人敬仰。

（2）奇：凡山地景观特征别处少见或没有，唯本山独有，且独具一格者，往往会使人产生奇特的美感。奇是那些经过地球外力作用和人类开发改造而形成的，具有奇特风格的地文景观形态，而最具有奇妙形象者莫过于黄山。"黄山天下奇"，黄山雄踞皖南，云山千里、森罗万象，黄山有无数奇峰，有名可数的就有72座，或聚或散、或露或藏、或庄或谐、或高耸入云、雄伟挺拔，或状如盆景、小巧玲珑，千姿百态、层出不穷、变化多端。登上黄山如同跨入一座大型石雕展览馆，情趣横生，令人浮想联翩，像"梦笔生花""猴子观海""仙人指路"等奇石造型都格外引人入胜。太行山桃花洞附近在寒冬腊月，热气腾腾，桃花盛开；在盛夏酷暑，寒气袭人，洞内结冰；这些冬夏倒置的现象，堪称太行山的自然奇观。

（3）险：凡山体高陡，山脊狭窄，断层和垂直节理发育者，都具有险峻的美感。自然风景中，险和奇一样能以其特殊的夸张形式打破某种平淡而引起人们强烈的兴趣，带来特殊的美感享受。如前所述的西岳华山，挺拔险峻，"千尺幢""百尺峡""擦耳崖""上天梯""苍龙岭""鹞子翻身"等险径，几乎要垂直攀登，常常让游人提心吊胆，小心翼翼才能到达峰顶，而登顶后的成功感和愉悦感，以及山顶上的无限风光是游览者平时很难体验到的。四川剑门关也以险著称，这是由于剑门处于蜀道的南口，是一个发育在断层崖下的山垭，大有"一夫当关，万夫莫开之势"。

（4）秀：凡山势起伏蜿蜒，山体线条柔和、植被葱郁、水色净美者，都具有秀丽的美感。山地受地壳运动的影响，多断块山、多节理构造、山体线条柔和者不多，有些山地如鸡公山、石人山、白云山等植被葱郁、水色净美、多泉溪瀑潭、多云雾盘绕，使它们在雄险之外，又具有秀丽的美感，其秀在植被、秀在水色、秀在云雾。

（5）幽：凡山地地区山环水复、丛山深谷、植被茂密、环境寂静者，都具有幽的美感。幽的意境产生于以下几种情况，一是森林葱郁，遮天蔽日，范围广大，给人以幽深之感；二是谷深林密、静谧无声、景色幽丽，构成幽谷景观；三是植被高大茂密，道路蜿蜒曲折，上下和前后左右视线受限，给人以幽暗之感。在幽景的形成中，植被所起的作用最为关键。"幽必曲、必静、必深、必暗"则是对这种景观构成条件的概括。如以植物王国著称的天目山，素有"天目千重秀，林木十里深"之说，大树华盖，林密壑深，以其高、大、古、稀、茂，再配以"千峰涵一刹"的禅源寺，成为寻幽探奇的绝妙之地。四川的青城山以"幽"闻名，由于谷地内部视线不开阔，加之古木参天，寺观亭阁掩映于浓荫翠绿之间，曲折小径出没于密林幽谷之中，清静幽深，故有"青城天下幽"之称。

（6）旷：山地虽高，但临近江河下游地区或平原地区，且在近岸、广水、远山的条件下，会使人产生旷远之美感。当我们登高远眺时，这种意境会更浓，如站在太行山或泰山观看华北平原等，都会使人产生视野开阔，一望无际的旷远美感。

（7）奥：凡山地空间很封闭，四周崖壁或林木环绕，通道窄如隙缝，深邃如井，或岩溶洞穴很深，使人产生神秘莫测的美感，这便是奥的含意。一般情况下，山与洞的结合或山与林的结合，都极易形成奥的意境。奇奥景观表现在以下几个方面。一为峰多。一般名山的奇峰怪石，数以十计、百计，而武陵奇观竟数以千计，若以一峰多景论，那就数以万万计。真可谓奇峰林立，层出不穷。二为峰奇。武陵之峰，峰峰拔地，形态各异，其相对高度多在200米左右。桂林之峰，多呈锥状，上尖下圆，武陵之峰则上锐下削，或上下相仿，甚至上大下小，挺拔巧叠，如柱、如塔、如屏、如墙、如楼阁、如城堡、如人、如兽、如神之物象。有孤峰、有群峰、有若动、有若静、有秀雅高洁、有凶猛险恶……无所不有、无所不奇、无所不绝，真是天下奇峰归武陵。三为峰美。垂直节理造成的峰柱，崖壁的竖线条，与水平层理构成的横线条，相互交错，成为自然山水的形式结构之美，也是这巨大立体山水画卷的自然皴法之"画章"。这些纵横交错，长短不一，疏密有致的直线、折线所构成的纹理，显示了峰林刚劲挺拔的形象和坚硬砂岩的质感。四为繁茂。植被覆盖率达90%以上，真是千峰拔翠，万木争荣，黄山松扎根峰头石壁，古藤萝飘拂空壑，四季花不断，八节绿常披，珍禽异兽出没，清泉飞瀑不绝，生机勃勃。五为谷底。金鞭溪、矿洞溪及索溪的十里画廊等，萦回于千峰之底，溪宽数十米，而两边直立的奇峰削壁则高达200米左右。步入金鞭溪，但见峰密森立、高空蔽日，非午时不见阳光，沿溪顺谷，曲水绕峰林，一步一景，步步皆景，倘若轻烟薄雾姗姗而来。仰观苍岩劲松，如剪影层叠，壁间藤萝、脚下彩石、两岸花木，披露带水晶莹圣洁，咚咚泉水、啁啾鸟语，如梦中游。六为溶洞。索溪峪的黄龙洞、观音洞、织金洞等，是武陵中另一类"奥"。如织金洞长达7千米，最宽处近200米，最高处达100多米，洞中钟乳石、石笋及种种岩溶现象，无所不有。据说它纳天下溶洞之奇，奥妙无穷。迷宫般的洞穴和神奇奥秘的景物，均非光天化日之下所能见到，深深地吸引着探奇觅奥的人们。

山地除以上所表现出的个性美以外，还具有同其他自然造景要素配合而构成的综合美。单纯的山地地貌本身所构成的景色，相对比较单调，但如果山地同其他自然造景要素配合，就能增加美的层次和美的内涵。山地景观之美，主要是各种自然要素之间配合协调且融为一体的综合美。如山与水、气象气候、动植物、洞穴、建筑等的配合，以及近山与远山的配合等。

山与水的配合，是最基本的配合，是其他各种配合的核心和基础。我们常说的"山清水秀""山光水色""山环水绕""山重水复""山水风光"等，都是山地和水体协调配合并融为一体所形成的景观特色。常言说，山无水不秀，水无山不活，这就是山与水相得益彰的构景关系。

至于山地同其他自然因素的配合，也很重要，如鸡公山地区被称为"云中公园"，是山地和气象（云雾）协调配合的结果。嵩山的"少室晴雪""嵩门待月"是山地同气象、天象协调配合的结果。石人山除本身山体雄浑之外，还具有秀的特征。秀在它具有茂密的植被和杜鹃花。可见，石人山之雄、秀，是山地和植被协调配合的结果。又如济源市五龙口景区内的猕猴群，它在形态、生态、习性、繁殖、迁徙及活动方面的奇特性、逗乐性，能使游人观赏后获得奇的美感，特别是由于它们的存在，使自然风光景象空间更加活泼、生动，并给游人带来无限的情趣。常言说，山得林则妍，林因山而茂；洞因山而育，山因洞称奇。所有这些都是山地与其他造景要素协调配合的结果。

2. 山地宗教文化

自古以来，名山与宗教就有着扯不断的历史渊源关系。大约在仰韶文化时代（约公元前5000年至公元前3000年），由万物有灵观念引发的山水崇拜就已经是先民的原始宗教意识和活动的重要内容了。古时候，人们面对种种超人力的自然现象，感到迷惑和恐惧，认为这些自然现象都有相应的神灵主宰。在我国古文献中，关于山川之神（尤其是山神）的记载，远比其他自然神多。千百年来，人们创造了众多的山水之神，积累了丰富而具特色的崇拜山水的文化。我们的祖先之所以要奉祀山川之神，其实是由于对自然山水怀有一种既亲和又畏惧的心理，反映了他们的现实理想和要求。正如《韩诗外传》中所说："山者，万物之所瞻仰也，草木生焉，万物殖焉，飞鸟集焉，走兽休焉，吐生万物而不私焉。"在生产力水平极低的情况下，人们的生存在很大程度上受惠于自然山水提供的物质之利，离开了这些物质之利，人类就将面临毁灭的绝境。所以，那时的人们在心理感情上对山水总是有一份温馨感激之情的。贯穿中国文化史的"天人合一"思想，十分强调人与自然的和谐统一，正是源于原始宗教意识中那种对自然的依赖心理。

我国原始宗教中崇拜山川之神所表现出来的亲和之情，正是我们这个以农耕为主的民族的"根文化"的重要胚芽，为后来佛、道等宗教文化在我国的发展奠定了基础。佛、道二教虽然不以山水为直接的崇拜对象，但二教的基本理论、理想境界、休习方式以及教徒的日常生活等，无不与自然山水发生丝丝缕缕的微妙联系。例如，道教的最高理想是得道升仙，追求一种超生死、超时空的绝对自由。他们所构想的仙境如昆仑、蓬莱之类，实际上是现实中名山胜水的幻想式升华。道教的求仙修道活动更是离不开清幽的山水境地。为了寻找长生不死的灵丹妙药,他们云游天下名山,遍求仙草,炼制灵丹;为了轻身(为升仙做准备),他们要辟谷(不食五谷),到深山密林中吸风饮露。道教中经常提到的10大洞天、36小洞天、72福地,无一不在深山密林之中。其实,古往今来本无神仙存在,那些妄想成仙的人,到头来没有一个逃脱死亡的自然规律。

至于佛教,早在其发祥地印度就有在山林石窟寺中坐禅苦修的传说。小乘佛教主张远离尘世,在僻静清幽的山林中建构精舍石窟,习经修炼,以求达到涅槃极境。

在我国,凡历史名山,无不与宗教有关,尤其是道教与佛教。所谓"天下名山僧占多""山无寺不名""山不在高,有仙则名;水不在深,有龙则灵"等,讲的都是名山与宗教的关系。

3. 山地历史文化

历史文化与名山的形成关系也很密切。在我国,不少山地的成名,除了得益于本身的自然美景和宗教活动的影响外,深厚的历史文化也是其成名的重要因素之一。如某些山地曾是某重大历史事件的发生地;某著名历史人物曾在某个山地居住、生活、战斗、工作、学习过;某个山地曾是某位历史名人的故居、墓地等;这些山地都有可能成为名山。有些山地除了具有"正史""史实"以外,还有某些被人们编造、臆造、想象、杜撰的"野史""传说""掌故"乃至神话。

景区导游在为游客讲解历史名山时,需要分清正史和野史、史实与传说的区别,不能以"野"代"正",以"虚"代"实",鱼目混珠,更不能歪曲历史。从名山的成名来看,其掌故、传说、神话的作用还是不可低估的,即不少名山都是以野史、传说、神话而扬名的。当我们把山地同社会历史联系起来时,我们就会发现,山地景观区内的历史遗迹、名人故居、亭台楼阁、碑碣题刻、诗词歌赋、书法楹联、掌故传说、古代建筑等各种形式的遗存,都是人类活动的结晶。它们所表现出来的民族和时代特征,都是在一定社会历史阶段人类文化的产物,正是这些不同历史阶段的文化遗迹,共同记录着该地区社会文化发展的轨迹。因而,它们不但在形式上给人以美的愉悦,在内容上给人以智的启发,而且在思想政治及道德情操上给人以熏陶。

对待山地景观中的历史和宗教文化,有三点是导游员必须高度重视的。

第一,根据"反对迷信,崇尚科学"的精神要求,在讲解山地自然景观时,要弘扬其科学内容,强调导游词的科学性和自然哲理,讲出"所以然"来。为了加深对自然景观的印象,增加旅游兴趣,要正确而恰当地选用有关神话传说,因为一个好的神话传说能帮助人们加深对山地自然景观的认识,并使游览对象通过传说而更富有美感和魅力。不过有些神话传说太粗糙,甚至很庸俗,缺乏高尚的文化内涵,故应慎重地选择使用,切不可喧宾夺主,更不能用封建迷信、鬼神观点等庸俗说教,去毒害游客,以致违背了科学性而"误导"游客。

第二,在联系社会历史和文化遗迹时,要强调"正史"和"史实",不能使用别人主观编撰的"野史"和"神话传说";不能以"野"代"正",以"传说"代替"史实";更不能歪曲历史和现实,以致愚弄群众、污染社会。

第三,名山多古寺,往往游山要游览寺庙。在对待宗教时,应采取历史唯物主义的观点去看待。任何宗教,其哲学基础是唯心主义的,但其建筑是辉煌的,其雕刻或塑像艺术(技术)是精湛的,其绘画和书法艺术是精美的,其镶嵌、堆叠、诗词歌赋等艺术文化价值有时也是十分珍贵的。另外,这些宗教建筑或场所是历史的载体,它反映了一定历史时期的社会生产力发展水平、审美观点和社会生活,因而具有一定的历史文化价值,我们要从旅游美学和科学文化的角度来观察它。因此,我们主张并建议导游员应崇尚科学,反对迷信,最好不要陷入宗教本身。

4. 山地科普教育

某些山地因在科学上具有重要的研究价值,或者在科普教育方面能够发挥其重要功能,这些山地也可能会成为名山,尤其是现代社会的一些名山,不少是与它的科普教育功能相联系的。如具有典型性的地质、地貌景观,具有特殊科学价值而受人类保护的动、植物等生物景观,具有神奇性的大气物理景观,以及能够出产名贵特产的山地等。如桂林、阳朔、肇庆、石林等地,这里不仅有世界闻名的山水美景,而且是世界罕见的岩溶地貌发育最为典型的地区,对岩溶地貌学的研究具有重要的科学价值。武夷山、丹霞山、齐云山、龙虎山等发育典型的丹霞地貌,黄山、华山、天柱山等地的花岗岩地貌,嵩山的古老地层和各种断裂构造,西峡的恐龙蛋化石群,神奇的峨眉山的佛光景观等,都是具有地质学或其他科学研究价值的山地。

二、山地旅游景区讲解

导游在讲解山地旅游景区时要科学安排游览路线,做好景观讲解。

(一)科学安排参观路线

山地景区一般都有很大的面积,游客往往不能将每个景点都游览到,因此,科学安排游客的参观游览活动路线就显得尤为重要。导游在安排山地景区的参观游览时要做到以下几点:

1. 制定合理的游览路线

因为山地旅游景区面积较大,所以在山地旅游景区讲解前,制定合理的旅游线路显得非常必要。在制定游览线路时,导游员首先应对整个山地景区有一个全面的了解,归纳出其中的游览要素,然后根据游览时间的长短和游客人员的组成情况、身体状况,选取最具代表性和最具特色的游览景点,并将这些游览景点组合成一条旅游线路。合理的旅游线路至少应做到:(1)旅游景点有机结合;(2)行进速度快慢合宜;(3)尽量做到不走回头路;(4)游客的安全有所保障。

例如,雁荡山总面积450平方千米,500多个景点分布于8个景区,以奇峰怪石、古洞石室、飞瀑流泉称胜。其中,灵峰、灵岩、大龙湫三个景区被称为"雁荡三绝"。由于时间关系,游客很难一一观赏。雁荡山景区导游为一日游游客推荐灵峰和大龙湫两个景区。

再如，导游游览普陀山有一日游和两日游，导游安排的线路也要有所不同。

普陀山一日游的线路可以设计为：广福禅院→紫竹林→南海观音立像→普济禅寺→海印池→多宝塔→心字石→梅福禅院→磐陀石→二龟听法石→观音古洞。

普陀山两日游的线路可以设计为：第一天游览心字石→磐陀石→二龟听法石→观音古洞→普济禅寺→杨枝禅院→千步沙→百步沙；第二天游览短姑圣迹→洛迦山→观音院→潮音洞→紫竹林→南海观音立像。

2. 选择合适的游览时间

山地旅游景区的景色千变万化，不同的时间段有不同的景观。清晨可看日出和朝霞，傍晚可看日落和晚霞，春天可看绿色葱茏，夏天可看繁花满山，秋天可看层林尽染，冬天可看白雪雾凇，雨天、阴天分别可以观赏不同的光线、云雾、雨水变化。导游要分析将要参观的景点，然后对参观时间进行安排，尽量保证知名的或重点旅游景点的参观游览。

比如，游客想看普陀山日出，导游要了解不同月份日出的时间变化，一定要安排好观赏时间，以便让游客充分感受大自然的意境。

普陀山日出时间：

一月6：45—6：48；二月6：25—6：41；三月5：54—6：17；

四月5：18—5：41；五月4：54—5：01；六月4：49—4：50；

七月4：53—5：03；八月5：10—5：22；九月5：28—5：39；

十月5：44—5：56；十一月6：04—6：20；十二月6：28—6：42。

普陀山观日最佳处：百步沙、朝阳阁、南天门、千步沙望海亭。

3. 选择合适的观赏位置和角度

山地旅游景区的观赏需要选择合适的观赏位置和角度。苏东坡描写庐山的诗句"横看成岭侧成峰，远近高低各不同。不识庐山真面目，只缘身在此山中"说的正是这个道理。导游在讲解山地旅游区时，要了解景点最好的观赏位置和角度，充分利用移步换景的导游讲解方法，引导游客在恰当的位置和角度观景。

例如，导游为游客讲解雁荡山时，要引导游客在恰当的位置和角度，欣赏雁荡山的移步换景。

各位游客，现在我们来到的是"雁荡三绝"之首——灵峰景区，请大家注意安全，跟着我的导游旗，记住看景不走路，走路不看景。灵峰夜景的朦胧美妙不可言，常为游人津津乐道，也是雁荡山各大景区游览中最具特色和最具代表性的景色。"灵峰日景耐看，夜景更销魂"，因为这些白天里的奇峰怪石在夜晚月光和夜色的映衬下，犹如涂上了神秘而温馨的色彩，构成了一幅幅线条鲜明的泼墨画，勾画出一张张美丽的剪影使灵峰夜景更具有形象美、意境美。

看灵峰夜景需要几个条件：最佳时间、最佳位置、最佳方式。最佳时间就要选择合适的时间，像现在时候（夏时18：30左右，冬时16：30左右），天刚蒙蒙昏暗下来，却未完全变黑，此时山峰已经看不到表面的岩石、草木，在微亮的天幕的映衬下，成了一幅幅美丽的剪影，而这些剪影就是观看夜景的主要内容。最佳位置，就是选择特殊位置观看。最佳方式在观看过程中慢慢提示大家。

在雁荡山有句民谣："牛眠灵峰静，夫妻月下恋，牧童偷偷看，婆婆羞转脸。"这四句话是几大主要景点夜景的总概括，也是我们今晚夜景的一条线索。当夜幕降临时，灵峰变得静悄悄了，只有一对夫妻在朗月下亲热相恋；一个调皮的小牧童却在偷偷看这对恋人谈情说爱。这时在寻找孙子的老婆婆忽然撞见他们，不好意思地把头转了过去……一幕幕景象在最美的瞬间定格了。

雄鹰敛翅（灵峰饭店前）

请大家站在屋檐底下，背对饭店人朝外，把头倒仰过去，就会看到一只硕大正收敛着翅膀的雄鹰凝神贮望，这种独特的观看方式，据说是郭沫若先生意外发现的。20世纪60年代大文豪郭沫若在灵峰中住宿，傍晚酒足饭饱之后摇摇晃晃地出了门口，突然头一倒仰，见到此景，便诗兴大发，挥笔写道："雄鹰踞奇峰，清晨化为石。待到黄昏后，雄鹰看又活。"道出了"雄鹰敛翅"的昼夜差异。其实"雄鹰"就是灵峰。

东方维纳斯（灵峰饭店西北角）

用刚才仰头观望的方式，站在这里再念刚才的"雄鹰敛翅"，会有一幅更美妙的图画。此时神奇的合掌峰将留给我们什么呢？这个景孩子看了应更爱伟大的母亲；男士看了应更爱美丽的妻子；女士看了就更以自己的美丽为傲！灵峰和依天峰的峰顶微微凸起，浑圆而高耸，我们把它们看成一体，就是神圣、最伟大的双乳峰。"双乳峰"不仅孕育了如诗如画的雁荡山水，而且也孕育了勤劳智慧的雁荡人民。因此雁荡人民还赠她一个雅称——"东方维纳斯"。

相思女（灵峰饭店西北角往前几步）

大家看，前方裂缝的左侧，一个少女背倚灵峰，脸朝东北方，刘海儿高卷，身着旗袍，体态匀称，温文尔雅。您看她，那一个眼神，那一种祈盼，又何尝不是在向人们显示着东方少女的腼腆和婀娜，真不失为一位大家闺秀。如果您用心去感悟，就会发现，她朝着远方，面带愁容，眼露悲意，望眼欲穿，似乎正在思恋着她未归的情郎。真可谓是"自古多情伤别离"，我们从她那残泪锁双眉的神态中，仿佛看到了人世间多少真真切切的愁情别绪，让我们真诚地祝愿这位相思女等到自己的意中人！

牧童骑鲸鱼（灵峰饭店东北角屋檐下）

各位团友，请抬头望右边的山峰，犹如牧童矗立山背上，下面的山背恰似一条巨鲸，合在一起，便是"牧童骑鲸鱼"。鲸鱼有明显的头部和尾鳍。我们把牧童想象成为鲸鱼的喷泉如何？同样也很形象。也有人说上面的人是济公，他头上高高的僧帽可以证明，不过济公的坐骑是鲸鱼，这绝对是独一无二的！

牛眠灵峰静（灵峰饭店东北角屋檐下）

请大家抬头仰望左边的山峰：前面的山巅上，一头老牛昂首向东，好像在等待着什么，思念着什么？现在先请大家听一个迷人而又凄凉的民间传说。相传在很久以前，雁荡山脚下住着一位非常富有的财主。村里还有一位没有父母的六岁小姑娘，她的名字叫玉贞。小玉贞白天给财主放牛，晚上跟老牛睡在一起，老牛与玉贞相依为命。冬天老牛用身子给她御寒，夏天老牛用尾巴替她赶蚊子。就这样小玉贞与老牛结下了非常深厚的情感。转眼间"十八的姑娘一朵花"，姑娘长得非常标致。一天晚上，财主带了很多家丁，到牛棚里想把玉贞姑娘抢来做小妾。此事被通人性的老牛知道了，趁着夜深人静，老牛驮着姑娘抄小径便跑，可跑到前面的山巅上，却已无路可逃，后面是一群家丁，前面是悬崖峭壁，怎么办呢？这时老牛显灵了，对玉贞说："姑娘，你站在我的角上，我用角送你到月宫去。"没等姑娘答应，老牛便忍痛把角往前面岩石上一扣。只听"轰"的一声，老牛一只角断了下来，变成了弯弯的小船，把玉贞送到月宫，而老牛只剩下一只角，活像独角犀牛，天天都在这里仰首遥望着月亮，思念着玉贞姑娘。所以，每当皓月当空的晚上，人们便称它为"犀牛望月"；"月有阴晴圆缺"，假如没有了月亮，我们则称之为"犀牛盼月"。这里我们民谣中第一句"牛眠灵峰静"便出来了。

观赏此景最佳时间应在农历八月十五晚上，因为那时，月最圆、情最真、人团圆。这里每个风景就成了一份心情。在"犀牛峰"的左侧有一个元宝式的凹凸岩石，也许是千金难换人间的真情吧。同时独角犀牛也如同苏东坡醉卧岩石的情形。此时已经入夜，东坡先生却悠然自得，醉酒之后，便靠卧于岩石之上休憩吟诗呢！

夫妻月下恋

明月初上，巍巍的群山笼罩在朦胧的夜色之中，灵峰一改白日的两掌合十的形象，而变成美妙无比的"夫妻峰"（或称"情侣峰"）。夜景里的夫妻峰是灵峰夜景中最为神奇的一座山峰。夫妻峰一名出现于20世纪60年代。此名一出，随即得到当地群众和游人的喜爱，便广为流传。而灵峰、合掌峰等称呼反而不为人提起了。也许有人会认为山里的夜会显得幽深、静谧。而在现代人的眼中，灵峰的夜景却显得格外的"热闹"。

且看灵峰的主峰，右侧为一个小伙子，他"国"字脸，天庭饱满，眉清目秀，发型还是"三七"分的呢！小伙子身材高大，不过有点小"缺陷"——背好像有点"驼"吧！其实不然，小伙子身后背了一个旅行背包，所以初看确实容易让人误解。不过小伙子双手去搂住了恋人的纤腰，可能是刚从外旅行回来吧。这对恋人好久不见了，当然是很亲热的了。他久违的恋人有波浪式的披肩长发，穿着一身得体大方的服装，因为身材较小，所以还踮起脚来，双手搂住小伙子的脖子，微微扬起她的脸朝向小伙子的脸部，一个让人心动的动作便在这瞬间发生了。您轻眨眼睛就会发现他俩似乎在动。这对情意绵绵、相亲相爱的情侣将自己火热的情、甜蜜的爱，铸成美妙的瞬间。他们的炽热、执着让客人流连忘返。对于夫妻峰的想象，说法挺多的。有人说是俊伟的青年和窈窕的女郎在月下幽会；有人说是一对恩爱的夫妻久别重逢；还有人说是披着盔甲的征人在出征前和热烈多情的恋人吻别；也有人说是穿着裙服的少女在与情侣亲热镜头。不管其描述如何，这充满情意、浪漫的情景，都体现出人间美丽真挚、热烈的爱情，祝愿天下有情人——不论恋人、夫妻，不论年轻、白发都能永远幸福、恩爱。

牧童偷偷看（塔头岭）

此时，回头欣赏情侣峰，已没有先前那么亲热，中间的距离拉开了，像是不好意思似的。原来，刚才骑在鲸鱼背上的牧童，除了给他们祝愿以外，一直在偷偷地看他们亲热的情景。您看，这小家伙身披蓑衣，在脚下垫了一块小石头，身子趴在前方的岩石上，伸长了脖子，双眼紧盯着前方的情侣峰，使得他们不好意思分开了。

而"婆婆羞转脸"中的婆婆到底在哪儿？为什么羞转脸呢？我们不妨向外走，再去找一下原因。

婆婆羞转脸（临碧亭旁）

白天观看的双笋峰，到了夜里，靠路边的大岩石，酷似一老婆婆。后脑勺一个发髻，稀疏的头发，宽额头，高颧骨，瘪嘴巴构成了一位生动逼真的老婆婆形象。这位年迈的老婆婆为何在这夜里还站在凝碧潭畔呢？原来她正在寻找放牧未归家的小孙子，当她在照胆潭一方找到小孙子时，却发现孙子在偷看情侣幽会。一股在心中埋藏了多年的浓浓情意油然而生。忆当年，自己和老伴也曾在多少个月夜相依相偎，不知红颜伊人可在？人们常说"心想事成"，当老婆婆情到最真时，他的老伴马上就出现了，那位老公公到底在哪儿呢？

公公峰

前行十步，果不出所料，"公公峰"出现了。其实公公与婆婆是同一山峰的不同角度观看的形象。您看，刚才婆婆的发髻不见了，脸型拉长了，深陷的双眼，弯曲的卷发，高凸的颧骨。这位公公还有点像洋公公呢？现在的公公正领着自己的小孙女在数星星呢？这位小姑娘在何处，我们就顺着洋公公注视的方向看一下。

仰天望星少女

顺着公公视线的前方，"仰天少女"就出现了。请看前方山峰最突出的方形山峰及其右侧的较低部分，好一尊可爱、漂亮的少女雕像。你看最高处是她充满稚气，朝天而望的脸，瀑布流水般的长发一泻而下，双手搭在前腹部，真不知在数星星，还是在盼望着美好的爱情，由我们自己去猜想吧！

凝碧潭畔黄昏恋

"海上生明月，天涯共此时。"请大家抬头看，刚才我们看的"婆婆"和"公公"，又出现在我们的眼前。左方婆婆头系三角巾，右边的公公含情脉脉地对着老伴。他们面对面，眼对眼，好像在回忆甜蜜的往事，好像在诉说着浓浓的晚情。"夕阳无限好，人间重晚情"，这就是他们的写照。因此，我们把这个景观叫"黄昏恋"。灵峰夜景的特点是一峰多名、移步换景。站在原地，左面是放在斗篷里的婴儿，露出小脸蛋；右边是少妇，披着长发，正抱着婴儿在亲昵地嬉玩。这是天底下最圣洁的"母子情"。

观音送客

请各位看路左边的崖嶂上，雁荡山观音洞中的白衣观音飘然而至，一袭白纱，手持净瓶，头戴凤冠，口中念念有词"阿弥陀佛，祝大家吉星高照，万事如意。"观音已送客，我们应在这声声欢送词中与夜景说句再见。

（资料来源：改编自刘乃坤. 雁荡山［M］. 长春：吉林出版集团有限公司，2003.）

4. 引导游客审美

山地景区不仅面积大，而且景点多，构景要素多，游客初次来到一个山地景区，自身不一定能抓住山地景区的重要构景要素，从而可能错过不少美景。导游有义务引导游客进行山地景观的审美。导游的引导可以从以下几个方面进行：一是引导游客观赏山体之形，体验山地景观的雄、奇、险、秀、幽、旷、奥、野等形象特征；二是引导游客观赏山体颜色上的变化，体验山地景观的色彩美；三是引导游客观赏山体的动态变化，如飞瀑、流水、浮云的变化，引导游客体验山地的动态美；四是引导游客关注山地中的声音美，如鸟鸣春涧、泉水叮咚、林海松涛、雨打芭蕉等，使游客获得听觉上的享受；五是引导游客嗅山的气息，领略山地景观的嗅觉美，如山地中洁净空气的气息、山上泥土的芳香、树木花草发出的自然的气息等，都可以给游客带来嗅觉上的美感。

（二）山地景区讲解技能

1. 掌握山地景区讲解的基本程序

山地景区讲解一般要经历准备、实施讲解、总结三个阶段，其基本程序有以下几点。

（1）熟悉所要讲解的山地景观的概况，如形成原因、景观特色、文化背景、相关传说故事等内容，准备一些旅途才艺，如当地山歌、民歌等。

（2）可从游客的客源地、年龄、受教育程度、职业、身体状况、旅游动机等方面，分析游客的特征、爱好，并做好讲解内容的取舍。

（3）根据游览线路准备好导游讲解提纲。

（4）实施讲解。导游讲解时，应包括以下内容：提醒游客在山地景区旅游的注意事项、山地总体概况讲解、引导游览、途中讲解、重点景观讲解、停留时的深层讲解。

（5）归纳总结。导游可在全部讲解结束后及时总结，加深游客的印象。

2. 恰当选择讲解内容

山地景区旅游景观形态多样，特色明显。导游在实际讲解过程中，应根据景观特色和游客的游览兴趣，恰当选择讲解内容。一般来说，导游可从以下几个角度选择讲解内容。

（1）科学成因。如讲解山的成因、各种自然现象的发生原理等，满足游客的求知欲，为游客答疑解惑。

（2）景观特色。分析景区山地景观的特色美景，引导游客观赏。

(3) 文化内涵。山地景区不仅自然景观美，还有很多文化资料，如名人典故、诗词歌赋、摩崖石刻、古建寺庙、书法楹联等，导游解说时要予以讲解。

(4) 地位价值。导游可以从该山地景区在旅游业中的地位和评价，如最古、最大、最高、第几等角度突出山地景区的游览价值。

3. 准确把握讲解节奏

山地景区的解说要把握好节奏。一般来说，讲解应按游览线路分段进行，但对山地景区的整体特征应提前讲解，以使游客有整体印象，对于那些转瞬即逝的景观（如云海、佛光等），导游要提前提示游客，并告知游客如何观赏。导游的讲解还应与景物相配合，做到导游所讲即游客所见，这样可以提高讲解的生动性，也可方便游客对景物的理解，加深游客的印象。山地景区的导游讲解服务要适度，不是越多越好，要给游客留下欣赏美景和拍照的时间。

任务二　水体类旅游景区解说

技能实训

实训目的	熟悉并掌握水体类旅游景区的讲解技能
实训要求	1. 查阅水体类景区的相关资料、了解景区概况和导游图 2. 科学设计景区游览顺序和游览路线，合理安排游览项目 3. 撰写水体类旅游景区的导游词并进行生动讲解
实训时间	本实训环节共 2 学时
实训地点	教室、景区模拟实训室或水体景区
实训材料	1. 多媒体设备 2. 导游词卡片 3. 水体景区背景材料
实训内容及步骤	1. 实训准备 (1) 学生分成若干小组。 (2) 学生分组分批查阅资料及到水体旅游景区进行调查。 2. 实训开始 (1) 了解和熟悉水体旅游景区背景资料。 (2) 分析水体自然景观特色和分布。 (3) 设计游览路线、安排游览内容。 (4) 撰写水体景区导游词。 (5) 分组模拟讲解。 (6) 实训指导教师点评总结及评分。 3. 实训结束

实训考核

1. 实训指导教师根据学生对水体景区的导游讲解资料收集、游览路线安排、导游词撰写、景区导游解说情况进行评分。
2. 按百分制记分，水体类旅游景区导游讲解80分，实训纪律及态度20分。
3. 评分表

水体类旅游景区解说考核评分表

组别：_____ 姓名：_____ 考核时间：_____

项目		应得分	教师评分
水体类旅游景区的解说	讲解资料的收集	10	
	线路设计的合理性	10	
	导游词的撰写质量	30	
	景区解说的质量 （完整性、生动性、实用性）	30	
实训纪律及态度		20	
合计得分		100	

考核时间：　　年　　月　　日　　　　考评教师（签名）：_____

知识链接

水是自然界最主要的构景要素之一，具有形、声、影、色、光、味等特点。浩瀚的大海、滚滚的江河、清澈的小溪、波光粼粼的湖水、飞流直下的瀑布……这些水域对游客都有着强大的吸引力。我国有众多的江河湖海等水体旅游景区，这些水体不仅风光美丽，还可以提供丰富多彩的游乐和运动旅游项目，如游泳、潜水、划船、漂流、冲浪、垂钓、滑冰、滑雪等，游客参与度非常高。

一、水体旅游景区基本知识

（一）水体旅游景区的概念

水体就是对江河、湖海、瀑泉等的总称。

水体旅游景观，是专指由水体本身或以水为主与其他造景因素相融合而形成的具有旅游观赏价值的景观。

水体旅游景区是指以水体旅游景观为主要景点的旅游景区。

（二）水体旅游景区的欣赏要素

水体旅游资源的外观可以从以下八个方面进行观赏。

1. 水形

水形指水体不同的形状。地球上的水体多以各种不同形状的地理实体表现出来：海洋、河流、涧溪、湖泊、瀑布、泉水等，都有不同的形状，给人不同的美感。碧海蓝天，水天一色，给人以浩瀚之美；湖天一碧，空明澄澈，令人志清意远，心波流连；"喜茫茫空阔无边"是五百里滇池的真实写照。河岸曲折，港汊众多，容易造成"曲径通幽""柳暗花明又一村"的幽静环境，也可增加水面景观对比度，增加深远感。俗话说："山不在高，贵有层次；水不在深，贵在弯曲。"因为曲才显得多姿，富于自然天趣。而平滑弧形岸线给人以完美无缺的满足感，平直岸线则给人以勇往直前的刚强感。

2. 水态

水态指水体的状态。液态的水体从它的表现形式上有动态与静态之分。从它的运行过程上有喷涌、流动、跌落、平静之分。由于受地形和季节的影响，水体呈现出有动有静、动静结合的特点。静水常以湖、塘、池等形式出现。安详、朴实是静水的主要特点。流动着的水，不论是河、泉、瀑，还是海浪，都是波光晶莹的，充满活力和动感，令人兴奋欢快。因此，平湖如镜、清泉滴流、飞瀑倾泻、汪洋激浪，具有千姿百态、各有其美的哲理深度和美学价值。

3. 水影

水影指映在水中的倒影。山、石、树、花、白云、蓝天、飞禽、走兽、各种建筑乃至人的活动都会在水中形成倒影，构成美不胜收的画面。如新疆天山上的天池，紧依博格达雪峰，峰湖相映，成为传说中的"瑶池仙境"；西安的华清池景区中，墨绿色的九龙汤与苍翠的骊山相互辉映，使有限的游览空间豁然开朗，美不胜收。

4. 水声

水声指水体流动或冲击时所发出的各种美妙的声音。水体在内营力、外营力的作用下，或受坡度影响而流动时，可发出各种声音，推波助澜的急流、惊涛拍岸的潮流、空山雄浑的飞瀑，以及恬静的涓涓细流，各自弹出了不同声域的乐章。既给人以强烈的动感，又悦耳动听给人以音乐美的享受。如江苏无锡寄畅园的"八音涧"，引借惠山泉水，促其层层跌落，空谷回响。既徐缓抒情，又抑扬顿挫，恰如一部节奏轻快、韵律生动的乐章。

5. 水色和透明度

水色和透明度，都反映了水体的光学特性。九寨沟的湖水就是在变幻莫测的水色中撩动着游客的心，让人由衷喜欢。九寨沟的水可以用神奇来形容，五颜六色和色彩斑斓就足以说明九寨沟的水的特点。九寨沟的水的色彩主要源于湖水对太阳光的散射、反射和吸收。太阳光或自然光是由不同波长的单色光组合而成的复色光，在可见光谱中，由红光至紫光，波长逐渐减小。九寨沟的水呈现艳丽的蓝绿色，说明湖水中短波长的散射远大于长波长，这就是"瑞利散射效应"。同时由于湖水透明度高，湖底的灰白色钙华、黄绿色藻类对透射光的选择性吸收和反射，也增加了湖水色彩的层次和变化。另外，九寨沟的湖泊处于地形起伏很大的深切峡谷中，不同地段同一时间、同一地段不同时间，太阳光的入射角及入射量、湖水表面对光的反射状况和湖水的透明度都有很大的变化，因此也造成了湖水的多彩变幻。大自然的鬼斧神工，造就了现在美丽的九寨沟。

6. 水味

水味指水体的不同味道。水本是无色、无臭、无味的液体，但自然界的水体，或多或少含有各种盐类、有机质和微量元素，所以出现不同的水味。常说的"清冽甘美，爽人可口"，往往是一些很少含有机质的林间溪谷、泉瀑水流，给人以清心、静心、养心的享受。如青岛崂山泉水、杭州虎跑泉水、济南趵突泉水、镇江中冷泉水等。希腊境内的奥尔马加河，河水甜度相当于蔗糖的75%，被人们称为"甜河"；非洲安哥拉的勒尼达河，河水散发出扑鼻的香味，被称为"香河"。

7. 水体所处的地域环境

水体鉴赏，必须综合考虑其所处的地域环境。江河之美，在于水流穿越于重峦叠嶂之间。长江三峡、桂林漓江、武夷九曲溪的两岸，若没有姿态各异的山峰和人文景观等的组合、衬托，就难以被开发成为旅游产品。瀑布幽秀的程度，也与周边草木的深秀度有直接联系。

8. 奇特

有的水体具有奇特的现象，如安徽寿县的"喊泉"、四川广元的"含羞泉"、我国台湾台南县的"水火泉"、河北涞水、四川城口、湖南石门等地的"鱼泉"。富含微量元素的矿泉水具有可饮、可浴、可医、可赏的作用。

导游在为游客讲解时，要把水体旅游景区中蕴含的美充分体现出来，使游人能够察觉、享受，并在这一过程中发现美、提高美、创造美，从而产生愉悦感。

二、水体旅游景区的讲解内容

导游人员在江、河、湖、海等水体景观进行导游时，能正确运用造景功能的形态美、倒影美、声音美、色彩美、光泽美、水味美、奇特美来加以讲解，把握其内在特征，就一定能丰富介绍内容、激发旅游者的情趣、提高人们的审美能力。

（一）从水的美学特征进行讲解

水是构景的基本要素，在构景中均有形、影、声、色、光、味、奇等形象生动的特点。导游人员如能正确掌握这些特点，把自然美和人文美有机地结合起来，将这些美感特征介绍给旅游者，定会提高旅游者兴致，将其导入情景交融的境界。

1. 形态美

海洋、江河、流泉、瀑布一般以动态为主，湖泊则以静态为主；有的受到地形和季节的影响呈现出动中有静、静中有动的特点。因此，导游通过对江、河、湖、海形态美的讲解能对旅游者产生很强的吸引功能。如"西子三千个，群山已失高，峰岳成岛屿，平地卷波涛"，把千岛湖的形态惟妙惟肖地勾勒了出来。又如"黄河之水天上来，奔流到海不复回"，写出了黄河一泻千里、气势磅礴的壮阔场景。同样，"五百里滇池，奔来眼底",道尽了滇池的浩渺与辽阔。形态美的讲解,不仅能使旅游者在游览中欣赏到自然景观美,而且还能受到历史文化美的熏陶。

2. 倒影美

倒影美是江、河、湖、海的第二个特点。由于水是无色的透明体,所以在光线的作用下,万物倒入皆成影。山石树木、蓝天白云、飞禽走兽,乃至人的活动都会在水中形成倒影,从而形成水上水下,岸边桥头,实物虚影的相互辉映,构成奇趣无穷的画面。如李白在《峨眉山月歌》中写的"峨眉山月半轮秋,影入平羌江水流",就是描写了诗人看到峨眉山的上空半轮秋月,月影倒映在流动不息的平羌江上,意境非常幽雅宁静。还有九寨沟镜湖等具有的"鱼在天上游,鸟在水底飞"的倒影景观美等。

3. 声音美

水体运动所发出的各种声音,给旅游者造就了特定的情与境,因而声音美也是江、河、湖、海的第三大特点。声音能让游人在旅游过程中获得重要的乐趣,如泉水的叮咚声、溪流的潺潺声、瀑布的轰鸣声、海啸的雷鸣声等,清浊徐疾,各有节奏。有些景象虽无声音,人们却好像感到声音的存在,达到"此时无声胜有声"的效果,如"无边落木萧萧下,不尽长江滚滚来"将长江宏阔的境界,磅礴的气势一语写尽,使人产生无限遐想。

4. 色彩美

水本无色,但透入水中的光线,通过水分子的选择吸收和散射,则会呈现出不同的颜色,给人以色彩美的享受。如渤海、黄海呈黄色,东海呈蓝色,南海呈深蓝色,黄河呈黄色,黑龙江呈黑褐色,鸭绿江呈鸭绿色,九寨沟的五彩池、五花海和火花海等则呈现出多种色彩。

5. 光泽美

水体自身的运动,在光线的作用下,能产生奇妙无比的光学现象,令人赏心悦目。著名的"水光潋滟晴方好",就是描写西湖晴空中湖水光泽美的绝句;又如"三潭印月"现象,就是月光、烛光、水光的交相辉映,形成"天上月一轮,水中影成三"的美丽景色;宋代范仲淹称洞庭湖景色是"上下天光,一碧万顷";而丽江古城中的万家灯火让本已浪漫的"小桥流水"再添万种风情。水体在日光、月光和灯光的作用下呈现出来的各种光学景象是非常美妙神奇的。

6. 水味美

水本是无色、无味的液体,有些未被污染的江河湖海水质清冽甘甜,还含有丰富的微量元素,如青岛崂山泉水、杭州虎跑泉水、济南趵突泉水等均为甘甜醇厚的泉水,成为酿酒、泡茶和饮料加工的理想水源。

7. 奇特美

水体的最后一个造景功能是奇特美,这是由自然界的一些奇特现象造成的。如安徽寿县的"喊泉",其涌泉量与人声音大小成正比;四川广元的"含羞泉",一遇震动,泉水便似害羞的姑娘,悄然隐去,待安静后泉水复出。云南大理有"蝴蝶泉",其他地方

还有"笑泉""水火泉""色泉",都是因奇特现象而成趣景的。还有的水体,含有丰富的矿物质,具有可饮、可浴、可看、可赏的作用,如庐山温泉、五大连池药泉等,成为我国著名的矿泉理疗康复旅游区。

(二) 突出水文化

水文化隐含了河流文化、湖泊文化、海洋文化、泉文化、桥文化、船文化等,还可以进一步引申为酒文化、茶文化、汤文化、粥文化、龙文化等,可谓博大精深。

导游人员在进行水体类旅游景区讲解的过程中,应从文化的多元化角度为游客进行阐释,将水体类旅游景区蕴含的文化融入自己的导游讲解词中,将水体旅游景区独有的"形"与"慧"展现给旅游者,把水体所蕴含的力量、温柔、纯洁、无私等文化通过语言的方式展现给旅游者。

(三) 全面了解水体的风格与差异

同为水景,但因为水的类型不同,如海水、江水、河水、湖水、泉水、溪水等带给人们的景致也不同。

1. 水体类型不同,美的风格不同

自古以来,人们一直觉得,海洋浩瀚无际、碧波万顷、怒潮澎湃、深邃奥妙,唐代诗人白居易的"海漫漫,直下无底旁无边"的诗句,就是望洋兴叹的写照。的确,碧蓝无垠的海水、洁白飞溅的浪花、汹涌澎湃的怒潮,能给人以视野开阔、极目天涯之感,能使人精神振奋、思潮澎湃、催人奋进。而流泉、溪涧、小湖,则多给人以秀丽、幽美之感。江河大湖常介于两者之间,江河虽有"孤帆远影碧空尽"的意境,但终不及海洋带给人们的意境真切与强烈。某些海岸虽然也具有秀丽幽美的景色,但终不如泉、溪、小湖带给人的恬静与浓厚。所有这些,都是由于它们各自水体类型不同的缘故,所以,同为水体,其类型不同,美的风格不同。

2. 同一水体类型,因各自组合条件不同,其美的意境也不同

以湖泊为例,湖泊面积大小不同,给人的美感不同。大湖泊能给人以畅旷的美感,所以古人用"帆影点点,烟波浩渺"来描述太湖风光;用"落霞与孤鹜齐飞,秋水共长天一色"来赞美鄱阳湖的绝妙景色。小湖泊多给人以清秀的美感,所以,苏轼用"欲把西湖比西子,淡妆浓抹总相宜"来赞美西湖,此外,人们还用"一面明镜""一颗明珠"来形容清澈的小湖。

再以河流为例,黄河、长江、珠江等江河,虽然皆有源头和入海口,但由于受各自地貌、气候、植被等自然地理环境条件的影响,其各自的水文特点不同,故各条江河,均各有其特色,如宋代范成大在《初入巫峡》中写道:"束江崖欲合,漱石水多漩。卓午三竿日,中间一罅天。"长江在这里显得很险峻;唐朝诗人王之涣在《登鹳雀楼》中的描述"白日依山尽,黄河入海流。欲穷千里目,更上一层楼",成为描写黄河壮阔场面的千古绝唱。即使同一条江河,因地段不同,所造景致也不同,如长江三峡中瞿塘

雄，巫峡秀，西陵险，美的具体内容是有差异的。

（四）从景观类型讲解其特征

（1）海洋景观——突出海洋的伟岸、辽阔。

（2）江河景观——景色多姿、类型丰富。

（3）湖泊景观——大湖泊的旷畅，小湖泊的清秀，高山之巅湖泊的神秘、奥妙、幽静、清澈。

（4）泉水景观——奇特、多功能及转换性。

（5）瀑布景观——三态变化：形态、声态、色态。

（五）从时代变迁讲解其作用

在江、河、湖、海塑造的景观中，不但要联系除水以外的各种自然造景因素，还应从时代变迁讲解其作用，恰如其分地反映其内在的、本质的联系。从历史的和现实的状况加以分析，从而揭示其历史文化内涵，丰富原有水体景观，成为旅游者新奇的旅游对象。

从时代变迁讲解江河湖海的作用，可使旅游者全面地了解有关人文造景因素，诸如政治、经济、军事、交通、文化、宗教、民俗等方面的内容。只有将其实际情况正确运用到讲解中去，才能丰富讲解内容和文化底蕴，体现人与自然的完美结合、和谐统一，从而将导游工作开展得有声有色。

三、水体类旅游景区讲解

（一）制定水体旅游景区游览方案

不同的水体旅游景区有不同特点。在进行水体类旅游景区导游讲解时，导游员应充分了解将要游览水体的景观特点，科学制定游览方案，引导游客欣赏美景。在制订游览方案时，导游人员要做到以下几点：

1. 选择合适的游览路线

水体旅游景区有大有小。较小的水体旅游景区游览线路比较简单，不需要对线路进行特别设计，但也有范围较大的水体旅游景区，比如太湖、三亚海滨、云南洱海、长江三峡等，需要导游根据实际情况选择合适的游览线路。

2. 设计恰当的游览时间

水体旅游景点受日照、光线、天气的影响很大。如早晨的湖泊可能被薄雾笼罩，下午的水面在晴天反光很严重；早晨和傍晚的海边肯定比中午的海边更有观赏价值，大雨过后的瀑布更加壮观，但雨后的山间小溪不再清澈，甚至还有可能发生山洪。这些因素都是导游在选择游览时间时应该考虑的。

3. 选择水体景观游览的角度

水体景观从不同角度观看有不同的视觉效果，如三江并流如果从空中俯瞰会让游客

不断感叹大自然的造化神奇。因此，导游要善于发掘水体景观游览的角度，把最好的观景途径和角度告知游客，引导游客欣赏水体景观最美的一面。"泉崖喷雪"位列九宫山八景之冠，是九宫山70多处瀑布中最奇特、最耐看的。每遇旺水季节，云中湖之水从崖顶喷薄而出，直落涧底峡谷，因谷口遇风，跌落之水化成缕缕雾霭，绕崖旋转，色如白雪，故名"泉崖喷雪"。导游一定要带领游客到山谷中，从特定的位置从下往上看，才能欣赏到喷雪崖的美景。

（二）水体旅游景观的讲解要领

1. 灵活运用多种导游讲解方法

不同的水体承载着不同的文化，不同的游客群体其文化层次也可能不同。导游应多方面进行信息的收集和整理，根据实际情况，选择恰当的讲解方法。要善于组织故事情节，结合游览内容，制造悬念、引人入胜、启发联想、触景生情。要突出重点进行介绍，采取有问有答的对话式讲解方法，努力将旅游者引导到水体构造的旅游意境中。

2. 突出讲解水体景观的特色

不同的水体有不同的景观特色。即使是同一类型的水体旅游景区，其景观特色可能也不同。导游要善于总结出其中的不同点，突出讲解所游览的水体景区最重要的特色。

3. 突出讲解水体景观的文化底蕴

导游应有意收集与要解说的水体有关的历史传说、名人典故、逸闻趣事、诗词歌赋等，了解该水体景观的历史变迁，从而向游客揭示该景观的历史文化内涵，使游客对该景区有更生动、更全面的了解。

4. 突出水体景观的功能价值

水不仅是生命之源，还有重要的经济价值、生态价值和审美价值，导游要了解水体景观的价值，以体现水体景观的功用，体现人与自然的完美结合，讲解温泉、矿泉、海水时，可突出其医疗保健作用；讲解明泉、山溪时，可突出其品茗、酿酒的功能，讲解江河湖泊时，可突出其饮水、灌溉、运输、行船、游泳、垂钓等功能。

四、黄浦江水体景观讲解素材

世界城市与母亲河有如形影相随，恰似唇齿相依，几乎每座世界级城市，都有一条如雷贯耳的河。泰晤士河与伦敦、塞纳河与巴黎、哈得孙河与纽约、涅瓦河与圣彼得堡、多瑙河与布达佩斯……

上海也有这样一条母亲河，蜿蜒流淌的黄浦江穿城而过。这是一条镌满经典与回忆的历史河，承载着上海进击世界城市的深厚底气；这是一条充满机遇和希望的未来河，洋溢着上海进击世界城市的蓬勃朝气。

黄浦江源头位于浙江省安吉县龙王山，在上海市中心外白渡桥接纳吴淞江（苏州河）后在吴淞口注入长江，是长江汇入东海之前的最后一条支流。

滔滔的黄浦江不仅是上海灿烂文化的象征，也是上海历史的见证。古往今来许多历史文化名人都在黄浦滩上留下了光辉的足迹。

关于黄浦江的开凿，有一个动人的传说：很久很久以前，上海曾是一片荒凉的沼泽地，其中央蜿蜒流淌着一条浅河。雨水多了，就泛滥成灾；雨水少了，又河底朝天。人们深受其害，咒之为"断头河"。战国时楚令尹黄歇来到这"断头河"河畔，不辞辛劳地弄清其来龙去脉，带领百姓疏浚治理，使之向北直接入长江口，一泻而入东海。从此大江两岸，不怕旱涝，安居乐业。人们感激黄歇的恩德，便将这条大江称作黄歇江，简称黄浦。后来黄歇被封为春申君，春申君黄歇为战国时期著名的四君子之一，食客三千，门庭若市。黄浦江便又名春申江。

据清同治《上海县治》记载，明永乐中户部尚书夏原吉疏浚大黄浦，汇合吴淞江，通范家浜至吴淞口入海，始成今日的黄浦江。

黄浦江贯穿上海百里港区，虽无名山秀岭可供观赏，但却有其独特的韵味。

明清时，"黄浦秋涛"为沪城八景之一，农历八月十八在陆家嘴可见"银涛壁立如山倒"之景。近年来，黄浦江中游有越江隧道，上游的松江县车墩、叶榭间有黄浦大桥。

黄浦江在上海境内流经青浦、松江、奉贤3县及闵行、徐汇、卢湾、南市、黄浦、虹口、杨浦、浦东新区、宝山9区，至吴淞口注入长江。黄浦江水系承太湖总泄水量的78%，为太湖水系最重要的注入长江水道。流域面积约2.4万平方千米。位处长江三角洲前缘，水势平缓，深受潮汐影响，进潮最大流速可达每秒2米，退潮最大流速为每秒1.8米。

黄浦江是上海市居民主要生活用水及工业用水的水源，且具航运、排洪、灌溉、渔业、旅游、调节气候等综合功能。上游江水可供生活用水，龙华以下以航运功能为主，江面宽约550米，最大水深17.4米，航道最浅处水深9.1米。黄浦江航道从吴淞口至松浦大桥一段可通万吨级轮，松浦大桥至毛竹港可通1000吨级轮，龙华港以下两岸均为装卸区，龙华港以上局部有浅滩。上海市60%以上输入货物和98%以上外贸物资均由此航道出入，客运线年客运量在600万人次以上。事实上，正因为黄浦江宽，工业时代的巨轮得以直抵上海城下；正因为黄浦江宽，浦东才像处女地般为上海留下一块后发展的大空间；正因为黄浦江宽，浦江两岸才有了世界级城市人无我有的独特之壮美，才成就了这一份的难能可贵。

城市因水而灵动，综观全球的世界级城市，绝大多数傍水而起，因为它们脱胎于古代农业城市、近代工业城市，饮用、灌溉、运输、生产，都离不开源源不断的水。极少数没有大河流的世界级城市，往往是首都，为了政治、军事需要，才背离自然规律，远水枯立。曾任上海市规划与国土资源管理局副局长，现任同济大学常务副校长的伍江说：近水、亲水、悦水，人性使然。近年上海人对滨江临河的亲水住宅的喜爱，就是明证。

对于喧嚣躁动的都市，黄浦江日复一日不变地淌过，给人以恒定，给人以宁馨；而相对于凝固坚硬的都市建筑，黄浦江又是一种动，不息地流、不断地去，逝者如斯夫，最易于唤起人们的记忆，积淀城市的厚度。建筑凝固，河流灵动；建筑高耸，河流平坦；建筑密布，河流疏朗。黄浦江平衡着城市的动静，化解着城市的单调。

黄浦江畔,过去只有浦西外滩万国建筑博览会一条天际线,20 世纪 90 年代浦东的崛起,再添小陆家嘴现代楼宇天际线,今昔相映,左右交辉,黄浦江不再是城乡接合部,她从城市边缘线一跃成为连接腾飞两翼的城市中心线。两条天际线出现,黄浦江的美,不晓得丰富了多少!过去看浦东,闯入视线的,只是模糊的锈迹、清晰的破败。如今,从浦东看浦西,从浦西看浦东,从两岸看河上,从河上看两岸,美不胜收。两岸齐美,泰晤士河、塞纳河,莫不是如此。如果像纽约哈得孙河,东岸曼哈顿繁华极致,西岸却冷冷清清,未免美中有憾。黄浦江的两岸齐美,非同寻常,东岸新锐建筑拔地而起,西岸百年经典凝重而立,形成最强烈的反差美。黄浦江就像一条明暗交接线,一条连接着这座城市的新与旧、过去与未来、传统与现代的明暗交接线。找遍全球所有世界级城市,看不到一处像黄浦江两岸这般如此大面积反差的美景,独步天下。独一无二的黄浦江,怎样开发与建设,才能为上海打造世界城市起到最有力的支持?伍江认为:坚持精品的同时拒绝雷同。黄浦江就是黄浦江,可以比塞纳河更美,比泰晤士河更美,因为它有唯一性。唯一性在哪里?就在特殊的记忆中。黄浦江开发,要追求现代时尚,也要充分尊重历史,就是把历史融入明天的发展中。一座为了忘却的纪念而保留的旧厂房,一条散发着远年气息的老弄堂,都是黄浦江的独特标记。如果要说当年陆家嘴开发有什么缺憾的话,就是在推土机下只抢救出一栋老宅,如今在鳞次栉比的高楼大厦中形单影只。唐诗中的比喻,"人面不知何处去,桃花依旧笑春风",物是人非也是美,它诉说的就是这里曾经发生的一切。

(资料来源:改编自 游吟黄浦江——世界城市与母亲河[N].解放日报,2003-02-01.)

任务三 生物类旅游景区解说

技能实训

实训目的	熟悉并掌握生物类旅游景区的讲解技能
实训要求	1. 查阅生物类景区的相关资料、了解景区概况和导游图 2. 科学设计景区游览顺序和游览路线,合理安排游览项目 3. 撰写生物类旅游景区的导游词并进行生动讲解
实训时间	本实训环节共 2 学时
实训地点	教室、景区模拟实训室或生物景区
实训材料	1. 多媒体设备 2. 导游词卡片 3. 生物景区背景材料

续表

实训内容及步骤	1. 实训准备 （1）学生分成若干小组。 （2）学生分组分批查阅资料及到生物旅游景区进行调查。 2. 实训开始 （1）了解和熟悉生物旅游景区背景资料。 （2）分析生物自然景观特色和分布。 （3）设计游览路线、安排游览内容。 （4）撰写生物景区导游词。 （5）分组模拟讲解。 （6）实训指导教师点评总结及评分。 3. 实训结束

实训考核

1. 实训指导教师根据学生对生物景区的导游讲解资料收集、游览路线安排、导游词撰写、景区导游解说情况进行评分。

2. 按百分制记分，生物类旅游景区导游讲解80分，实训纪律及态度20分。

3. 评分表

生物类旅游景区解说考核评分表

组别：_____　　姓名：_____　　考核时间：_____

	项目	应得分	教师评分
生物类旅游景区的解说	讲解资料的收集	10	
	线路设计的合理性	10	
	导游词的撰写质量	30	
	景区解说的质量 （完整性、生动性、实用性）	30	
	实训纪律及态度	20	
	合计得分	100	

考核时间：　年　月　日　　　　考评教师（签名）：_____

知识链接

生物类旅游景区在旅游业中具有举足轻重的作用。生物是自然景观的重要构成要素，生物是构建人工景观和优化旅游环境的软质材料，生物使得旅游项目更加丰富多彩，生活形态各不相同的动物经过训练，可进行惊险有趣的表演，带给游人以欢愉。生物类旅游景区的讲解是景区导游必备的技能。

一、生物类旅游景区基本知识

(一) 相关概念

生物是自然界中有生命物质的总称,由动物、植物和微生物组成。

生物景观是指由具有美学和科学价值,具有旅游吸引功能和游览价值的生物资源构成的景观。

生物景观以其复杂的形态和由其自身生命节律所表现出的变化性构成了旅游景观的实体,是自然旅游资源中最具特色的类型。

生物类旅游景区是指以生物景观为主要景点的旅游景区。

(二) 生物类旅游景观的特点

1. 广泛、多样性

指生物景观类旅游资源在空间分布上的广泛性和多样性。我国的生物资源极为丰富,其中包括不少特有、独存和主要分布于我国的珍稀物种。据统计,目前我国有高等植物 3 万多种;维管束植物 27150 多种;独有的树木 50 多种,其中银杏、水松、水杉、金钱松、银杉被称为"植物的活化石"。

我国的动物资源也很丰富,有陆栖脊椎动物 2000 多种,其中鸟类有 1189 种,兽类近 500 多种,爬行类有 320 多种,两栖类 210 多种。世界上有不少陆栖脊椎动物为我国特有或主要产于我国,如丹顶鹤、褐马鸡、金丝猴、藏羚羊等。还有一些属于第四纪冰川后残留的孑遗种类,如大熊猫、扬子鳄、大鲵、白鳍豚等,都是极为珍贵的物种资源。

2. 生命有机性

自然旅游资源中的地质、地貌、水文等要素都属于无机物,由它们构成的风景景观,也有动、静的变化,但这种动态变化主要是在内外营力作用下的自然运动过程,是无生命的。而动、植物是具有生命的有机体,它们的存在给自然界增加了生命的活力。如青海湖鸟岛上的成千上万只禽鸟,使原本孤寂的荒漠景观变得热闹非凡、生机盎然。

3. 指示性

由于自然地理各要素都处于紧密的相互联系、相互依赖之中,每个要素的发展都不是独立的,而是共轭进行的,根据各要素之间的这种相互联系,就可用自然环境中的一个环节来确定其余环节。自然地理各成分中,生物,特别是植物受其他要素的影响反应最灵敏,且具有最大的表现力。如,椰子正常开花结果是热带气候的标志;温带草原景观是温带大陆性气候的标志。

4. 季节性

季节性是指生物随季节变化而发生的形态和空间位置变换而形成季节性旅游景观的特点。在不同的季节有不同的植物开花,如冬天的梅花、秋天的菊花等。不少植物的叶色也随季节变化而变化。如银杏的叶子,春夏季为绿色,秋季为黄色。一些动物的毛色也随季节而变化。如雷鸟在冬季为了与雪地的颜色保持一致，它的羽毛会褪变为白色，作为防御敌人的保护色。许多动物如候鸟、蝴蝶、驯鹿等，为寻找更好、更舒适的生活环境，会随季节有规律地迁徙，从而出现生物空间位置随季节变化的景象。

5. 再生性

再生性是由生物自身的可繁殖性、可驯化性和空间可移动性决定的。人们在生物的可繁殖性基础上，借助生物的可驯化性和空间可移动性特征，在局部改变生态环境条件，运用人工干预的手段将许多动、植物进行驯化、移植、饲养、培育，形成人工生物景观。如我国通过人力作用保护了濒危灭绝动物大熊猫和其生存环境，并将它作为珍贵的礼物租借给许多国家，让更多人目睹这一珍贵的"活化石"。

6. 脆弱性

脆弱性是指生物及自然生态系统受胁迫增大且在抗干扰能力上较为脆弱的特点。灾害性环境变化，会使不少生物死亡甚至物种灭绝。如白垩纪时期的灾变环境，使称霸一时的恐龙灭绝。

二、生物类景区讲解

（一）植物类景区讲解

1. 选择最佳观赏路线

植物类旅游景区如森林公园、植物园、花卉园等可能有较大的面积，因此导游应事先对植物景观地的地形、路线有所了解，并根据游客的实际情况选择恰当的游览路线。在游客时间有限的情况下，导游对旅游线路的设计尤为关键，一定要尽可能地让游客在有限的时间内欣赏到植物类旅游景区最典型、最有特色、最突出的植物景观或游客最感兴趣、最渴望一见的植物。

2. 选择最佳的观赏时间

植物景观受季节、天气的影响很大。导游应详细了解植物在不同季节、一天内不同时段最适合的观赏内容，把最美的植物景观展现给游客。

3. 传播植物科学知识

植物是自然界最重要的生物链之一，有其产生、发展、演变的规律，深藏着大自然的许多奥秘。游客对植物类景区的兴趣不仅是观赏，很多人其实是带着求知的目的来的。导游有责任、有义务为游客介绍植物知识，进行植物科学知识的传播，介绍各种植物的名称、习性、产地、价值、功用等。对一些药用植物，导游还应讲解其药用价值，让游客体会我国博大精深的中医药文化。

4. 对游客进行审美引导

植物景观具有极高的观赏价值，其中蕴含了形态美、色彩美、嗅觉美、寓意美等许多内容。游客对植物的观赏，主要是想获得完美的审美体验，导游有责任引导游客进行植物景观的审美。

（1）突出植物的形态美。自然界的花草树木，高低不同、大小不一、颜色多样、千姿百态。导游在为游客讲解时，要用传情的语言，对植物的形态美进行讲解，可以采用拟人的修辞手法增强语言讲解的生动性。

（2）突出植物的色彩美。花草树木的色彩不同，多样化的色彩给游客带来愉悦的感受。绿色是植物最基本的颜色，也是生命和青春的象征。颜色不仅对人的身体、视觉有非常好的调节作用，还能带给游客精神上的满足。导游在讲解时要突出植物的颜色，为游客传播美的感受。

（3）突出植物的嗅觉美。不同的植物散发不同的味道，有很多树木和花卉散发出的香味可以调节人的情绪，所以人们会从植物中提炼和萃取精油、芳香剂来放松身体、美化身体，增强自身魅力，导游要多向客人讲解植物香味的功效价值。

（4）突出植物的寓意美。在人类文明发展进程中，植物因被人们喜爱和亲近，被人们赋予了丰富的寓意。如，牡丹是花中王者，竹寓意谦谦君子，菊寓意隐士，莲寓意洁身自好。植物的丰富寓意能给人深远的意境和独特的内涵。导游要引导游客识别花语，了解不同植物代表的无声语言。

5. 采用适当的解说方式

导游在讲解多样的植物时不能采用一成不变的讲解方法，要采用多样化的讲解方法，有侧重地讲解。观赏树的解说要突出树形之美，重点讲解树的生长条件、成因和树形的利用价值。观叶植物的解说要引导游客细致观察叶片，重点讲解叶子的形状、颜色。对于花卉的解说宜讲栽培历史、特性和价值，引导游客观花色、赏花姿、嗅花香、品花韵、讲花语。观果、品果的活动是游客最喜欢的游览项目，果实不仅美丽，而且可以食用，导游解说重点讲解果实的成熟期、成分、功用、适合食用的人群、挑选方法、食用方法，在确保安全和卫生的情况下引导客人食用果品。森林公园的讲解要突出位置、建设的历程、树种的构成、建设的目的、可供游览的项目等。

（二）动物类景区讲解

1. 选择最佳观赏线路

在动物园、水族馆、自然保护区、自然界中观赏动物，一定要根据动物的分布和出没时间设计好观赏路线，突出景区最有特色的动物和游客最感兴趣的动物。

2. 选择最佳的观赏方式

野生动物园和自然保护区、自然界的动物都会经常走动，而且很多大型猛兽可能会产生攻击行为，所以导游要选择恰当的方式，要把步行游览、乘坐景区观光车游览、自驾车游览、乘坐缆车游览、乘坐直升机游览等各种方法的优缺点和危险程度讲清楚，让游客进行选择。

3. 提醒游客注意安全

动物园内总是存在带有攻击性的动物，无论采用什么样的游览方式，导游都要向游客讲解安全注意事项：不要距离动物太近、不要触摸动物、不要主动攻击动物、不要给动物喂食等,在游览过程中,导游边讲解边要注意游客动向,及时制止不安全的行为。

4. 传播动物科学知识

每种动物都是地球在漫长的发展过程中不断进化、优胜劣汰而存活至今的物种,都有其生存和发展的知识。导游在解说时要满足游客的求知欲,进行动物科普知识的传播,讲解动物的名称、种类、珍稀程度、习性、地位等,引导游客熟悉动物、爱护动物。

5. 对游客进行审美引导

动物具有较高的观赏价值,导游在讲解动物时要突出动物的审美特征。

(1) 突出动物的外观美。许多动物漂亮的羽毛、优美的身形、健壮的躯体、可爱的习性都会引发游客发自内心的喜爱,导游要引导游客观赏动物,获得视觉上美的享受。

(2) 突出动物的珍稀美。世界上有许多珍稀动物,有的甚至濒临灭绝,如我国的大熊猫、金丝猴、朱鹮、东北虎等,导游在讲解中要突出这些动物的数量、物种的珍稀程度。

(3) 突出动物的奇特美。动物有身躯庞大的大象、有活泼好动的猴子、有呆萌可爱的熊猫、有凶猛可怕的老虎、有酣睡不醒的狮子等,导游讲解时要突出它们奇特的习性,给游客留下深刻的印象。

(4) 突出动物的表演美。在人工驯养的条件下,许多动物都能按照人的要求完成各种表演,很多动物园、水族馆都开展了动物表演,从而给游客带来娱乐,导游要引导游客进行观赏。

(5) 突出动物的寓意美。人类在社会发展过程中,有很多动物崇拜和动物图腾,也驯养过很多动物,很多人类的活动都与动物相关,如守护兽、部落图腾、十二生肖等,导游在为游客进行解说时,可以进行阐释。

6. 采用恰当的方式讲解动物

动物种类繁多,导游的讲解方式和重点也不一样:在讲解时,对以观赏形态为主的动物,导游要用生动的语言进行描绘,并从科普的角度解释动物形态的进化、形成的原因和生存风险;以颜色为主的动物,在讲解时导游要突出动物绚丽的色彩,并讲解颜色给动物生存带来的影响;在讲解珍稀动物时,导游应侧重讲解该动物的数量、习性、稀少的原因,并介绍动物的生存环境和动物保护的知识。

三、上海生物类景区讲解素材

(一) 上海植物园的蔷薇园

各位朋友们,你们好!现在我引领大家来参观上海植物园的蔷薇园。这片蔷薇园地处植物园的西南,即如果从南面的3号门入园的话,它处在入口的右前方,离它左边的游船码头不远,与它南面的竹园和桂花园相邻。这是以蔷薇科植物为主,配以部分豆科植物的园区。

到了植物园,常听到的词是植物的科,会让人觉得很乏味。如果我们换一种说法,把植物天地当植物世界来看,那么它的各个科就是这个世界里的各个王国了。蔷薇科就是蔷薇王国。这是一个很大的王国，它的家族成员也很多。譬如，月季、玫瑰、垂丝海棠、樱花和梅花等都是这个王国的成员，连我们吃的许多水果的果木，如苹果、桃、李、杏和山楂等都属于这个王国。

这里的蔷薇园由月季园、桃花林、樱花林、梅花林和山楂林等组成。因为它们的花季各异，花期长短不一，所以四季繁花不断，给我们带来无限的愉悦，加之豆科植物陪衬林间，使之园中有林，林林相接，林中有花，花呈其姿，营造出复园重林的园区趣意，可让人身临其中，得其中盎然生机，享其中无限生趣，受其中不尽启迪。

这是月季园，种植面积达 2000 多平方米。月季园有 25 个大小苗圃，苗圃布局自然，园内有一座长春油麻藤的攀缘棚和一条木香的攀缘走廊，为人们在炎炎夏日提供了美妙的凉爽。早在春秋时期，孔子就对月季有过绘声绘色的描述；及至秦汉，宫廷园林中已经懂得用月季装点盛世，其色其香载入史册；及至唐宋，月季进入寻常百姓之家，其情其景流进诗篇；到了明、清两代，月季更是红遍黄河上下，香满大江南北。准确地说，清朝初期，是中国月季发展的鼎盛时期。1780～1824 年，英国人从我国广州引走了 4 个月季品种，经印度的东印度公司传入英国、法国、荷兰等数个欧美国家，这些珍品与欧洲的几种蔷薇反复杂交，使世界月季的发展有了突破性的转折。目前全世界有 3 万多个月季品种，本园中集中了 300 多个月季品种，数量近万株。它们花姿各异，花色绚丽，花彩丰富，芬芳依依。月季的花期一般分布在 5～12 月，可长达 8 个月之久。它的盛花期在 5 月和 10 月。

这是紫荆，它和洋紫荆同属豆科，但是它们是不同的植物。洋紫荆可以在我们的展览温室（一）见到。紫荆的花期在 4～5 月，与白玉兰一样，它的花先于叶绽放。花 5～6 朵簇生，紫红色的花密生于枝干，花色鲜艳。但在植物园展览温室（一）种植的洋紫荆，却是一种大型的乔木，它才是香港的区花——紫荆花。在南方它是可以用来作行道树的。洋紫荆的花期一般在 12 月前后，花和叶都比紫荆大，叶子像羊蹄的形状，因此又名羊蹄甲。

这是园中海棠的领地，植有多种海棠。海棠花姿潇洒，花开似锦，自古以来是雅俗共赏的名花，素有"花中神仙""花贵妃""花尊贵""国艳"之称，栽在皇家园林中常与玉兰、牡丹、桂花相配植，取其谐音，形成"玉棠富贵"的意境。据明代《群芳谱》记载："海棠有四品，皆木本。"这里所说的四品指的是西府海棠、垂丝海棠、贴梗海棠和木瓜海棠。西府海棠：海棠花一般无香味，唯有西府海棠既艳且香，是海棠中的上品。西府海棠花形较大，未开时花蕾红艳，似胭脂点点，开后则渐变粉红，又如晓天明霞。果似苹果，熟时黄色，可食用。垂丝海棠：树冠疏散，树姿婆娑，花梗细长，花蕾嫣红，向上生长，开放时则下垂，花粉红色，好似抹上一层粉脂。秋季结果，熟时黄色，一串串挂满枝头，十分美丽。是上海绿化中最常用的植物之一。木瓜海棠：又称木瓜，是海棠中最高大者，树皮光滑而斑驳。花较大，淡红色，单生于枝顶。果实外形似梨，大型，熟时黄绿色，芳香，可食用或泡药酒。贴梗海棠：丛生灌木，最大的特点是花梗极短，花像是贴在树枝上一样，故名贴梗海棠。花色繁多，有深红、桃红、粉红、肉色、橘黄等，有时一株上即有多种颜色。果实较小，可食用或药用。

那么秋海棠是海棠吗？其实，秋海棠与传统的海棠并不是一种植物，因其花形相似，且前者主要在秋天开花，故将其称为"秋海棠"。秋海棠是一个比海棠要大得多的家族，隶属于秋海棠科，有900多种，其中大部分具有很高的观赏价值。除了它的花，秋海棠的叶子也很美丽，不仅形状各不相同，颜色也千差万别，甚至同一片叶子上就有五彩斑斓的颜色和花纹，是一类非常时尚的观赏草花。常见的如用作地被的四季秋海棠、花似牡丹的丽格秋海棠、叶片酷似蛤蟆的蟆叶秋海棠等。秋海棠与海棠本不是一家，所以千万别再把"秋"字漏掉啦。

木瓜这个名字想必大家都不陌生，许多人，尤其是女性都知道木瓜有美容养颜的功效。可是你知道吗？水果摊上卖的木瓜其实是"冒牌货"，真正的木瓜很少用作水果，而更多用来做药酒。

那水果摊上的"木瓜"究竟是什么呢？原来它叫番木瓜，"番"就是外国的意思。但实际上，木瓜与番木瓜是风马牛不相及的两种植物，前者属于蔷薇科，后者属于番木瓜科，一点都攀不上亲戚，只是它们的果实形状相似，才有了这样的误解。番木瓜是一种大型草本植物，叶大，掌状深裂，每一裂片再羽状分裂，花小，淡黄色，果实聚集在茎的顶端，熟时黄色，是著名的热带水果，原产中美洲地区，上海植物园展览温室有栽培。所以说，虽然同为"木瓜"，但无论是长相还是用途都大不一样。

桃花是人们普遍喜欢的花。每每当它开放时，就引来人们踏春赏花，抒发对春天到来的喜悦。踏春赏桃花是上海市民的习惯。《诗·周南·桃夭》中写道："桃之夭夭，灼灼其华，之子于归，宜室其家"（桃树含苞满枝头，花开灿烂如红霞。姑娘就要出嫁了，夫妻和睦是一家），就是形容桃花开放时的茂盛和艳丽。桃花在诗人笔下多是娇艳多姿、风华正茂的青春少女形象。晋代陶渊明的《桃花源记》则是以两岸的盛开桃花来追求至真至美的境界，借桃花来寄托诗人的政治理想。

从历史上看，中国最早栽培的桃花是以食用为主的果桃。观赏桃大约在唐代才出现，唐代已有重瓣花的"千叶桃"（不结实的重瓣桃花）。明代开始出现了寿星桃，寿星桃是一类枝节间短缩的变异品种和类型。清代出现的菊花桃是一种新的变异类型，花瓣细长，酷似菊花。后我国失传，但于20世纪80年代中期，又从日本引回了这个品种。人们在欣赏桃花的同时，也将桃木桃花同避邪祈福连在一起，自古以来，在我国就有"桃木避邪""桃花好运"的说法。

这里的樱花林有20多个品种，共1000多株。这些品种大多是由日本友人馈赠的。樱花在日本被定为国花，其品种有数百种。每年3月15日至4月15日是日本的"樱花节"，届时，樱花盛开，千树万树，枝梢皆白，或满枝粉彩。绽放后，樱花随风纷纷飘落，犹如雪花飞舞，浪漫而热烈。其实，全世界已知的50多种观赏樱属植物中，有30多种原产中国。还有日本学者认为樱花起源于西藏喜马拉雅山脉，因此，中国也是樱花的主要原产地之一。受中国唐朝文化的影响，日本在奈良时代（710~794年）说到花还

是指梅花，直到平安时代（794~1192年），樱花才成为主角；起初在权贵间盛行，到江户时代（1603~1867年）才普及到平民百姓中，形成春天赏樱的传统民间风俗。樱花现在已在世界各地广泛种植，从美国东海岸到中国的中部省份，一年一度的樱花节格外引人注目。人们带着食物来到这些花团锦簇的樱花树下，载歌载舞，欢声笑语，与枝头美艳的繁花相映成趣。樱花是爱情与希望的象征。相传在很久以前，日本有位名叫"木花开耶姬"（意为樱花）的仙女。有一年11月，仙女从冲绳出发，途经九州、关西、关东等地，在第二年5月到达北海道。沿途，她将一种象征爱情与希望的花朵撒遍每个角落。为了纪念这位仙女，当地人将这种花命名为"樱花"，日本也因此成为"樱花之国"。

那么樱桃是樱花的果实吗？樱桃与樱花同属蔷薇科植物，在外形上十分接近，而且名字里都含有"樱"字，难怪很多人会以为樱桃是樱花的果实。然而，樱桃与樱花只是外形相似，实际上是不同的物种呢。首先就从果实来区分一下这两种植物：樱桃是一种美味的水果，富含维生素和矿物质，尤其是铁的含量高居所有水果之首，是一种既好吃又健康的水果。樱桃的果实较大，成熟时常红色，也有紫红色，果柄长约4厘米。而樱花的果实较小，一般无食用价值。其次是樱桃和樱花的花也有区别。樱花的花较大，常2~5朵簇生成伞形花序，而樱桃的花较小，常近总状花序，花多为白色，很少为粉红色。此外，樱桃的花期早于一般樱花品种。

现在我们来到的是梅花林。这里的梅花有30多个品种，300多株，包括了真梅系、杏梅系、樱李梅系三大类。真梅系中直枝梅类的种类最多，有朱砂型、绿萼型、宫粉型、玉碟型、洒金型，花期较早。朱砂型花色艳红，宫粉型花粉色，极具观赏价值。真梅系还包括垂枝梅类和龙游梅型。樱李梅系梅花只有一个品种——"美人梅"，它的花期较晚，在2月底3月初开放。所有品种中，杏梅系梅花品种花期最晚。早春二月始，梅花即已陆续开放，早花品种已满树繁花，而晚花品种还在星星点点开花，或红或粉或白，间或有游蜂嬉戏其间，一派春意烂漫。梅花原产于我国，主要在长江流域以及西南地区。梅花栽培始于商朝，距今已有4000年的历史。"万花敢向雪中出，一树独先天下春"，"梅花香自苦寒来"，以及"梅花欢喜满天雪"等诗句，都写出了梅花不畏严寒，傲然正气的人格化的品性，所以历来为人们称道，并与松、竹并称为"岁寒三友"。梅花既可观其花，又可赏其果。每年6月梅雨季节前后，梅子成熟，其球形果实挂满枝丫。梅果特有的青色，美得难以言表，所以形容我国越窑青瓷的美丽釉色，也只能用"梅子绿"这个专有名词来形容。梅子味道酸，催味蕾而能解渴，故有"望梅止渴"的成语故事产生。梅花不畏严寒，傲雪而开，铁骨冰姿，是高雅、纯洁、刚正不阿的象征，也是自古以来爱国人士托物言志的精神寄托。因此"梅花精神"成了中华民族精神文明的宝贵财富之一。梅也是吉祥物，梅花开五瓣，有"梅开五福"之说。喜鹊在梅枝上欢悦鸣叫的图案，常被称为"喜上眉梢"。还有"竹梅双喜"，由竹梅和两只喜鹊纹图，竹喻夫，梅喻妻，常用以祝贺新禧。梅花还吸引了古今诗人画家，或咏梅言志，或借梅寄情，流传下来的诗画之多，远非其他花卉所能比。北宋著名诗人林逋的一首《山园小梅》可谓写梅诗之绝品，尤其是其中"疏影横斜水清浅，暗香浮动月黄昏"两句更是唱彻古今。

梅花就是蜡梅吗？蜡梅、梅花常被混为一谈，主要由于它们名字中都带有"梅"字，且都在冬春严寒时节开花，先开花后长叶，花期较近，并且花香相似。但其实它们是完全不同的两类植物。它们的区别有以下几点。①科属不同。梅花为蔷薇科李属；蜡梅为蜡梅科蜡梅属。②花期不同。梅花花期晚，一般在1—3月；蜡梅通常在12月初始花，花开至翌年2月。③花色不同。梅花品种多，花色丰富，有红、粉红、白及淡黄色等；蜡梅花的外花瓣仅蜡黄色一种，有的内轮紫红色。④叶片不同。梅花叶互生，叶广卵形至卵形；蜡梅叶对生，纸质，上表面粗糙，逆搓不动。⑤香味不同。梅花为暗香，香味较淡；蜡梅花为清香，香味较浓。⑥树冠不同。梅花为小乔木，有主干，高达5~10米，常具枝刺，枝除直枝型外，还有垂枝型的，树冠呈不规则圆头形。蜡梅为灌木，枝丛生，且枝直立。

蔷薇园是值得人们留恋的地方。它的迷人之处在于这里林木葱郁，万花轮绽，芳华吐艳，繁葩锦簇。其间鸟语花香，虫鸣蝶飞。欢迎大家经常来此作客，来享受大自然赐予我们的美景和对我们的爱。

（节选自豆丁网上海植物园的导游词。）

（二）上海野生动物园

游客们，大家好：

欢迎你们来到上海野生动物园参观游览。上海野生动物园是上海乃至华东地区唯一的一家以散养动物为主的主题公园，集动物观赏、游览、休闲、度假为一体，是上海都市旅游中与东方明珠一样出名的旅游亮点。荣获2015~2019年度全国科普教育基地荣誉称号。

上海野生动物园位于浦东新区南六公路178号，是由上海市人民政府和中国国家林业局合作建设的中国首座国家级野生动物园，占地153公顷，距上海市中心35千米。于1995年11月18日正式对外开放。

2007年5月8日，上海野生动物园经国家旅游局正式批准为国家5A级旅游景区。园内汇集了世界各地具有代表性的动物和珍稀动物200余种，数量上万，其中包括来自国外的长颈鹿、斑马、羚羊、白犀牛等，以及中国一级保护动物大熊猫、金丝猴、金毛羚牛等。

展现在我们眼前的是野生动物园的正大门，采用西洋式的建筑。正大门A型建筑高15.79米，宽35.89米，显得雄伟又壮观，朴实又无华。这种A型屋顶对称突出的16根椽子，又像旷野中熊熊燃烧的篝火，预示着动物王国的兴旺发达。大门的中央大道上竖立着一座高大雄伟的东北虎雕塑，弧形的大门广场两侧有12间西班牙式的售票及售货小木屋，周围站立着动物世界中的"十八罗汉"雕塑，有大熊猫、企鹅、猴子、金鸡、秃鹫等，这些雕塑生动活泼，像守卫大门的动物卫兵。现在大家随我一起走进大门，可以看到大门的两旁花岗岩护墙上有五大洲代表动物栩栩如生的浮雕，象征着上海野生动物园不但属于上海、属于中国，也属于全世界。右边一头野牛正低头冲过来，左边的犀

牛则友善地蹲伏在地，而这只母猩猩正背着小猩猩欢迎游客，可亲可爱。

为了欢迎大家的到来，野生动物园的各种动物组成了仪仗队，看，东北虎带着非洲狮、猎豹、狗熊、大象、骆驼、小熊猫、蒙古马等10余种动物共30头，披红挂绿，穿上节日的盛装，组成一支声势浩大的队伍，迎接着各位游客，让我们接受它们的邀请，开始游览野生动物园吧。野生动物园内分车入和步入两大参观区，其中车入，是指游客以车代步、免费坐在宽敞舒适的大巴上，观赏野生动物。在这个参观区域里，第一个参观的是食草动物放养区，该区域模拟了草原、山丘、森林、湖泊等地区动物的生活环境，分为亚洲动物展区和非洲动物展区，亚洲动物展区展出有马鹿、梅花鹿、野牦牛、野骆驼等亚洲特有的珍稀动物及其他动物11种200多头，非洲动物展区展出有斑马、角马、大羚羊、剑羚、长角羚、跳羚、水羚、大弯角羚、长颈鹿、白犀牛、河马等11种160多头非洲特产动物。第二个要游览的是占地200多亩的食肉动物放养区，这里放养着猎豹、非洲狮、马来熊等多种猛兽。另一种参观方式是游客们步行参观，有占地面积200多亩的散养动物区，散养着来自非洲的火烈鸟、澳大利亚的灰大袋鼠等几十种鸟兽。有水域面积160亩的水禽湖，湖中间有一小岛，栖息着各类天鹅、鹈鹕等35种3800多只水禽和涉禽，其中有国家保护动物疣鼻天鹅、大天鹅、小天鹅，以及从国外引进的黑天鹅和黑颈天鹅。水禽多于上午和下午在水中活动，亲鸟自行繁殖的天鹅常在动物园上空展翅翱翔，英姿飒爽，鸣声嘹亮，自有一番风景。步行区内还有占地15亩，充满各种叫声的猴岛。在珍稀动物圈养区里面住着国宝级动物，如金丝猴、大熊猫、鳄鱼池等，令人流连忘返。总之，野生动物园应有尽有，让我先带着大家进入步行游览区吧。

1. 火烈鸟展区

一进入园区，首先映入眼帘的就是火烈鸟展区，因此火烈鸟也就成为上海野生动物园的"迎宾鸟"。目前展区内饲养了两个品种、共200多羽，即体形较大以白色为主的大火烈鸟（欧洲火烈鸟）和体形相对较小以红色为主的古巴火烈鸟。火烈鸟是一种大型群居涉禽，属鹳形目红鹳科红鹳属，为世界珍稀濒危鸟类，主要分布在印度、地中海、非洲、南美洲、中美洲等地，寿命20～30年，以小虾、蛤蜊、昆虫、藻类等为食。觅食时头往下浸，嘴倒转，将食物吮入口中，把多余的水和不能吃的渣滓排出，然后徐徐吞下。性怯懦，喜群栖，常万余只结群。体形似鹳；嘴短而厚，上嘴中部突向下曲，下嘴较大呈槽状；颈长而曲常呈S形；脚极长而裸出；翅大小适中；尾短；通体长有洁白泛红的羽毛，飞羽黑，覆羽深红，诸色相衬，非常艳丽。红色并不是火烈鸟本来的羽色，而是来自其摄取的浮游生物，同时红色越鲜艳则火烈鸟的体格越健壮，越吸引异性火烈鸟，繁衍的后代就更优秀。每日清晨您可以在展区内见到它们在浅水区游串觅食，在岸畔信步徜徉，交颈嬉戏。一时兴起，扑棱棱双翅舒展，长颈猛摇，列成严整的方阵，翩然起舞。每当此时，湖光鸟影，交相辉映，犹如万树桃花在水中漂游。每年4～6月期间，您可以在展区内见到它们以泥筑成高墩作巢，巢基在水里，高约0.5米。孵卵时亲鸟伏在巢上，长颈后弯藏在背部羽毛中。每窝产卵1～2枚。卵壳厚，色白。孵化期1个月。雏鸟初期靠亲鸟饲育，逐渐自行生活。

2. 鲤鱼喂奶

上海野生动物园的鲤鱼喂奶项目位于环形广场里侧，大水池周围依次散落着7个水族箱，建在高约1米的砖砌平台上，里面放养了上百条五彩斑斓的锦鲤，透明的水族箱映出碧绿的树丛，让鱼儿仿佛游弋在空中。游客进来可以亲自给鲤鱼喂奶，大水池旁还特意为小朋友们搭建了儿童滑梯，喂好了金鱼的小朋友们可以在里面尽情玩耍。

3. 红猩猩馆

红猩猩馆占地1500平方米，"隐身"在绿荫深处，设室内和室外两大生活展示区域，室内展示区宽敞明亮，以仿生态的山丘树林为背景，蓝天白云、溪水潺潺，里面设施齐全，设有供猩猩攀缘、玩耍和休闲的绳缆、橡胶轮胎和双杠、单杠、平衡木、滑梯之类的木质栖架，配置冷暖两控的大功率空调。室外展示区如同一个小小的绿岛，区域宽阔，整个小岛被郁郁葱葱的草坪所覆盖，中间有一座人字坡顶双层木制栖架，可供其避雨、遮阴休闲之用，周围是四根大木桩和两个如同吊环样橡胶轮胎。栖架、木桩和吊环轮胎之间用缆绳串联起来，它们可以沿着绳缆不用着地尽兴畅快地在"空"中玩个遍。两个不同地方的红猩猩"五毛"和"壮壮"，先后落户上海野生动物园，并在此喜结良缘。

4. 大食蚁兽馆

现在我们看到了大食蚁兽，它属于贫齿目食蚁兽科，是生活在美洲的一种以白蚁为食的无齿哺乳动物，在地面活动，生活于森林、草原和沼泽地带等多种生活环境中。大食蚁兽雌兽的妊娠期约为190天，每胎仅产1仔，一般在春季出生。幼仔出生以后，雌兽对它进行十分精心的照料，常常将它驮在背上，形影不离，一直带到第二次怀孕为止。幼仔9个月后体形接近成体。寿命为14年。大食蚁兽在国内动物园比较少见，只能在两三家动物园看到，我园于2009年6月建馆展出，现共饲养、展出6头大食蚁兽。

5. 鳄鱼岛

扬子鳄在我们面前张开了大嘴，我园鳄鱼岛现有扬子鳄15条。它们是中国特有的爬行动物，世世代代生活于我国的长江流域各地，有着比人类更为久远的古老历史，其祖先最早出现于中生代三叠纪，距今已有2亿多年，在爬行动物兴盛的中生代，曾是地球上的"主人"之一，主宰着整个世界。到7000万年前的新生代，爬行动物恐龙等大多在地球上灭绝，扬子鳄和其他20多种鳄类一起继续经历了爬行动物的衰败和哺乳动物的兴起，成为地球上的幸存者。扬子鳄，中国古籍称"鼍"，产地群众称它为"土龙""猪婆龙"，是生活于淡水中的鳄，原来分布较广，栖息于长江中下游河流沿岸湖泊沼泽地、丘陵山涧地的芦苇、竹林及杂灌地带。距今六七千年前，浙江余姚河姆渡一带曾有分布，直到唐代，江南诸省如浙江、江西、湖南、江苏以及安徽、湖北部分地区都有扬子鳄，当时不但分布广，而且数量也比较多。古代常以其皮张鼓，谓之"鼍鼓"。随着长江流域的经济发展，人口增加，扬子鳄的分布区域迅速缩小，数量也急剧减少，成为濒于灭绝的野生动物之一。

6. 鹦鹉馆

各位朋友，现在我们来到了鹦鹉馆。我园鹦鹉馆现有红金刚鹦鹉共 12 羽，蓝金刚鹦鹉共 24 羽，共计金刚鹦鹉 36 羽，近几年已成功繁殖蓝金刚鹦鹉 20 多羽。金刚鹦鹉产于美洲热带地区，大约有 18 种，属鹦形目，鹦鹉科。金刚鹦鹉是大型鹦鹉中色彩最漂亮的一种。它们很长的尾巴在鹦鹉科中尤其出名。像大镰刀一样的喙只有美冠鹦鹉可以和它们媲美。金刚鹦鹉喜食各种水果，依靠它那特别强健的喙，可以把坚硬的果子啄开，用舌头把核肉吃掉。它们的脸上没有毛，兴奋的时候会显得满脸红光。雄性和雌性外貌相似。金刚鹦鹉比较容易接受人的训练，和其他种类的鹦鹉能够友好相处，但有时也会咬伤其他动物和陌生人。可以活到 65 岁左右。会模仿人温柔的声音，但多数情况下会像野生鹦鹉那样尖叫。

7. 小动物乐园

现在，我们到了小动物乐园。这里主要有来自马达加斯加的斑狐猴；还有香猪、山羊、兔子等，供小朋友亲自参与投喂。在广大游客最喜欢的景点——动物育婴苑，游客可以了解到各种小动物人工哺育情况，有机会亲手抱一抱小老虎、小狮子、小熊等动物，并合影留下美好回忆；小猴乐园散放饲养着节尾狐猴，游客犹如在大自然中零距离接触到它们；游客能看到来自非洲的细尾獴、耳廓狐、小食蚁兽等。参观小动物乐园，令你流连忘返。

8. 猩猩馆

我园猩猩馆于 2001 年 9 月建馆展出，现有 2 雄 5 雌共 7 只黑猩猩。黑猩猩属于哺乳纲，灵长目，猩猩科，主要生活在几内亚、乌干达、坦桑尼亚。黑猩猩的学名"Pan troglodytes"，是"森林之神"的意思。在类人猿中是唯一会"制造工具、使用工具"的猩猩。黑猩猩性活泼，好喧闹，模仿性强。寿命 35~40 年，有的高达 60 年。属于国际濒危物种附录 I 保护动物。黑猩猩有两种，分别是分布于刚果河以北的黑猩猩和分布于刚果河以南的倭黑猩猩。它们是与人类最相似的动物。黑猩猩分布比较广泛，不同产地的"文化"略有差别。比如科特迪瓦的塔伊森林中的黑猩猩常用石头砸坚果，而在坦桑尼亚的贡贝的黑猩猩就无此习性。

9. 悬猴馆

悬猴又叫卷尾猴，共 11 属 57 种分布于南美及中南美。四肢长，指、趾端都有扁甲，拇指不与其他指相对。尾除秃猴属外都很长，多数属的尾有缠绕性。头骨多少呈球形，脑颅高，鼻吻短，两眼向前，鼻孔有宽的间隔，脸侧向，主食各种植物，也吃些动物性食物。由于其叫声宛如哭泣声，又是满面愁容，又有"泣猴"之称。我园悬猴馆于 2002 年 2 月建馆展出。

10. 金丝猴

现在，我们看到了金丝猴，金丝猴属于灵长目猴科疣猴亚科仰鼻猴属，因为它们都有一对朝天的鼻孔，因此分类上称它们为仰鼻猴。它们都是以食叶为主。之所以把仰鼻猴称为"金丝猴",是因为世界上最早发现的仰鼻猴是生活在我国的四川、陕西、甘肃这些地方的川金丝猴。川金丝猴浑身上下披挂着一身金灿灿的长毛,风一吹就掀起一层金色的波纹,因此俗称为"金丝猴"。而随后在贵州和云南发现的同种类的猴子,虽然它们的毛是灰色或者黑色,但也就跟着被人称为金丝猴了。金丝猴都生活在2000米以上的高海拔地区,那里的空气远较其他种类猴子生活的地区稀薄得多,鼻梁骨越短,越有利于呼吸时减少吸气的阻力。因此,在亿万年的进化过程中,金丝猴的鼻梁骨逐渐退化,最后全部消失了。动物的形态总和它们生活着的环境有着千丝万缕、密不可分的联系,它们依赖着生活的自然环境,又必须受制于它们生存的自然环境。

11. 百鸟园

百鸟园占地面积近12亩,采用高空网罩进入式参观模式。园内放养着红腹锦鸡、蓝鹇、画眉等近30种1000多羽珍禽,其中国家一级保护动物1种,二级保护动物10种。游客可身临其境,漫步在鸟园内近距离观赏和喂食;鸟儿在园内自由飞翔、繁衍生息,形成了自然的生态鸟园。吸蜜鹦鹉馆是一座新建展区,展区内散放着一群五彩吸蜜鹦鹉,大家可以去亲密接触一下这些漂亮的鸟儿。

12. 狮虎兽

狮虎兽属于食肉目,猫科动物,英文名liger,主要是人类影响或主使之下的产物,是雄性狮子和雌性老虎交配产生的后代。狮虎兽的体形比狮或虎都要大,同时又具备两者之间的外貌特征;狮子与老虎相恋、怀孕的概率极低,即使在人工饲养的环境下,虎、狮受孕的概率也仅为1%~2%。幼兽由于先天不足等原因,成活率仅为五十万分之一。据资料显示,目前世界上存活的狮虎兽只有1000只左右。我园目前有2头狮虎兽。

13. 国礼非洲狮展区

国礼非洲狮展区占地六七百平方米,展区内模仿非洲的自然环境,种满了面包树等植物。作为非人工饲养环境下繁殖的野生狮子,"津津"和"菲菲"十分机敏和警觉,只要见人靠近,就会露出尖牙,发出凶狠的吼叫声,企图用狮吼功吓退来犯者。不过经过一段时间的沪上生活,"津津"和"菲菲"慢慢地熟悉了这里的环境,神态变得松弛了许多。现在,常常能看到它们在展区自由自在地玩耍。津巴布韦总统穆加贝2014年8月访华时,代表津巴布韦人民赠送给中国人民一对非洲狮。中方将它们命名为"津津"和"菲菲",寓意中津和中非友好。公狮"津津"2岁,母狮"菲菲"3岁。它们于2015年10月16日抵达上海并落户上海野生动物园,成了中津和中非友谊新的使者。

14. 东北虎行为训练展示区

在上海野生动物园新建的东北虎行为训练展示区里,茂密的丛林掩映着透明的玻璃房,清澈的池水泛起微波粼粼,"老虎跳水"项目位于步行区,是新建的猛兽生存技能训练场。东北虎每天在这里跳水、捕猎、潜水。展区中的东北虎时而站在石崖上高高跳起捕食高处的"猎物",时而跳入水中游泳、潜水、嬉戏,时而趴在玻璃上与对面的游客凝神相对。游客还可以站在梯形高台之上,纵览虎王们扑食、攀爬、跳水的英姿,感受与都市生活截然不同的丛林风情。上海野生动物园一直秉承动物健康运动的动物福利理念，通过野化行为训练，让东北虎在人工圈养的环境下重新获得捕猎、觅食、躲避敌害的野外生存技能，从而突破人工圈养猛兽的瓶颈，为他日"放虎归山，重回自然"打基础、做准备。东北虎是现存最大的猫科动物，体长在3米左右，尾长约1米，平均体重300多千克。虎爪和犬齿锋利，长度分别为8厘米和10厘米。行动迅捷，善游泳，善爬树。毛色浅黄，毛厚，不畏寒冷。耳短圆，背面黑色，中央带有一块白斑。额头上花纹极似"王"字，被称为"万兽之王"。东北虎性机警，行走能力很强，一昼夜能走80～90千米，冬天活动范围可达300～400千米，东北虎是独居动物，除了交配、育子的虎，每只虎都有自己的很大一片单独活动的区域。东北虎主要捕食野狼、鹿、兔子、野猪、青鼬、狐狸等动物，东北虎孕期103～105天，每胎2～4仔，寿命一般为28年左右。

15. 长臂猿

我园现在饲养、展出的长臂猿属于白颊长臂猿，现在共有6头，它们属于哺乳纲，灵长目，长臂猿科，分布于中国广西、云南。国外可见于越南、缅甸、印度等国。白颊长臂猿体长50厘米左右，体重7～8千克。因颊部白色而得名，栖息于热带、亚热带常绿阔叶林，树栖，以家族式小群体生活，以果实、嫩叶、嫩芽、花序为食，也吃昆虫。有晨鸣习惯，早晨太阳初升时成年猿首先鸣叫，最后全体共鸣，声音悦耳、数十里之内可闻。白颊长臂猿7～8岁性成熟，怀孕期7～8个月，每年3～4月产仔，每胎1仔，每两年产一胎。白颊长臂猿在人工圈养的情况下，对爱情是十分忠诚的，一些动物园为了展出效果及繁殖率经常将一公几母的长臂猿放在一起饲养、展出，可最后的结果都是留下一公一母，其他母长臂猿都会被赶出去；曾经有过这样的一个故事：说有一对长臂猿在一起生活了好几年，可有一年那母长臂猿得病不治身亡，公长臂猿在往后的生活中显得郁郁寡欢，身体也显得日渐消瘦，饲养员前后给它找了五六个新娘，都被它赶了出去，最后不到1年那公长臂猿就到"天堂"去找它的"爱人"去了。

16. 山魈馆

我园山魈馆于2002年9月建馆展出。山魈属于哺乳纲灵长目猴科，主要生活在非洲的几内亚和刚果等地。也叫鬼狒狒、黑脸狒狒。喜欢栖息在热带雨林多岩石地带。面部色彩鲜艳，成小群生活。主要在陆地上活动。不爱攀爬，但晚上有的到树上睡觉。主要食物为水果、坚果和其他植物以及小型动物。山魈性暴躁，尤其雄性，体强壮，敢与敌害搏斗。寿命约20年。属于国际濒危保护动物。

17. 亚洲象展区

新建的亚洲象展区位于百兽山东南侧，占地30亩，模拟亚洲象的生态环境，富有浓郁的亚热带风情。展区分成两个部分，一部分是行为展示区，一部分是游客互动区。在行为展示区内，游客们可以观看温驯大象的工作与嬉戏表演，还可看到它们认真、可爱的一面。在游客互动区，和大象来个零距离接触，你可以给大象喂食，与至亲参与大象骑乘，更可以体验一把"瞎子摸象"的游戏，惊险刺激，乐在其中。

18. 河马馆

河马馆位于世博熊猫馆的东南侧，占地 2200 平方米，庭院内海藻、棕榈树等错落有致，热带雨林的氛围使得它们一入住就仿佛回到了家乡。最让"大嘴巴"开心的是，园方因考虑到上海冬天的温度较低，它们有怕冷不怕热的本性，所以早为它们设计好了室内供暖、保温游泳池和温室。来自宁波的河马"四宝"、来自南宁的河马"吉祥"以及来自广州的河马"莎莎"组合成了"快乐大嘴巴"组合，它们年龄均在两岁左右，尚未成年，活泼可爱，可谓是近期野生动物园内的"人气王"。

19. 中美貘展馆

中美貘又名拜氏貘，属奇蹄目貘科貘属，是现存最原始的奇蹄目，保持前肢4趾后肢3趾等原始特征。以水生植物、树叶、嫩枝芽、果实等为食。是美洲产的体形最大的一种貘。分布于墨西哥南部至哥伦比亚和厄瓜多尔的安第斯山以西。独居，夜行性。视觉差，嗅、听觉灵敏，性机警、胆怯。喜在泥中跋涉，水中嬉戏。体型似猪，有可以伸缩的短鼻，体长 200~250 厘米，肩高 120 厘米，尾长 6~12 厘米，体重超过 300 千克。其上唇比马来貘的短，但尾较长，全身棕黑色，头和颊部的颜色较浅，唇边、耳尖、喉和胸部有白色斑块，这是中美貘独有的特征。没有固定的繁殖季节，但多在 5~6 月发情交配，孕期 13~13.5 个月，每胎 1 仔。初生幼仔体重 7~9 公斤，全身棕褐色，有白色斑点和条纹，数月后即逐渐隐退，哺乳期约 3 个月，4~5 岁性成熟。寿命 20~25 年。中美貘被列为世界濒危保护动物之一，我园 2009 年从北京动物园引进了一对中美貘，成为继北京动物园后国内第二家展出中美貘的动物园。这对中美貘在我园饲养管理人员的精心饲养下分别于 2011 年年底和 2013 年中旬成功产下 2 只雌性中美貘。为了提供给它们更好的生活环境，我园于 2014 年重新建造了中美貘展馆，5 月 1 日，中美貘一家正式搬进新家与游客见面。新中美貘馆占地面积约 1500 平方米，配置了假山、瀑布、乔木、灌木、草地等，这种生态化的展示更加符合中美貘的生活习性。现在来到我园的游客经常可见它们在水中嬉戏、活动的身影。

20. 大熊猫

被誉为"活化石"的大熊猫，是中国特有的动物。性情温顺、姿容可掬、行动逗人喜爱的大熊猫是人们喜爱的野生动物之一，现已被世界野生生物基金会选用作为会徽。距今几十万年前是大熊猫的极盛时期，曾广泛分布于中国东部，后来同期的动物相继灭绝，大熊猫却孑遗至今，并保持原有的古老特征，因而被誉为"活化石"。大熊猫体长 120~180 厘米，身体肥胖，四肢粗壮。头圆、耳小、吻部短，尾巴也很短。白色的脸上长着黑色的吻鼻端部和呈八字形排列的黑眼圈。黑色的耳朵竖立在头部的上方，一条黑色的带子从肩部伸展到整个前肢，并且逐渐变宽，后肢也是黑色，身体其余的部分除了胸部有一点淡棕或黑色的毛以外，都是白颜色。

21. 长颈鹿馆

长颈鹿馆于 2010 年 7 月正式与游客见面，整个场馆占地 5000 多平方米，建造在大熊猫馆和羚牛馆中间,分步行区活动场、车入区活动场以及室内笼舍三部分。步行区活动场占地2000多平方米,以外高内低的方式与游客隔离,并加上两道木围栏和绿化,整个参观面呈半圆形,长度达100多米,场地内布置了高大的树木、料槽、水槽,地面采用石沙地面和草地相结合。考虑到长颈鹿有啃树皮的习性,所以所有的树木都用铁丝网围起。为了提高游客游玩的乐趣,在确保安全的前提下,在步行区增设投喂平台,真正做到了游客和动物之间的零距离接触,每个人都可以做一回饲养员。长颈鹿是一种生长在非洲的反刍动物,是世界上最高的陆生动物。雄性长颈鹿高4.8~5.5米,体重900千克左右。雌性长颈鹿一般要小一些。主要分布在非洲的埃塞俄比亚、苏丹、肯尼亚、坦桑尼亚和赞比亚等国,生活在非洲热带、亚热带广阔的草原上。我园现有长颈鹿16头,年龄不等,可同时展出。

22. 羚牛馆

羚牛馆于2010年6月正式与游客见面,整个场馆占地2000多平方米,紧挨长颈鹿馆,分外活动场和室内笼舍两部分。外活动场占地1000多平方米,以矮墙水沟隔离方式隔离,并设有电网,安全系数相当高,整个参观面呈扇形,长达40多米,场地内布置了假山、瀑布、高大的树木、料槽、水槽,地面采用石子、石沙相结合,渗水性相当好,对动物的健康很有帮助。羚牛有一个最大的特性是攀岩,所以这个场馆完全按照动物习性来设计,满足金毛羚牛的攀爬要求。金毛羚牛破坏性较强,所以树木都用铁丝网围起来。室内笼舍共有7间,每间30平方米,建造在假山背后,以通道相连,室内安装了吊扇和保暖设备,有独立的产房。目前我园共有7头羚牛,年龄不等,公母比例是5:2,可同时展出。羚牛生活在海拔2000~4000米高山森林或草甸上,喜群居,冬季多为两三头小群,夏季集成10头左右,有时多达30~50头的大群。

23. 袋鼠区

袋鼠是澳大利亚的国兽,袋鼠是有袋类动物,和胎盘类动物一样,是哺乳类动物,2500万年前,有袋类动物几乎从地球上消失,仅在澳大利亚及巴布亚新几内亚生存,袋鼠面貌像老鼠,雌袋鼠身上有一个育儿袋以便哺育无法独立生存的小袋鼠,袋鼠虽有四肢但前肢短小,后肢发达,以草为食,与人友善,袋鼠习惯用后肢跳跃前进,时速可达60千米/小时。我园袋鼠区展出的袋鼠品种有灰大袋鼠和赤大袋鼠,在饲养人员的精心训练下,游客可靠近袋鼠饲喂袋鼠,也可摸摸袋鼠宝宝,还可握握袋鼠妈妈的手,与它们合影留念,如果你来的时候恰逢袋鼠宝宝从妈妈的育儿袋中探出小小的脑袋,舔食你手中的食物,相信你此刻的感觉一定美极了。

24. 羊驼苑

羊驼苑坐落在观鹤楼的东面,面积约1300平方米,饲养着羊驼10多头。羊驼英文名为Alpaca,学名是Vicugna pacos。即通常所说的网络神兽,体形小,成年高度达1.4米,体重在100千克以下,因此它们只是用来出产纤维的,不用来负重;毛较少,细,非常优良;喜欢群居的动物,一般有首领;耳朵不弯曲,直的,而且比Lama短;背部有点弯曲，不适合运载。我园于2013年重新规划设计了羊驼苑的展出环境，新的展区采用生态化互动方式进行展出，展区新颖、独特。

25. 企鹅馆

企鹅馆中展出的麦哲伦企鹅由南美阿根廷启程，中转英国，飞越大西洋，于2010年5月正式入住本馆。新引进的麦哲伦企鹅是上海野生动物园迎世博"1511工程"计划中，首次从国外引进的珍稀动物之一。它们都是些尚未成年的"少男少女"。为使它们能在异国他乡安家落户，传宗接代，园方特以1:1的性别比例引进。为了迎接它们的到来，上海野生动物园在水禽湖东岸，兴建了一座占地900平方米的企鹅馆。根据麦哲伦企鹅在原产地的生活习性，企鹅馆分室外道路广场、企鹅活动用水池、坡面浅滩陆地及景观假山等。野生动物园指定专人精心饲养，精心配置其食谱。其实企鹅并非全部生活在寒冷的南极，麦哲伦企鹅就是温带企鹅，属鸟纲企鹅目企鹅科环企鹅属，为群居性动物，主要分布在南美洲阿根廷、智利和马尔维纳斯群岛沿海，捕食鱼、虾和甲壳类动物。因著名航海家麦哲伦1519年第一次环南美洲大陆航行时发现而得名。麦哲伦企鹅头部呈黑色，有一条白色宽带从眼后过耳，一直延伸至下颌附近。它们在企鹅家族中属于中等身材，一般身高约70厘米，体重约4千克。擅长游泳和潜水，麦哲伦企鹅走起路来，鳍状前肢微微张开，一摇一摆，憨态可掬。

26. 朱鹮展示

朱鹮是国家一级重点保护动物。它体形优美、姿态娴雅，是一种体形中等的涉禽。成鸟为白色，繁殖期其背、翅、颈、冠羽的颜色转为灰黑色。飞翔时飞羽下面呈红色。喙黑色较长略向下弯曲，尖端部分红色，头顶、脸、额、下颌裸露部分均为鲜红色。朱鹮白天在池塘、沼泽、溪流、水田、河滩觅食活动，夜晚则选择适宜的树木栖息。朱鹮幼鸟两岁后性成熟。是典型的"一夫一妻"制，一经"婚配"便终生相守。3~4月，是它们"谈情说爱"、产卵孵卵时期。夫妻俩轮流坐巢、孵卵、育雏。孵化期约28天，育雏期约45天。6月中旬，雏鸟即可离巢跟随"爹妈"飞翔同上蓝天。朱鹮曾广泛分布于中国的大部分地区、朝鲜半岛、西伯利亚及日本等地。但由于人类过度的经济开发和对朱鹮栖息地环境的破坏，国外朱鹮种群在不到一个世纪的时间里相继灭绝。1981年全世界仅在我国陕西洋县发现了7羽野生朱鹮，经过30多年的努力，由当初的7羽发展壮大到野外900多羽，人工饲养700多羽，成为国际上拯救濒危物种的成功范例。上海野生动物园投资100多万元，在水禽湖东滩，紧挨企鹅馆南侧，兴建了一座占地2000平方米的朱鹮展区。10只朱鹮，按五雌五雄成双配对，年龄在2~7岁，呈梯队排列，在来上海野生动物园后已多次产卵繁殖。

27. 鹤类湿地

鹤类湿地沿水禽湖而建，毗邻新落成的世博熊猫馆。展区内宛如湿地沼泽，放养丹顶鹤、白枕鹤、白鹤、蓑羽鹤、灰鹤、冠鹤等，每日黄昏时间，群鹤共舞共鸣，一派祥和瑞景。丹顶鹤属鹤形目鹤科，丹顶鹤具备鹤类的特征，即三长——嘴长、颈长、腿长，是国家一级保护动物，是传说中的仙鹤，生活在沼泽或浅水地带的一种大型涉禽，常被人冠以"湿地之神"的美称。丹顶鹤为杂食性。春季以草籽及作物种子为食，夏季食物较杂，动物性食物较多，主要动物性食物有小型鱼类、甲壳类、螺类、昆虫及其幼虫等，植物型食物有芦苇的嫩芽和野草种子等。丹顶鹤寿命长达50～60年，人们常把它和松树绘在一起，作为长寿的象征。白枕鹤又名红面鹤、白顶鹤，属鹤形目，鹤科，主要在黑龙江、吉林等省或更北的广大地区繁殖，冬天部分迁徙到江苏、安徽、江西等省的湿地越冬。白枕鹤为国家一级保护珍禽。白枕鹤主要以植物种子、草根、嫩叶、嫩芽、谷粒、鱼、蛙、蜥蜴、蝌蚪、虾、软体动物和昆虫等为食。白鹳别名老鹳，为鹳形目、鹳科。常栖息于开阔的沼泽和潮湿草地，分布于我国东北、广东、台湾，国外见于欧洲、非洲、中亚。

28. 节尾狐猴

登上小岛，我们看到了节尾狐猴，它属于灵长目，狐猴科，主要产地为非洲马达加斯加岛南部。我园猴岛共有100多只节尾狐猴，自1998年至今共繁殖成活了节尾狐猴400多只。节尾狐猴是狐猴中体形最有特色的一种。他们生活于较干旱的疏林岩石地区。白天活动，这是狐猴中唯一在白天活动的例子。而且主要在地面上活动。它们好合群，一般5～20只一群，各群有自己的地盘范围，但雄性常常"越境"而发生争斗。它们既吃植物性食物，也吃动物性食物，但是似乎更喜欢果子、昆虫。它们有时坐着用手拿食物吃，吃食时总是吵吵闹闹，因此当它们偷吃当地人种的果树上的果子时，很容易被人发现。对节尾狐猴来讲，生来是雄性的，就注定了它一生都是"二等公民"。在节尾狐猴的社会里，"妇孺至上"是不可违犯的法律。它们属于灵长目动物，是人类直系祖先动物中的一种。

29. 黑熊互动展区

亚洲黑熊属于食肉目熊科，分布于欧亚大陆的东部、中国台湾、日本等地的森林地带。亚洲黑熊生活在山地森林，主要在白天活动，善攀援、游泳；视觉差，嗅觉、听觉灵敏；杂食性，以植物叶、芽、果实、种子为食，有时也吃昆虫、鸟卵和小型兽类。北方的黑熊有冬眠习性，整个冬季蛰伏洞中，处于半睡眠状态，至翌年3～4月出洞活动。夏季交配，怀孕期7个月，每胎1～3仔，为国家二级保护动物。我园黑熊互动展区自2016年1月中旬开始展出。

30. 浣熊馆

浣熊属于食肉目，浣熊科，分布于北美与中美。浣熊是"游泳健将"。体形较小，一般不超过10千克。通常吃鱼、蛙和小型陆生动物，也吃野果、坚果、种子、橡树籽等。浣熊尾长，有黑白环纹，筑巢于树洞，昼眠夜出，有"洗濯"食物的习性。浣熊的交配季节为1月或2月，在4月或5月产下幼仔，一胎4～5仔。1～1.5年性成熟，寿命13～15年。我园自2009年4月建馆展出，现共有11头浣熊。

31. 小熊猫馆

小熊猫属于哺乳纲食肉目浣熊科小熊猫属。体形肥圆、似猫非猫，体重6千克左右，体长40～65厘米。体背红棕色，眼眶和两颊有白斑，连嘴周围及胡须也是白色。蓬松而长长的尾巴有棕色与白色相间的九节环纹。小熊猫主要生活在海拔1600~3800米的混交林和竹林等高山丛林之中,夜晚栖居在溪流和山泉附近的利用枯树洞或岩石洞所筑成的巢穴中。喜爱结成5只的小群活动。小熊猫喜欢饮水,常在小溪边活动,饮水时用舌头轻轻地舔吸,好像在仔细地品尝甘泉的滋味,但很有节制。由于它的脚底下长着厚密的绒毛,所以很适合于在密林下面湿滑的地面或者岩石上行走,走路时前脚向内弯,显得步态蹒跚,与熊类走路的姿势类似。平时性情较为温顺,很少发出声音,但生气时会发出像猫叫一样"嘶嘶"的声音,并会吐唾沫,愤怒时则发出短促而低沉的咕哝声。小熊猫的行动非常灵敏,善于攀树,白天大部分时间在覆盖着一层淡红棕色苔藓的树上休息、睡觉,遇到风和日丽的天气,也喜欢蹲卧在岩石上晒太阳,显得十分悠闲自在,所以当地的人们又叫它"山门蹲"。在休息的时候,胸部和腹部一般紧贴在树枝上,四条腿自然下垂,还不时地用前爪擦洗自己的白花脸,或者用舌头不断地舔弄身上的细毛,睡眠时用自己那条蓬松多毛的大尾巴蒙盖住头部或当作枕头,有时也将脚下垂高高地伏卧在树枝上。我园小熊猫馆自1996年以来一共繁殖了小熊猫20多头。

32. 美洲红鹳馆

美洲红鹳属于鹳形目、鹳科,分布于拉丁美洲的哥伦比亚到巴西的部分沿海地带。美洲红鹳羽色鲜红,成群地在沙滩、咸水湖、红树林和沼泽里觅食,并一起在沼泽中的大树上过夜。它们的喙细长弯曲,以泥潭中的蟹类、软体动物和沼泽地中的小鱼、蛙和昆虫等小动物为食。红鹳每年9~12月交配繁殖,每次产卵3~5枚,孵化期19~23天,幼雏39~45天离巢飞行,但羽色晦暗,呈褐色,随着年龄增长逐渐转为鲜红,4~5岁性成熟,野生环境下寿命约20年,人工圈养纪录为33年。我园于2009年8月建馆展出,现共饲养、展出红鹳23羽。

33. 松鼠猴展示

松鼠猴属于哺乳纲,灵长目,卷尾猴科,分布于南美洲哥伦比亚至巴拉圭。松鼠猴体长26~36厘米,尾长35~42厘米,体重750~1100克,栖息于原始林、次生林或开垦区,树栖,常下地活动。以水果、花、芽、树叶、昆虫等为食。通常数十头一群,也有数百头成群的。松鼠猴春季交配,孕期6个月,每胎1仔,3~4岁性成熟,寿命15年。松鼠猴由于是大群活动的动物,每群都有几只地位较高的公猴带领,每当母猴发情期就由这几只公猴进行交配,当然,由于群体过大,其他没地位的公猴也能偷偷地找一个地下老婆。我园自1995年开园就开始饲养、展出松鼠猴,至今已繁殖成活300多只松鼠猴,2009年2月,松鼠猴展区选址重建,采用水隔离方式进行展出,展区新颖、独特,共饲养、展出50只松鼠猴。

各位游客,我们上海野生动物园的步行区参观就到此结束了,接下来大家可以自由安排自己的参观,可以去看马戏或海狮表演,也可以去购物、吃美食,还可以坐船游览野生动物园。

(资料来源:改编自上海动物园官方网站。)

人文景观类旅游景区解说

【学习目标】

- 掌握园林类旅游景区解说的技能。
- 掌握古建筑类旅游景区解说的技能。
- 掌握宗教类旅游景区解说的技能。
- 掌握都市名胜类旅游景区解说的技能。
- 掌握主题公园类旅游景区解说的技能。

任务一　园林类旅游景区解说

技能实训

实训目的	熟悉并掌握园林类旅游景区的讲解技能
实训要求	1. 查阅园林类景区的相关资料、了解景区概况和导游图 2. 科学设计景区游览顺序和游览路线，合理安排游览项目 3. 撰写园林类旅游景区的导游词并进行生动讲解
实训时间	本实训环节共2学时
实训地点	教室、景区模拟实训室或园林景区
实训材料	1. 多媒体设备 2. 导游词卡片 3. 园林景区背景材料

续表

实训内容及步骤	1. 实训准备 （1）学生分成若干小组。 （2）学生分组分批查阅资料及到园林旅游景区进行调查。 2. 实训开始 （1）了解和熟悉园林旅游景区背景资料。 （2）分析园林景观特色和分布。 （3）设计游览路线、安排游览内容。 （4）撰写园林景区导游词。 （5）分组模拟讲解。 （6）实训指导教师点评总结及评分。 3. 实训结束

实训考核

1. 实训指导教师根据学生对园林景区的导游讲解资料收集、游览路线安排、导游词撰写、景区导游解说情况进行评分。

2. 按百分制记分，园林类旅游景区导游讲解80分，实训纪律及态度20分。

3. 评分表

园林旅游景区解说考核评分表

组别：_____ 姓名：_____ 考核时间：_____

	项目	应得分	教师评分
园林类旅游景区的解说	讲解资料的收集	10	
	线路设计的合理性	10	
	导游词的撰写质量	30	
	景区解说的质量 （完整性、生动性、实用性）	30	
	实训纪律及态度	20	
	合计得分	100	

考核时间：　　年　　月　　日　　　　　考评教师（签名）：_____

知识链接

园林是我国重要的旅游景区，既有历史文化和科学研究价值，也有艺术观赏价值。导游应了解园林的基本知识，并掌握园林景观导游解说方法。

一、园林类旅游景区基本知识

（一）园林的概念

园林是在一定的地域运用工程技术和艺术手段，通过改造地形（或进一步筑山、叠石、理水）、种植树木花草、营造建筑和布置园路等途径创作而成的美的自然环境和游憩区域，就称为园林。

（二）园林的发展历程

中国古代园林，或称中国传统园林或古典园林。它历史悠久，文化含量丰富，个性特征鲜明，而又多彩多姿，极具艺术魅力，为世界三大园林体系之最。在中国古代各建筑类型中它可算得上是艺术的极品。在近五千年的历史长河里，留下了它深深的履痕，也为世界文化遗产宝库增添了一颗璀璨夺目的东方文明之珠。

据有关典籍记载，我国是世界上园林艺术起源较早的国家之一，至今已有3000年的历史。在商朝末期，我国建造园林的活动就开始了，当时称之为囿。商纣王"好酒淫乐，益收狗马奇物，充牣宫室，益广沙丘苑台，多取野兽（飞）鸟置其中……"周文王建灵囿，"方七十里，其间草木茂盛，鸟兽繁衍"。最初的"囿"，就是把自然景色优美的地方圈起来，放养禽兽，供帝王狩猎，所以也叫游囿。天子、诸侯都有囿，只是范围和规格等级上的差别，"天子百里，诸侯四十"。

汉起称苑。汉朝在秦朝的基础上把早期的游囿，发展到以园林为主的帝王苑囿行宫，除布置园景供皇帝游憩之外，还举行朝贺，处理朝政。汉高祖的"未央宫"，汉文帝的"思贤园"，汉武帝的"上林苑"，梁孝王的"东苑"（又称梁园、菟园、睢园），宣帝的"乐游园"等，都是这一时期的著名苑囿。从敦煌莫高窟壁画中的苑囿亭阁，元人李容瑾的汉苑图轴中，可以看出汉时的造园已经有很高水平，而且规模很大。枚乘的《梁王菟园赋》、司马相如的《上林赋》、班固的《西都赋》、司马迁的《史记》，以及《西京杂记》、典籍录《三辅黄图》等史书和文献，对于上述的囿苑，都有比较详细的记载。

上林苑是汉武帝在秦时旧苑基础上扩建的，离宫别院数十所广布苑中，其中太液池运用山池结合手法，造蓬莱、方丈、瀛洲三岛，岛上建宫室亭台，植奇花异草，自然成趣。这种池中建岛、山石点缀手法，被后人称为秦汉典范。

魏晋南北朝是我国社会发展史上一个重要时期，一度社会经济繁荣，文化昌盛，士大夫阶层追求自然环境美，游历名山大川成为社会上层普遍风尚。刘勰的《文心雕龙》、钟嵘的《诗品》、陶渊明的《桃花源记》等许多名篇，都是这一时期问世的。

山水画为题材的创作阶段。文人、画家参与造园，进一步发展了"秦汉典范"。北魏张伦府苑，吴郡顾辟疆的"辟疆园"，司马炎的"琼圃园""灵芝园"，吴王在南京修建的宫苑"华林园"等，又是这一时期有代表性的园苑。"华林园"（即芳林园），规模宏大，建筑华丽。

真正大批文人、画家参与造园，还是在隋唐之后。造园家与文人、画家相结合，运用诗画传统表现手法，把诗画作品所描绘的意境情趣，引用到园景创作上，甚至直接用绘画作品为底稿，寓画意于景，寄山水为情，逐渐把我国造园艺术从自然山水园阶段，推进到写意山水园阶段。唐朝王维是当时备受推崇的一位，他辞官隐居到蓝田县辋川，相地造园，园内山风溪流、堂前小桥亭台，都依照他所绘的画图布局筑建，如诗如画的园景，正表达出他那诗作与画作的风格。苏轼称赞说："味摩诘之诗，诗中有画；观摩诘之画，画中有诗。"而他创作的园林艺术，也正是这样。苏州名园狮子林，是元朝天如和尚与大画家倪瓒合作建造的。倪瓒在我国绘画史上是有名的山水画大师，出于他手的造园艺术品自然不同凡响，清乾隆南巡到苏州时，看了也称赞不已。狮子林历经多次修葺，迄今仍景象奇异。

隋朝结束了魏晋南北朝后期的战乱状态，社会经济一度繁荣，造园之风大兴。隋炀帝"亲自看天下山水图，求胜地造宫苑"。迁都洛阳之后，"征发大江以南、五岭以北的奇材异石，以及嘉木异草、珍禽奇兽"，都运到洛阳去充实各园苑，一时间洛阳成了以园林著称的京都，"芳华神都苑""西苑"等宫苑都穷极豪华。在城市与乡村日益隔离的情况下，那些身居繁华都市的封建帝王和朝野达官贵人，为了逍遥玩赏大自然山水景色，便就近仿效自然山水建造园苑，不出家门，却能享"主入山门绿，水隐湖中花"的乐趣。因而作为政治、经济中心的都市，也就成了皇家宫苑和王府宅第花园聚集的地方。隋炀帝除了在首都兴建园苑外，还到处建筑行宫别院。他三下扬州看琼花，最后被缢死在江都宫的花园里。

唐太宗"励精图治，国运昌盛"，社会进入了盛唐时代，宫廷御苑设计也愈发精致，特别是由于石雕工艺已经娴熟，宫殿建筑雕栏玉砌，格外显得华丽。"禁殿苑""东都苑""神都苑""翠微宫"等，都旖旎空前。当年唐太宗在西安骊山所建的"汤泉宫"，后来被唐玄宗改作"华清宫"。这里的宫室殿宇楼阁，"连接成城"，唐王在里面"缓歌慢舞凝丝竹，尽且君王看不足"。杜甫曾有一首《自京赴奉先县咏情五百字》的长诗，描述和痛斥了王侯权贵们的腐朽生活。

宋元造园也都有一个兴盛时期，特别是在用石方面，有较大发展。宋徽宗在"丰亨豫大"的口号下大兴土木。他对绘画有些造诣，尤其喜欢把石头作为欣赏对象。先在苏州、杭州设置了"造作局"，后来又在苏州添设"应奉局"，专司搜集民间奇花异石，舟船相接地运往京都开封建造宫苑。"寿山艮岳"的万寿山是一座具有相当规模的御苑。此外，还有"琼华苑""宜春苑""芳林苑"等一些名园。现今开封相国寺里展出的几块湖石，形体确乎奇异不凡。苏州、扬州、北京等地也都有"花石纲"遗物，均甚奇观。这期间，大批文人、画家参与造园，进一步加强了写意山水园的创作意境。

明、清是中国园林创作的高峰期。皇家园林创建以清代康熙、乾隆时期最为活跃。当时社会稳定、经济繁荣给建造大规模写意自然园林提供了有利条件，如"圆明园""避暑山庄""畅春园"等。私家园林以明代的江南园林为主要成就，如"沧浪亭""休园""拙政园""寄畅园"等。同时在明末还产生了园林艺术创作的理论书籍《园冶》。它们在创作思想上，仍然沿袭唐宋时期的创作源泉，从审美观到园林意境的创造都以"小中见大""须弥芥子""壶中天地"等为创造手法。自然观、写意、诗情画意成为创作的主导，园林中的建筑起了最重要的作用，成为造景的主要手段。园林从游赏向可游可居方面逐渐发展。大型园林不但模仿自然山水，而且还集仿各地名胜于一园，形成园中有园、大园套小园的风格。

自然风景以山、水地貌为基础，植被做装点。中国古典园林绝非简单地模仿这些构景的要素，而是有意识地加以改造、调整、加工、提炼，从而表现一个精练、概括、浓缩的自然。它既有"静观"又有"动观"，从总体到局部包含着浓郁的诗情画意。这种空间组合形式多使用某些建筑如亭、榭等来配景，使风景与建筑巧妙地融糅到一起。优秀园林作品虽然处处有建筑，却处处洋溢着大自然的盎然生机。明、清时期正是因为园林有这一特点和创造手法的丰富而成为中国古典园林集大成时期。

到了清末，造园理论探索停滞不前，加之社会由于外来侵略、西方文化的冲击、国民经济的崩溃等原因，使园林创作由全盛到衰落。但中国园林的成就却达到了它历史的峰巅，其造园手法已被西方国家所推崇和模仿，在西方国家掀起了一股"中国园林热"。中国园林艺术从东方到西方，成了被全世界所公认的园林之母，世界艺术之奇观。

中国造园艺术，是以追求自然精神境界为最终和最高目的，从而达到"虽由人作，宛自天开"的目的。它深浸着中国文化的内蕴，是中国五千年文化史造就的艺术珍品，是一个民族内在精神品格的写照，是我们今天需要继承与发展的瑰丽事业。

二、园林旅游景区的讲解内容

（一）园林的造景要素

我国古代园林，以再现自然山水为特点，是人工模山范水创造的第二自然。它由山、水、花木、建筑四个重要部分组成。此外，还有起点睛作用的匾额、楹联、刻石。对这些基本要素的分析和理解是造园与赏园的核心。

1. 筑山

我国古典园林中的"山"虽然有真山，但多为假山。包括土山、石山及土石山，能够在世界造园史上独树一帜的假山，主要是指石山，是中国古代园林的一个突出标志。为表现自然，叠山是造园最主要的要素之一。山景要有峰、谷、洞、石等形态组合，园林设计可选择不同造型、色泽、纹理的块石，创造小尺度自然的峰、峦、岭、洞、谷、悬崖、峭壁等景观。在堆积章法和构图上，要体现天然山岳的构成规律及风貌，尽量减少人工拼叠的痕迹。因此，成功的假山是真山的抽象化、典型化的缩写，是在小地段内展现出的咫尺山林和千岩万壑。

叠石是我国古代园林造景的基本要素。叠石一般用三种岩石，它们是太湖石、黄石和雪石。太湖石玲珑剔透，黄石浑厚粗犷，雪石质地如雪故称雪石。著名的太湖石叠石有苏州的留园三峰，黄石叠石有无锡寄畅园的八音洞，雪石叠石有扬州个园的冬石雪狮。

我国有"扬州以名园胜，名园以叠石胜"之说。扬州个园的假山分为三大区域，分别用太湖石、黄石和雪石叠成，一园三色假山，手法不同、风格各异，总体设计却一气呵成，立意之精巧，气势之深雄，充分体现了我国园林堆山叠石的高超技艺，因此有"扬州个园以山胜"之美誉。

2. 理水

园林中的各种水体，是对自然界中河湖、溪涧、泉瀑、渊潭的艺术概括。理水是按水体运动的规律，经人为抽象概括，再现自然的水景。水是园林中的血液，为万物生长之本。水体给人以明净清澈的感受，起到调节精神的作用；同时能改善土壤和空气湿度，使花木茂盛；还可与园林其他要素协调对比，产生湖光山色、波光倒影，使景色更丰富生动。

水景组织要顺其自然，静态与动态序列布局，取决于地形，并经艺术处理，大片洼地成湖泊，窄细之谷为溪涧，狭长水体为河流，泉瀑积聚为渊潭。水面形状要自然，水贵在曲，即使小水面，也要曲折有致、有聚有分、有急有缓、有瀑有流，并用山石点缀岸矶港汊，制造水口以显示水有源头。水面处理要分聚得当，水面小要聚，增加辽阔感；水面大要分，使水景丰富；稍大水面，则筑堤岛或架设各种桥梁。水体要流通灵活，山贵有脉、水贵有源，脉源贯通，则全园生动。水景要同其他要素配合，相互衬映。古代理水之法有掩、隔、破，以建筑和植被将曲折池岸加以掩，架桥、垒堤、浮廊、置石分割水面加以隔，水面很小时用怪石、林木、野藤加以破。

3. 建筑

我国古代园林建筑集观、行、居、游等功能于一体，建筑系列主要有厅堂、馆轩、亭台、楼、阁、榭舫、廊桥、房斋等，在园林建筑中主题鲜明、形式多样，创造了建筑融于自然和表现自然的和谐。

建筑是园林艺术的重要组成部分，其美学与观赏价值远远超过本身的价值，因此园林建筑规划设计和创新思想独具风格：一是园林建筑"点景"的布置，往往是入画的重点，在一定范围内形成构图的中心，也是园林的主要景观，多布置在临水的观赏区；二是园林建筑"观景"的布置也是入画的主题，其位置、大小、朝向、高低、虚实、开敞，决定观赏者是否取得最佳观赏效果，如轩多建于高敞处，便于观赏者观赏四周的景色；三是园林建筑"观赏路线"的穿插布置也很重要，具有导景、观景及连接建筑的组织作用，如廊和桥是连接两个景点或景区的景观线，也是观赏的重要景点，并起到分割空间、增加景深的作用。

建筑虽然是景点上的重要标志，但不是越多越好、越高大越好，而是以少胜多、以小胜大。园林建筑在空间布局上，宜散不宜聚、宜隐不宜显，不追求严整、对称、均匀，而要依山就势、因山就水、高低错落、自由随意。园林建筑在平面布局上，与宫殿和寺庙不同，除庭院外没有明显的中轴线，布局曲折自然、灵活多变。园林中的厅、堂、馆、亭、台、楼、阁、殿、轩、榭、坊、斋、桥、廊、假山、水池、园门、园墙、园路等，在构景时均应精心设计，并和自然环境相适应，使建筑融于山水园林之中。

4. 植物

植被以树木为其主调，不讲究成行排列，也不以多取胜，往往三株五株，或丛集、或孤立、或片状、或带形。物种选择要有地方特色，既有独特个性，又适应区域的生态条件。强调花木的多样性，主要是指乔木、灌木、草丛、攀缘、水生、花卉等，并注重物种和群落的自然配合，提倡物种的多变和不对称的均衡。生物自然生长有明暗、疏密、枝叶、花形、果形、色香、高低等生态变化，应构建出乔灌木草不同季节的景观特色。总之，设计要顺应自然规律、适宜地方气候，取自然之理，得自然之趣，通过改造提炼，使人们身在其境，联想到大自然风华繁茂的生态环境。

园林花木功能配置：花木可单独构成景色画面，如单株海棠、玉兰、荷花等，进一步点明主题，如兰花象征幽居隐士，竹象征人品清逸高尚；花木可围合空间，院落与院落、区内与区外，可用密集树丛划分，或用树丛遮掩屏蔽；花木是对比的参照物，如突出景物的高耸挺拔；不同品种的花木，可组织环境各异的道路；花木是陪衬各种园林要素的普遍素材，如陪衬山水、建筑等，使景物构图生动、层次丰富；花木选择的要求是造型美、颜色美、气味美，同时也易引来昆虫和飞禽；花木不仅美化环境，更重要的是体现园林主人所追求的意境。

园林花木特色配置：花木主要具有主景、衬景、地方特色和季节性特点。主景多以乔木孤植为主，若选灌木为主景，多以丛植和群植；花木作陪衬景，则疏密相间、高低错落、色调相宜；园林花木应以地方特色为主，土生土长的花木成活率高、生长快、适应性强，园林不是植物园，园以景胜，景以园异；花木配置要四季常新，种植要考虑时令变化，使园林景观四季不同。

5. 匾额、楹联、刻石

匾额俗称"匾"，指悬置于门楣、厅堂等之上的题字牌。园林中的匾额主要用于题刻园名、景名、颂人、写事等，多悬挂在厅堂、楼阁、馆轩、亭斋等处。楹联是门两侧柱上的竖牌，多置于厅堂、馆轩等楹柱上。其作用不仅能帮助人们赏景，而且其本身也是艺术珍品，具有很高的审美价值。

匾额和楹联是和书法艺术、雕刻艺术完美结合的产物，是我国古代园林独到的造园要素，它渗透着语言的思想性和文学性，蕴含着创作者的思想感情、道德情操和艺术追求，精辟地概括了园林景致的意境，起到画龙点睛的作用，具有很强的实用性和社会价值。

刻石包括摩崖石刻、岩画、石碑、经幢等。我国古代园林刻石多为园林历史的记载，景物景致的题咏、名人逸事的源流、诗赋画图的表达等，是一部园林史和美学史书，也是一部引导观赏者赏景的导游书稿，同时还是园林景观的重要组成部分。

（二）园林的造景手法

中国造园艺术的特点之一是创意与工程技艺的融合以及造景技艺的丰富多彩。归纳起来包括主景与配（次）景、抑景与扬景、实景与虚景、夹景与框景、前景与背景、俯景与仰景、内景与借景、季相造景等。

1. 主景与配景

造园必须有主景区和配（次）景区。堆山有主、次、宾、配，园林景观建筑要主次分明，植物配植也要主体树和次要树种搭配，处理好主次关系就起到了提纲挈领的作用。突出主景的方法有：主景升高或降低，主景体量加大或增多，视线交点、动势集中、轴线对应、色彩突出、占据重心等。配景对主景起陪衬作用，不能喧宾夺主，在园林景观中是主景的延伸和补充。

2. 抑景与扬景

传统造园历来就有欲扬先抑的做法。在入口区段设障景、对景和隔景，引导游人通过封闭、半封闭、开敞相间、明暗交替的空间转折，再通过透景引导，终于豁然开朗，到达开阔景园空间，如苏州留园。也可利用建筑、地形、植物、假山台地在入口区设隔景小空间，经过婉转通道逐渐放开，到达开敞空间，如北京颐和园入口区。

3. 实景与虚景

园林景观或建筑景观往往通过空间围合状况、视面虚实程度形成人们观赏视觉清晰与模糊，并通过虚实对比、虚实交替、虚实过渡创造丰富的视觉感受。如，无门窗的建筑和围墙为实，门窗较多或开敞的亭廊为虚；植物群落密集为实，疏林草地为虚；山崖为实，流水为虚；喷泉中水柱为实，喷雾为虚；园中山峦为实，林木为虚；晴天观景为实，烟雾中观景为虚，即朦胧美、烟景美，所以虚实乃相对而言。如，北京北海有"烟云尽态"景点，承德避暑山庄有"烟雨楼"，都设在水雾烟云之中，是朦胧美的创造。

4. 夹景与框景

在人的观景视线前，设障碍左右夹峙为夹景，四方围框为框景。常利用山石峡谷、林木树干、门窗洞口等限定视景点和赏景范围，从而达到深远层次的美感，也是在大环境中摘取局部景点加以观赏的手法。

5. 前景与背景

任何园林景观空间都是由多种景观要素组成的，为了突出表现某种景物，常把主景适当集中，并在其背后或周围利用建筑墙面、山石、林丛、草地、水面、天空等作为背景，用色彩、体量、质地、虚实等因素衬托主景、突出景观效果。在流动的连续空间中表现不同的主景，配以不同的背景，则可以产生明确的景观转换效果。如，白色雕塑易用深绿色林木背景，水面、草地衬景；而古铜色雕塑则采用天空与白色建筑墙面作为背景；一片春梅或碧桃用松柏林或竹林作为背景；一片红叶林用灰色近山和蓝紫色远山作为背景，都是利用背景突出表现前景的手法。在实践中，前景也可能是不同距离多层次的，但都不能喧宾夺主，这些处于次要地位的前景常被称为添景。

6. 俯景与仰景

园林景观利用改变地形建筑高低的方法，改变游人视点的位置，必然出现各种仰视或俯视视觉效果。如，创造峡谷迫使游人仰视山崖而得到高耸感，创造制高点给人的俯视机会则产生凌空感，从而达到小中见大和大中见小的视觉效果。

7. 内景与借景

园林景观空间或建筑以内部观赏为主的称内景，以外部观赏为主的为外景。如，亭桥跨水，既是游人驻足休息处，又是外部观赏点，起到内、外景观的双重作用。

园林景观具有一定范围，造景必有一定限度。造园家充分意识到景观之不足，于是创造条件，有意识地把游人的目光引向外界去猎取景观信息，借外景来丰富赏景内容。如，北京颐和园，西借玉泉山，山光塔影尽收眼底；无锡寄畅园远借龙光塔，塔身倒影收入园地。故借景法可取得事半功倍的景观效果。

8. 季相造景

利用四季变化创造四时景观，在园林景观设计中被广泛应用。用花表现季相变化的有春桃、夏荷、秋菊、冬梅；树有春柳、夏槐、秋枫、冬柏；山石有春用石笋、夏用湖石、秋用黄石、冬用宣石（英石）。如，扬州个园的四季假山；西湖造景春有柳浪闻莺、夏有曲院风荷、秋有平湖秋月、冬有断桥残雪；南京四季郊游，春游梅花山、夏游清凉山、秋游栖霞山、冬游覆舟山。用大环境造景有名的有杏花邨、消夏湾、红叶岑、松柏坡等。其他造景手法还有烟景、分景、隔景、引景与导景等。

三、园林旅游景区的讲解方法

1. 合理选择游览线路

园林游览线路的选择十分重要，有的园林有管理者设计好的路线，并且指示标志明显，为游客游览提供了方便，有的园林则没有固定的游览路线，需要由导游做出选择。导游在选择游览路线时要考虑景点的有机组合、不走回头路、景色先抑后扬、逐步引人入胜。

2. 讲解语言要生动

园林表现了中国传统文化的较高成就，是自然美、人文美、艺术美的集大成之作，导游在讲解园林旅游景区时的语言表达要与园林美学价值相适应，让游客既看到美丽的园林景观，同时也听到美妙的园林解说，达到一种完美的统一。导游员的讲解语言要生动、形象，用词准确、形容恰当、境界流畅，有较强的节奏感、韵律感。

3. 讲解方法要灵活

由于园林有特殊的艺术表现形式，所以导游员在讲解时要灵活地运用各种讲解方法，以满足游客的审美心理需求。

（1）启发式讲解方法。园林的意境美是由造园者与观赏者共同创造的，游客在观赏的同时要不断地调动自身的知识文化积累，进行二次创作，产生联想，感悟道理，从悦耳悦目的初级审美感受上升到悦神的最高境界。因此，导游员在讲解时，要启发游客二次创作的热情，鼓励游客参与对造园艺术的思考和理解，提出问题，分享观点。

（2）画龙点睛讲解法。园林建筑的布局体现了设计者和建筑师的良苦用心，表现出意想不到的艺术效果。导游员的讲解就应该强调那些具有突出效果的地方，使游客能够身临其境地体验园林艺术的奥妙。

（3）欲扬先抑讲解法。园林中有些景点的表现方法较为直白，游客不需要听导游员介绍也能明白个大概。但是，导游员如能采用欲扬先抑的讲解方法进行讲解，就能把原先平淡无奇的景点讲得有声有色，从而引起游客的兴趣，增加景点自身的魅力。

四、园林景区解说素材

（一）豫园

讲解豫园时导游员可以按照景点的分布将整个豫园的讲解内容分为总体介绍、大假山景区、万花楼景区、点春堂景区、会景楼景区、玉玲珑景区、内园景区等几个部分，依次讲解。

豫园位于原上海老城厢东北角，是座典型的江南古典园林，现为全国重点文物保护单位，国家4A级旅游景区，"新沪上八景第二景"。

豫园是由明代上海人四川右布政司潘允端为其父亲建造。为了让父亲安享晚年，潘允端于嘉靖三十八年（1559年）在上海老城隍建园。至万历十五年（1587年），前后经营28年，始成豫园。"豫"，平安，安泰的意思，也有"愉悦老亲"的意思。豫园由明代造园名家张南阳设计和叠山，当时占地70余亩，规模宏伟，景色佳丽，时人曾称誉为"东方名园之冠"，鸦片战争后遭到3次大的破坏。1956年，人民政府大规模修缮豫园，1986年和2000年豫园又进行了两次重点整修。现在豫园占地30余亩，盛景再现。园林题额"豫园"两字，为明代王穉登所题。

豫园按主体建筑分为大假山、万花楼、点春堂、会景楼、玉玲珑、内园六大部分，现在请大家随我依次游览。

大假山景区，主要有三穗堂、仰山堂、卷雨楼、大假山、游廊、萃秀堂等景观。

"三穗堂"原为"乐寿堂"，取"智者乐，仁者寿"的意思，晚清，三穗堂成豆米业定标准斛之所，称"校斛厅"。后复"三穗堂"名。

三穗堂高9米，五开间，单檐歇山式建筑，屋顶有"张飞义释严颜"泥塑，三穗堂是豫园最高敞的厅堂。清代，这里是官府举行庆典和"宣讲圣谕"之处，也是地方绅士聚会之所。中堂挂有潘允端所撰《豫园记》，其上高悬"三穗堂""灵台经始""城市山林"三块匾额。

"三穗堂"的"三穗"，典出《后汉书·蔡茂传》中"梁上三穗"的故事。这一典故表达了"朝为田舍郎，暮登天子堂"的祈盼。"灵台经始"匾中"灵台"为周文王所筑高台，用来祭上天观天象，祈求上天垂福降祥，使泰民安。而"经始"是说"灵台"是中国旅游史上最早的"人造景观"。"城市山林"匾，表示园主建园追求"身居闹市而有山林野趣"。三穗堂四角，有 8 幅泥塑漏窗，此为构园漏景手法。

三穗堂北，大家顺着我手所指的方向看，这座建筑下层为仰山堂，上层是卷雨楼。仰山堂以"仰山"为名，有两层语意：一层是堂上所挂清人所书取自王羲之《兰亭集序》的"此处有崇山峻岭"句。点出这是观赏大假山的佳处；另外此堂原供奉孔子神位，用来表达对孔子和孔子学说的推崇，此处"仰山"是"仰慕"的意思。卷雨楼的"卷雨"，取自唐王勃《滕王阁序》诗句"珠帘暮卷西山雨"。仰山堂四角，卷雨楼飞檐翘角多达 28 个。

大假山为豫园镇园之作，大假山高 14 米、宽 40 米，由 2000 吨浙江武康黄石叠成，是明代张南阳唯一的传世作品。著名建筑家陈从周说它有三绝之胜，即石壁、飞梁、平桥。大假山"寿比南山"，荷花池"福如东海"，构成一幅"寿山福海图"。大假山山顶有望江亭，山麓有挹秀亭，构成对景。

出仰山堂，东侧便是游廊。游廊口西侧有"武举夺魁"砖雕和"梅妻鹤子"泥塑。古时科举考试，如在乡试、会试、殿试中均考取第一名，即中了解元、会元、状元，就叫"连中三元"。砖雕武子盘马弯弓，英姿勃发，志在必得。梅妻鹤子典出宋代林和靖。他是北宋诗人，隐居杭州西湖孤山，终身不仕；赏梅养鹤，终身不娶，留下梅妻鹤子的千古佳话。砖雕意在激励人们博取功名，积极入世，而泥塑又似推崇淡泊名利，消极出世。即是说社会清明，武举夺魁，出来做官；社会昏暗，退隐山岭，做林和靖。

游廊口有一对铁狮，左雄右雌，铸于元代，原置放在河南安阳县衙前。抗日战争时期，被掠至日本，投降后归还中国，修园时移至于此（廊中有匾"渐入佳境"出自《晋书·顾恺之传》，顾恺之吃甘蔗，从上吃到下，从头吃到根，越吃越甜，渐入佳境，这里是引人入胜的意思）。豫园有一太湖石，高约 2 米，状似美女柔腰顾盼，名"美人腰"。洞门一侧的墙上有《神仙图》砖雕，上有观音菩萨，达摩师祖，福、禄、寿星和魁星，此图表露主人尊佛崇道。

万花楼景区，主要有鱼乐榭、复廊、亦舫、两宜轩、万花楼等景观。

鱼乐榭，榭为园林小型建筑，三面临水，凭栏观鱼。当年惠子与庄子游于濠梁上，庄子说水里的鱼自由自在地游着，好快乐啊，惠子说，你不是鱼你怎么知道鱼是快乐的呢？庄子说，你不是我怎么知道我不知道鱼的快乐。取名"鱼乐"蕴含园主人对庄子的仰慕。在鱼乐榭可以欣赏到一处生动的虚隔产生无限遥想的景观。榭前小溪，长仅 40 余米，一饰有漏窗和半拱洞门的粉墙，不落水面，横临溪水，小溪从拱形洞下淌去，让人产生"小溪不知流向何处"的遐想。这就是"芥子纳须弥"的意境。

鱼乐榭左侧是一复廊，中间用墙分隔，饰有洞窗，此为构园框景手法。复廊北面有状如舟船的建筑，名为"亦舫"，宛若船泊在水中，远航重洋。

东出复廊，便见"万花楼"。楼为两层，精雕细琢，明代此处为花神阁。清末楼内供城隍神小像，人神仅咫尺相隔而取名"神尺堂"。新中国成立后，神尺堂改为万花楼。万花楼回廊围栏雕饰"暗八仙"，楼下四角泥塑漏窗有梅、兰、竹、菊图案。

万花楼前庭院还有两棵古树，一棵是 400 年雄银杏树，另一棵是百余年的广玉兰。庭院小溪对岸粉墙下，花石点缀其间，有兰草、迎春、黄杨、杜鹃、翠竹，宛若一个大盆景，寓意"万花深处"。其东有短廊和昂首奋发、穿云冲天的"穿云龙"墙。

点春堂景区，主要有点春堂、快楼、和煦堂等景观。点春堂单檐歇山顶，七开间，宽敞开阔，为豫园之最，堂名取自苏轼词句"望长安路，依稀柳色，翠点春妍"。小刀会起义时，义军城北指挥部设帐于此。中堂挂有晚清画家任伯年的《观剑图》和沈尹默书写的对联"胆量包空廓，心源留粹精"。点春堂内陈列着小刀会的兵器、钱币、文告等文物。

点春堂东南有湖石，假山上有楼阁，下层延爽阁，上名快楼。

和煦堂的和煦是阳光温暖的意思，此指春天的阳光，这样，和煦堂和点春堂，点出这一景区"春"的主题，和煦堂一堂家具不同凡响，全部是南方的榕树根制作，两侧的龙凤榕树根雕，工艺精巧，造型别致。

会景楼景区，主要有会景楼、九狮轩、积玉水廊等景观。

相对于大假山、万花楼、点春堂景区建筑密集、景致集中，会景楼景区以水景为主，无疑是疏朗开阔了，会景楼有两层，下称敦厚堂，上为会景楼，楼居豫园中央，登楼而望，全园景色尽收眼底，此则会景楼之大观也。

会景楼西北是九狮轩，九狮轩进深较小，卷棚顶，半临池上，前置有台，登台近水，爽气沁心，在此观花赏鱼，自心旷神怡。

会景楼东有积玉水廊，廊和路一样，是中国古典园林中最富可塑性和灵活性的建筑，有交通、休憩、连接、观赏作用。长廊北起会景楼东，南至内园，前半段筑于岸上，后半段架于水上，长达百米，是江南古典园林中最长的一条廊，积玉水廊因廊西有一"积玉峰"石而得名。

玉玲珑景区主要有玉玲珑、玉华堂、涵碧楼等景观。

过了"引玉"洞门，便是玉玲珑景区。玉玲珑与苏州瑞云峰、杭州绉云峰并称江南三大太湖石。玉玲珑石色灰白，高约 4 米，有瘦、皱、漏、透等特点。玉玲珑为宋徽宗花石纲散佚之物。玉玲珑两旁有石，反衬玉石之美，玉石前有一泓清池，石因此而活，玉玲珑后有墙，墙南面有"寰中大快"四个篆字，意为见石为"天下大快"之事。墙在这里称照壁，这就是三衬玉玲珑之说，以石衬石、以水衬石、以壁衬石。

正对玉玲珑，主人特地建一书斋，以便朝夕观赏奇石，并以玉玲珑上的"玉华"两字命名为"玉华堂"，堂匾"玉华堂"三字为文徵明手迹集字。玉华堂前有上海市市花白玉兰两株，东有积玉峰和积玉廊。玉玲珑景区，有玉华堂、白玉兰、观玉台、玉玲珑、积玉峰、积玉廊，皆冠以"玉"字，成为此景区的精华。

涵碧楼的涵碧一词取自朱熹"一方水涵碧，千林已变红"之句，楼为 2 层，高约 10 米。涵碧楼的用料考究，是涵碧楼的第一个特色，材质全为楠木，且是最好的黑心楠，为木材中之上品，厅堂中张挂的 4 盏清代大宫灯也是楠木制作的，另外，一套 30 件精致华贵的清末民初楠木厅堂家具也陈列楼内。雕刻精致,是涵碧楼的第二个特色,梁坊雕刻了140幅中国传统人物和花卉图案。故有"雕花楼"的美称。

内园景区,主要有静观厅、九龙池、古戏台等景观。

内园原系上海城隍庙的后园,修复后与豫园相连,成为园中之园。

静观厅是内园的主体建筑,单檐歇山式,屋顶有硕大的"岳飞大战金兀术"泥塑。厅内中堂高悬两块匾额,一曰"静观",二曰"灵昭渟峙"。静观有两层含义:其一,"观"是道教建筑的专名,如白云观,静观是原先城隍庙道士起居修炼之地;其二,道教认为,只有保持人的纯真本性,才能认识自然万物的发生和变化的根本,因此,静观又是道教修炼和认识万物的基本方法。灵昭渟峙,灵,神灵,此指城隍神;昭,是喻指阳间法纲;渟,清澄的流水;峙,耸立的高山。大意是说天网恢恢,疏而不漏,劝人向善。静观厅对面是肖形假山,堆叠多姿,正面有一块大石如"寿"字,其他有的似九狮盘球,有的似孔雀展翅,有的似犀牛望月,还有的似虎、猴、鹿、羊、龟等模样。假山上植有黄杨、罗汉松、白皮松、兰草等花木。假山上有耸翠亭、延清楼、还云楼,西侧有观涛楼。延清楼后有舫,因其不会游动称"不系舟"。

静观厅东侧有九龙池,池东有小院。细观池壁有4条石隙似龙,倒映水中呈8条龙,而池身亦似一条龙,故名九龙池。砖雕《郭子仪上寿》,郭子仪是唐朝大将,他平定安史之乱,保卫大唐江山,被封为汾阳王。他有七子八婿,享年84岁可谓福、禄、寿三全。古代90岁为上寿,80为中寿,70为下寿,郭子仪因声名地位而称上寿。

古戏台原在闸北区塘沽路北钱业会馆内,建于清光绪十四年(1888年),为双戏台。因市政搬迁,一迁嘉定汇龙潭公园,另一迁至豫园内园。戏台7米见方,全高约15米余。正面有狮子、凤凰、戏文人物木雕图案,全部贴金,用去金箔近4万张,计黄金8两,飞檐翘角、画栋雕梁、金碧辉煌。古戏台顶藻井为22层圆圈与20道弧线相交。四周雕刻28只展翅飞翔的金鸟,中间是一面圆形明镜,装饰华丽,藻井呈穹隆状,有助于聚音共鸣。戏台两侧石柱上有俞振飞所撰联语"天增岁月人增寿,云想衣裳花想容"。戏台正对面还云楼设贵宾佳座,两边有双层看廊,共有200个席位,陈从周赞之"曲苑",人们誉之"江南第一台"。

(二)古猗园

位于上海市西北郊嘉定区南翔镇的古猗园,初建于明嘉靖年间(1522—1566年),取自《诗经》中"绿竹猗猗"一句。清乾隆十一年(1746年),更名"古猗园"。古猗园是全国4A级旅游景区,为上海五大古典园林之一。

古猗园初名猗园,是明万历年间河南通判闵士籍所建,由明代嘉定竹刻名家朱三松设计布置,以"十亩之园,五亩之宅"的规模,内筑亭、台、楼、阁,立柱、椽子、长廊都刻有千姿百态的竹景图案。闵士籍去世后,猗园约在万历末转让给翰林李名芳之子李宜之。明末清初,猗园又先后为陆、李两姓所有。清乾隆十一年(1746年)冬,洞庭山人叶锦购得猗园。次年春大兴土木重修和改建,乾隆十三年(1748年)秋落成,因隔了一个朝代，改名古猗园。

据清代沈元禄《古猗园记》记载，园坐广福禅院西，门对曹家浜，南临良田万顷。园中有孤山曲廊、香阁翠楼、石舫水榭、怪石假山，全是明代建筑风致。乾隆五十三年（1788年），嘉定地方人士捐款购买了古猗园作为城隍庙的庙园，香客均可入园游览。嘉庆十一年（1806年）又再次募捐整修。咸丰十年至同治元年（1860—1862年），太平军同清军及"洋枪队"多次在南翔激战，园内部分建筑被毁。同治至光绪年间，南翔各行业公所陆续修复一些可用的建筑，并增建了一些作为行业集议的场所，后来还在园内开设酒楼、茶肆、点心店、照相馆，此时的庙园已名存实亡。

民国二十一年（1932年）"一·二八"事变，日军于3月3日占领南翔，古猗园被侵略军占用两个多月。日军撤退后，园内房屋倒塌、假山崩颓、树木被砍、花草枯败。1933年5月，当地爱国人士朱寿朋、陈少芸等60人署名成立古猗园整修委员会，募集银圆6000元进行局部修复。此时全园的面积为1.8万平方米。民国二十六年（1937年）"八一三"事变，南翔再遭战火，园内除缺角亭、小云兜及五老峰等假山怪石外，大部分建筑被毁，逸野堂成了日军的马厩，花木古物荡然无存。

抗日战争胜利后，镇政府将其作为公园开放。当地人士又集议修复古猗园，先后筹款重修了缺角亭、不系舟（书画舫），新建了微音阁、南厅、白鹤亭，并种植了一批树木花草。

1957年，南翔镇集资5807元修缮古猗园，3月开工，当年10月1日竣工开放。1962年重建梅花厅。到1963年，公园面积为7.8万平方米。"文化大革命"中，石经幢和石塔上的佛像被破坏，古建筑的翘角被砸，明万历年间"嘉定四先生"之一的李流芳（李宜之的叔父）手迹的石碑被毁，丰子恺等名家书画和其他文物被毁或被没收，并从1967年1月起将园名改为南翔公园。1973年以后，陆续进行修复，并重建了鸢飞鱼跃轩、小松岗假山、白鹤亭、南亭、缺角亭和浮筠阁。1977年恢复古猗园的园名，投资28万元整修。主要是改建公园围墙，重建绘月廊、柳带轩和配置花卉。1983年，根据清沈元禄在乾隆十一年所作的《古猗园记》，重新改建北大门，筑幽赏亭，种植桂花、丛竹。

古猗园布局，主要由四面环水的两块岛地组成。以五座平桥与两岸连通，以一座曲桥使两岛相接。划分为逸野堂、戏鹅池、松鹤园、青清园、鸳鸯湖、南翔壁6个景区。

如今古猗园以戏鹅池为中心（因昔日此池形状像鹅），两面建有明代的白鹤亭。据说在梁代天监元年（502年），有一个农夫在开荒时挖出一块奇特的大白石，从而常有一对白鹤飞舞栖息于白石上。后有一位高僧德齐法师认为此为佛门净地，故在此建寺院，以示纪念。后来这对白鹤向南飞翔，从此未回，德齐法师为怀念白鹤而题名为"白鹤南翔寺"。后因寺建镇，"南翔"地名由此而来。

逸野堂是古猗园的老区，处于园林的西北角。逸野堂面阔五间，进深三间，本是园中主厅，是园主招待宾客和休息之处。原来的柱梁均用楠木构筑，又称为"楠木厅"。又因四面道路相通，登堂可览全园之胜，也称"四面厅"。"文革"时被破坏，20世纪

80年代重建，以钢筋水泥取代楠木。堂外"逸野堂"三字匾额由书法家唐云所书，拾阶走入堂内，抬头可见明代书法家董其昌题额"华岩墨海"，反映了当时文人相聚的盛况。以逸野堂为中心，北有曲廊、幽赏亭，南有鸢飞鱼跃轩、小松冈和南厅。集厅、堂、廊、亭、山、水于一体。四周分别有五老峰、古盘槐、小云兜和桂花林。堂的西北面有一棵与古猗园同龄、高寿达470多岁的明末古盘槐，系上海市一级保护树木。

戏鹅池景区位于古猗园的中心地带，戏鹅池因池内有白鹅成群而得名。西边建有明代为纪念"白鹤南翔"而建的"白鹤亭"。

沿戏鹅池往东走，戏鹅池的北面是一个三面临水船形建筑，为石舫，又名不系舟，建于明代。原为园主的书画舫，前舱后楼、花窗曲槛、艄楼高耸，有祝允明题额"不系舟"三字。后遭毁坏，由清代名医和鸿舫重题，舟上有清末进士廖寿丰撰书的一副对联："十分春水比檐影，百叶莲花七里香"。

池东面的梅花厅为全木结构，墨柱紫窗，窗格精巧，均由梅花图案精雕嵌镶，飞檐古朴，是一座典型的清代建筑，四周遍植梅花。

戏鹅池东南岸与石舫相望的是浮筠阁，原是竹榭，俗称"竹节亭"，半浮于水，小巧玲珑。浮筠阁后有一土山，称"竹枝山"，山顶上有一方亭。它不同于一般亭阁飞檐高翘，而是在三只角上伸出拳头，东北则缺一角。这是"九一八"事变，东北沦陷后，南翔人民造了这座缺东北角的"缺角亭"，并取名"补阙亭"。

松鹤园景区位于园区北面，区内有轩、塔、厅、阁，并配以松、荷、竹、梅。景区内的"微音阁"高10米，廊门三开，三向仰视，可观赏月圆月缺奇景。建筑师们按月球四季运动轨迹，根据此地形特征，精心运算观月最佳点，设计了绘月廊。

阁前庭园中有一座10米高的唐经幢，仰莲基座，四大天王坐立其顶，典型唐代雕饰风格。始建于唐咸通八年（867年），唐乾符二年（875年）建成，1959年移入古猗园内。

荷花池中建有宋嘉定十五年（1222年）的六面七级石塔——普同塔，是古猗园最古老、最珍贵的文物之一，高约一丈，腰束莲花瓣，塔柱镌如来佛像，雕刻精美。

青清园景区建于1985年，位于古猗园最东面，是园内最大的景区，面积30余亩。景区以猗青竹为主，体现了古代猗园"绿竹猗猗"的特色。青清园内植竹30多种，有龟山、龟山湖、君子堂、艺苑、观月台和翠霭楼，与竹园相配，景色清秀。

龟山位于青清园与鸳鸯湖之间，高7米，面积5亩，四面环水，四周有小桥相通，如巨龟四爪。龟山之东有圆形小岛，是巨龟之首，名"龟头岛"。

河边的荷风竹露亭旁怪石乱卧，亭前接水，如六月出水芙蓉，袅娜清风指竹，意境深邃。

翠霭楼高13米，分上下两层，全木结构，二楼中央飞出一阁。楼檐两边飞檐斗拱，雕二龙戏珠。整个窗面开阔、细格斑鳞、鬼斧神工。楼内展出百余件奇石、盆景。

君子堂则以"梅、兰、竹、菊"四君子取名，堂内悬挂四君子书画，堂前植四君子代表植物。

鸳鸯湖景区水面约15亩，以长18米，宽4米的九曲桥分隔东西两湖。九曲桥拦腰浮于湖面，与东面柳荫桥遥遥相望，桥面中部是造型玲珑剔透的湖心亭，又名镇蛇亭。湖的南面是曲香廊，又名五曲长廊，因沿湖岸犬牙交错，就曲设廊。廊底有亭，曲径通幽。穷五曲香廊，沿左岸尽头，便是楼高厅阁的茗轩。

南翔壁景区位于原南大门口。包括大草坪、紫藤架、南亭樟树林、大假山，其中以南翔壁为主要景点。"南翔壁"壁宽10米、高5米，雕有"白鹤南翔"的图案，形象地向游人介绍着南翔镇得名的美妙历史传说。

上海荷花睡莲展于2016年7月1日正式在上海古猗园开幕。古猗园在10000平方米水域和百亩之园，展示荷花品种300余种、睡莲品种200余种，同时大面积展出"太空莲36号""太空飞天""舒广袖""太空莲3号""太空莲58号""绿园紫绢""清波玉环"等太空育种、辐射育种荷花新优品种，并在瘦影碎月轩南侧水域内展出"西湖红莲"等色正、花大的传统品种。在园内的大草坪"蜓眷无双"景点内，首次在上海展出用离子注入育种手段培育出来的"彩霞""皱叶夏红""碧水芙蓉"等新品种荷花，其中"皱叶夏红"的荷叶较其他更皱，更具看点。在不可无竹居北侧水域，展示的热带睡莲"桑给巴尔之星"曾获2000年国际睡莲水景园艺协会最佳品种；在盆景园区域展示的耐寒睡莲"澳大利亚红"曾获2011年国际睡莲水景园艺协会第一届睡莲与荷花品种展金奖；在小草坪新优睡莲品种展示区内展示来自美国、泰国、法国、荷兰的睡莲精品。此外，喜爱美食的游客，还可以品尝到当季的"荷花宴"。

任务二　建筑类旅游景区解说

技能实训

实训目的	熟悉并掌握建筑类旅游景区的讲解技能
实训要求	1. 查阅建筑类景区的相关资料、了解景区概况和导游图 2. 科学设计景区游览顺序和游览路线，合理安排游览项目 3. 撰写建筑类旅游景区的导游词并进行生动讲解
实训时间	本实训环节共2学时
实训地点	教室、景区模拟实训室或建筑景区
实训材料	1. 多媒体设备 2. 导游词卡片 3. 建筑景区背景材料

续表

实训内容及步骤	1. 实训准备 （1）学生分成若干小组。 （2）学生分组分批查阅资料及到建筑旅游景区进行调查。 2. 实训开始 （1）了解和熟悉建筑旅游景区背景资料。 （2）分析建筑景观特色和分布。 （3）设计游览路线、安排游览内容。 （4）撰写建筑景区导游词。 （5）分组模拟讲解。 （6）实训指导教师点评总结及评分。 3. 实训结束

实训考核

1. 实训指导教师根据学生对建筑景区的导游讲解资料收集、游览路线安排、导游词撰写、景区导游解说情况进行评分。

2. 按百分制记分，建筑类旅游景区导游讲解80分，实训纪律及态度20分。

3. 评分表

建筑旅游景区解说考核评分表

组别：_____　　姓名：_____　　考核时间：_____

项目		应得分	教师评分
建筑类旅游景区的解说	讲解资料的收集	10	
	线路设计的合理性	10	
	导游词的撰写质量	30	
	景区解说的质量 （完整性、生动性、实用性）	30	
实训纪律及态度		20	
合计得分		100	

考核时间：　年　月　日　　　　　　考评教师（签名）：_____

知识链接

建筑是人类所创造的最古老的实用性艺术形式之一，是人类文明的结晶。我国历史悠久，文化发达，留下了许多独具特色的建筑。这些建筑，既是一笔宝贵的财富，也是吸引游客观赏的重要旅游资源。导游员在解说建筑时，应对建筑的常识有较多的了解，并掌握基本的建筑导游方法，这样才能为游客更好地提供导游解说服务。

一、建筑类旅游景区基本知识

（一）建筑的基本概念

建筑是建筑物与构筑物的总称，是人们为了满足社会生活需要，利用所掌握的物质技术手段，并运用一定的科学规律、风水理念和美学法则创造的人工环境。

（二）中国建筑的特色

中式建筑品类繁盛，包括宫殿、陵园、寺院、宫观、园林、桥梁、塔刹等。

中国古代民居白墙、灰瓦、绿色和栗色的梁架与自然环境形成鲜明的色彩对比，这种对比更显民居的自然、质朴、秀丽、雅淡的格调。

中国古代皇家建筑白色台基，红墙黄瓦与蓝天，绿树交相呼应，形成强烈的原色对比。暖色的建筑与檐下冷色的彩画组成色彩冷暖的对比，构成富丽堂皇的色彩格调。其中紫禁城建筑的色彩运用尤其典型。

中国传统建筑以木结构建筑为主，西方的传统建筑以砖石结构为主。现代的建筑则是以钢筋混凝土为主。

我国古人很早就能运用平衡、和谐、对称、明暗轴线等设计手法，达到美观的效果。中式建筑重艺术装饰，但不复杂，只在主要部位作重点装饰，如窗檐、门楣、屋脊等，布局多为均衡式方向发展，不重高层建筑，至佛教传入后，出现了楼阁佛塔，高建筑才得以盛行。建筑的一切艺术加工也都是对结构体系和构件的加工，如色彩、装饰与构件结合，构成了丰富绚丽的艺术成就，雕梁画栋，形体优美而色彩斑斓；楹联匾额，激发意趣而遐想无穷。

在旅游活动中，很多古建筑都是旅游景点，中国古代建筑类旅游景区不仅数量多，而且地位价值高，导游在讲解时要了解古建筑的特色。

1. 古建筑以木材、砖瓦为主要建筑材料，以木构架结构为主要的结构方式

此结构方式，由立柱、横梁、顺檩等主要构件组成，各个构件之间的节点以榫卯相吻合，构成富有弹性的框架。中国古代木构架有抬梁、穿斗、井干三种不同的结构方式。抬梁式是在立柱上架梁，梁上又抬梁，所以称为"抬梁式"。宫殿、坛庙、寺院等大型建筑物中常采用这种结构方式。穿斗式是用穿枋把一排排的柱子穿连起来成为排架，然后用枋、檩斗相接而成，故称作穿斗式，多用于民居和较小的建筑物。井干式是用木材交叉堆叠而成的，因其所围成的空间似井而得名。这种结构比较原始简单，现在除少数森林地区外已很少使用。木构架结构有很多优点，首先，承重与围护结构分工明确，屋顶重量由木构架来承担，外墙起遮挡阳光、隔热防寒的作用，内墙起分割室内空间的作用。由于墙壁不承重，这种结构赋予建筑物以极大的灵活性。其次，有利于防震、抗震，木构架结构很类似今天的框架结构，由于木材具有的特性，而构架结构的斗拱和榫卯又都有若干伸缩余地，因此在一定限度内可减少由地震对这种构架所引起的危害。"墙倒屋不塌"形象地表达了这种结构的特点。

2. 中国建筑的平面布局具有一种简明的组织规律

就是以"间"为单位构成单座建筑，再以单座建筑组成庭院，进而以庭院为单元，组成各种形式的组群。就单体建筑而言，以长方形平面最为普遍。此外，还有圆形、正方形、十字形等几何形状平面。就整体而言，重要建筑大都采用均衡对称的方式，以庭院为单元，沿着纵轴线与横轴线进行设计，借助于建筑群体的有机组合和烘托，使主体建筑显得格外宏伟壮丽。民居及风景园林则采用了"因天时，就地利"的灵活布局方式。

3. 中国古代建筑造型优美

尤以屋顶造型最为突出，主要有庑殿、歇山、悬山、硬山、攒尖、卷棚等形式。庑殿顶也好，歇山顶也好，都是大屋顶，显得稳重协调。屋顶中直线和曲线巧妙地组合，形成向上微翘的飞檐，不但扩大了采光面、有利于排泄雨水，而且增添了建筑物飞动轻快的美感。

4. 中国古代建筑的装饰丰富多彩

包括彩绘和雕饰。彩绘具有装饰、标志、保护、象征等多方面的作用。油漆颜料中含有铜，不仅可以防潮、防风化剥蚀，而且还可以防虫蚁。色彩的使用是有限制的，明清时期规定朱、黄为至尊至贵之色。彩画多出现于内外檐的梁枋、斗拱及室内天花、藻井和柱头上，构图与构件形状密切结合，绘制精巧，色彩丰富。明清的梁枋彩画最为瞩目。清代彩画可分为三类，即和玺彩画、旋子彩画和苏式彩画。

雕饰是中国古建筑艺术的重要组成部分，包括墙壁上的砖雕、台基石栏杆上的石雕、金银铜铁等建筑饰物。雕饰的题材内容十分丰富，有动植物花纹、人物形象、戏剧场面及历史传说故事等。

5. 中国古代建筑特别注意与周围自然环境的协调

建筑本身就是一个供人们居住、工作、娱乐、社交等活动的环境，因此不仅内部各组成部分要考虑配合与协调，而且要特别注意与周围大自然环境的协调。中国的设计师们在进行设计时都十分注意周围的环境，对周围的山川形势、地理特点、气候条件、林木植被等，都要认真调查研究，务必使建筑布局、形式、色调等与周围的环境相适应，从而构成一个大的环境空间。

二、建筑类旅游景区的讲解

我国建筑种类多样，文化内涵丰富，专业性较强。对于导游来说，做好建筑的解说并不简单。导游员要把建筑讲好，除了要掌握必要的建筑知识外，还要把握古建筑导游讲解的方法。

（一）突出建筑的历史沿革

导游员解说建筑时，必须阐明建造的时间、人物、原因以及历史变迁等要素。如导游讲解石库门时要讲"到上海来旅游,你不但要看东方明珠和金茂大厦,也要看上海的石库门弄堂。作为近代上海人生息繁衍的空间,石库门是了解上海人来历以及理解近代中国社会变迁的某些特点的钥匙。石库门最早出现在19世纪中期。第一次世界大战以后,中国大家庭的家庭结构发生变化,老式石库门逐渐衰微,形成今天以黄浦区为中心的早期石库门。1919年后石库门大量兴建,单体规模比早期石库门要大,有亭子间、阳台、天井、客堂间、厢房、前楼、后楼等,楼层为2~3层。现在留下成片的石库门房子,大部分建成于20世纪的30年代"。

(二) 突出建筑的功能性

建筑的实用性是建筑的典型特征。导游在讲解建筑景区时,要紧紧抓住建筑的实用性功能进行重点阐述。建筑的功能性,体现在建筑的基本功能及附加功能上。导游员只有突出其最主要的基本功能,才能讲清其附加功能,如社会功能、宗教功能、审美功能等。

(三) 突出建筑的地位价值

导游员解说建筑时,要明白建筑之所以能成为游览景点向游客开放,必有其独特的地位或价值,导游员要善于挖掘和总结。突出建筑的风格、装饰、设计方面的独特之处。

(四) 突出建筑的美学价值

导游员解说建筑时,要突出建筑的观赏价值,重点解说建筑以下三个方面的美学价值:

1. 布局美

中国建筑无论是宫殿建筑,还是园林建筑,在整体布局上都讲究匠心独运,宫殿建筑讲究中轴对称,园林建筑则呈现不规则的布局美。

2. 结构美

中国建筑,无论是古代的宫殿建筑,还是形式各异的民族民居,以及坛庙建筑等,其独特的木结构构造,都是世界建筑史上的奇迹。

3. 装饰美

我国建筑无论里建筑装饰、雕塑装饰、字画装饰还是色彩装饰,都有着和西方迥异的风格,具有独特的魅力。

(五) 突出建筑的名人逸事

建筑为人所建,为人所用,因人而活,很多建筑都留下了名人活动的痕迹。比如导游员讲解上海和平饭店时,必定会穿插红遍旧上海的名人沙逊的故事。

三、建筑类旅游景区的讲解素材

(一) 东方明珠广播电视塔

东方明珠广播电视塔位于浦东世纪大道1号,坐落在陆家嘴的嘴尖上,塔高468米,

是上海城市的标志性建筑和旅游热点之一，东方明珠广播电视塔以其挺拔俊秀的造型、直插云天的气势，被国家旅游局评为5A级风景区。

东方明珠广播电视塔由3根直径9米的擎天立柱，8个小球、下球体、上球体和太空舱组成。11个大小不一、高低错落的球体从空中串联到如茵的绿草地上，构成"大珠小珠落玉盘"的绝妙意境。

下球体直径50米，安装在擎天柱的68~118米。这里有太空电子游乐城，在离地面90米的高度处设有观光走廊，可环视周围景观。上球体直径45米，在250~295米，内分9层，其中6层为广播电视的发射机房，3层为观光层，主观光层位于263米处，267米处设有可容纳350人同时用餐的旋转餐厅。在离地面259米处设有一个长150米、宽2.1米的环形透明悬空观光长廊，可以让人体验云中漫步。同时，这里还设有空中邮局，游客可以在此向国内外亲朋好友寄发盖有纪念邮戳的各种信函，送出一份空中祝福。太空舱直径14米，置于335~349米的高处。太空舱设有上海国际友好城市礼品展，从中可以了解各国文化。

东方明珠广播电视塔的灯光采用立体照明系统，在电脑的控制下，可根据天气的变化自动调节，产生1000多种的灯光变化。

（二）金茂大厦

金茂大厦位于世纪大道88号，楼高420.5米，总建筑面积29万平方米，超过外滩所有建筑面积之和。大厦的外观建筑宛如修长精美的密檐式宝塔，蕴含着中国传统文化的意蕴；又似一把淡蓝色的宝剑，直冲云霄，透露着蓬勃向上、锐意进取的豪情；主楼和裙楼又如一把苍天巨笔和一本打开的书，书写着浦东改革开放的新篇章。大厦外墙采用双层镀膜玻璃，能反射出紫外线等多种光线，顶部的装饰设计成上海市市花白玉兰的造型。

金茂大厦主楼88层，地下3层，1~2层为宽敞明亮的大堂，3~50层为高档商务区，51~52层为机电层，53~87层是超豪华的五星级宾馆——金茂君悦大酒店，88层是观光厅，为国家4A级旅游景区。

（三）上海环球金融中心

上海环球金融中心位于陆家嘴金融贸易区的中心，地下3层，地上101层，总高度为492米。为世界上最高的平顶式大楼，其拥有简约流畅的外部造型，顶部设计了一个倒梯形的风洞，在陆家嘴林立的高楼中独具一格。

上海环球金融中心是以办公为主，集商贸、宾馆、观光、会议于一体的综合性大厦。大楼79~93层的上海柏悦酒店，是超豪华的国际酒店。94~100层为观光层。94层为观光大厅，高度423米。这里除了可以观赏黄浦江两岸的风光外，还可以举办各种会展活动。观光大厅里设有先进的电视望远镜和多媒体互动平台。97层为观光天桥，高度439米。其开放式的玻璃顶棚可视天气情况向两边滑动打开，引入新鲜空气，蓝天白云触手可及,徜徉其上,犹如天庭漫步。100层为观光天阁,距地面474米,是目前世界上最高的观光设施。55米长的观光天阁,其一部分地板由玻璃组成,便于俯瞰脚底美景,让人真正体会到"会当凌绝顶,一览众山小"的豪情快意。

(四)中国太平洋保险公司大楼(亚细亚大楼)

1916年建成,折中主义建筑风格。建筑平面呈正方形,大楼立面为横3段、竖3段式,沿街东面底部为巴洛克式,中段为现代主义建筑风格,大楼上段为巴洛克式。大楼气派雄伟,堂皇富贵,因位于中山东一路1号,故有"外滩第一楼"之称。

当年亚细亚大楼内的广大洋行是中共地下党的秘密组织,公开身份是经营进出口贸易的商行,实际是为中共中央筹划资金和外汇的机构。在1996年的外滩房屋置换中,这栋大楼成为中国太平洋保险公司总部。

(五)华尔道夫酒店(原上海总工会大楼)

1910年建成,造价45万两白银,文艺复兴式建筑风格。

整个建筑以大门入口为主轴线,东立面采用横三段处理,第三、第四层贯以6根爱奥尼克立柱,顶层南北两端有巴洛克式塔亭。进拱券大门有一段宽阔的白色大理石台阶引导通向华丽的大厅。大厅南部是当时远东最大的酒吧,长达34米。大堂北侧有半圆形的铁栅栏电梯,造型别致,至今仍在使用。大楼内的装饰仿英国皇宫的格调,故有"皇家总会"之称。

上海总工会自1864年成立到1941年太平洋战争爆发,一直是上海滩最豪华的会员制俱乐部,现为希尔顿旗下亚洲首家华尔道夫酒店,2010年开业。

(六)浦东发展银行大楼(汇丰银行大楼)

1923年建成,古典主义建筑风格,又带有新希腊建筑风格的装饰。汇丰银行为在华历史最悠久的外资银行之一,中文取名"汇丰",含有期望汇总业务发达的意思。

现在的汇丰银行大楼为钢框架结构,是外滩门面最宽、占地最广、体量最大的建筑。大楼以正大门与正大门上面的穹顶为中轴线,两侧形成严格对称,主体面成横3段、竖3段的格式,给人以坚固、稳重、典雅的视觉效果,主人曾自诩是从苏伊士运河到白令海峡最讲究的一栋建筑。2~4层中段中部贯以6根希腊式科林斯柱子,建筑顶部为古罗马万神庙的穹隆顶,顶周围附有方形柱式,顶端还有巴洛克式尖塔,成为该幢大楼的标志,使整幢大楼的顶部犹如一顶巨大的皇冠,显出华丽庄严的风范。

汇丰银行大楼门前的铜狮、八角门厅穹顶上的巨型马赛克镶嵌壁画和主营大厅中的4根整块的意大利大理石圆柱被称为"稀世三宝"。

(七)海关大楼(原江海关大楼)

1927年建成,造价425万两白银,折中主义建筑风格。海关大楼顶部的钟楼为整幢建筑纵轴线。东立面大门有4根粗壮的多力克柱子支撑,显得庄重有力。

大楼顶部的大钟，仿英国伦敦国会大厦大钟式样制造，花白银2000余两，它是亚洲第一大钟，也是世界著名大钟。大钟钟面是圆形，直径达5.4米，钟的指针用紫铜做成，其中分针长3.17米，时针长2.3米。钟内有3个钟摆，最大的一个重2吨，其余两个也有1吨左右，还有1个大敲钟，4个小敲钟，钟的发条长15.65米。大钟上还有72盏自动开关的电灯，晚上灯光明亮，大钟钟面清晰可辨，铜钟声音洪亮，可传数里之外。大钟于1928年元旦敲响的第一声是《威斯敏斯特》报时曲，现在播放《东方红》报时曲。外滩游览区也以"外滩晨钟"之名被列入"新沪上八景"之一。海关大楼与汇丰银行大楼被称为"姐弟楼"，汇丰银行大楼雍容典雅，海关大楼雄健挺拔，两栋大楼并列一起，相得益彰。

（八）中国外汇交易大楼（原华俄道胜银行大楼）

1902年建成，法国古典主义建筑风格。1895年沙皇俄国、法国与清政府合资设立华俄道胜银行，次年设分行于上海，成为中国第一家中外合资银行。

建筑沿袭了当时讲究排场的银行业崇尚的意大利文艺复兴式复古风格。立面构图为横3段、竖3段，并以法国凡尔赛宫花园内的小特里阿农宫为原型，造型独特，外形端庄雄伟，内部豪华奢侈。室内有贯通三层的彩色玻璃天棚覆盖的中庭式大厅。中庭四周布置大小会客厅和写字间，尤其是三楼会客室洋溢着浓浓的俄罗斯风格。

这幢建筑不仅豪华，还采用了不少新技术、新设备，开创了上海建筑的数项第一：即第一幢用瓷砖贴面的建筑，最早安装卫生设备的建筑，最早使用砂垫层替代打桩的建筑。

（九）和平饭店（原汇中饭店、沙逊大厦）

和平饭店分为北楼和南楼。南楼原为汇中饭店，北楼原为沙逊大厦。

和平饭店南楼，即原汇中饭店正门设在南京东路20号，1908年建成，文艺复兴式建筑风格。大楼入口作古典式构图，两层以上镶贴白色面砖，楼层间和最上两层的窗间墙用红砖饰带，也是第一幢安装电梯的大楼。无论是豪华舒适性规模或是建筑高度方面，它都占据了上海第一的位置。

汇中饭店发生的故事一直留在人们的记忆中：

1909年2月1~26日，第一届世界反毒品大会，即"万国禁烟会"在上海召开，刚落成不久的汇中饭店就被选作主场。

1911年12月29日下午，中国同盟会本部借汇中饭店召开欢迎孙中山回国大会，孙中山出席会议，并做出了热情洋溢的讲话。

1996年11月25日，世界33国家、地区和国际组织的禁烟专家及官员会集这里，出席由联合国禁毒署举办的"上海国际兴奋剂会议"，同时为1909年"万国禁烟会"会址立纪念会牌于大门西侧。

从2008年开始。上海锦江国际酒店集团股份有限公司引入斯沃琪集团，对汇中饭店进行重新修缮，实现了"世界级文化艺术中心"的华丽转身。

北楼，即沙逊大厦位于中山东一路 20 号，1929 年建成，装饰艺术派建筑风格。大厦为钢框架结构，屋顶平面略呈"A"字形，外形简洁明朗，强调垂直线，给人以清新挺拔的现代感。塔楼上冠以 19 米高的墨绿色瓦楞紫铜皮方锥体。当时因其内外装饰豪华，被誉为"远东第一楼"。

该饭店内设德国、法国、英国、中国、意大利等 9 个国家不同风格的套房。餐厅、大堂等装饰富丽堂皇，吊灯的材质和造型现已为国内罕见。饭店酒吧有颇受海外游客欢迎的上海老年爵士乐队，在此演奏各国各地区的名曲。1998 年，美国总统克林顿在上海访问期间的晚宴，曾在此楼举行。同年，祖国大陆海协会和台湾海基会举行的"汪辜会谈"也曾在此举行。

（十）中国银行大楼

1937 年建造，这栋摩天大楼的装饰风格上带有鲜明的中国传统文化艺术特色。

大楼东立面从高到低有变形的中国钱币形镂空窗框，栏杆和花饰窗也采用中国传统形式。门前有 9 级花岗石台阶，门柱有如意图案雕装，大门为雕饰的十分精致的紫铜大门，上方原有孔子周游列国的石雕。屋顶采用中西结合的四方攒尖顶，四角微微翘起，上盖琉璃瓦，檐口用斗装饰，带有鲜明的中国民族特色。进门后的营业大厅有两三层楼高，顶部为拱形玻璃天棚，两侧有八仙过海雕饰。中国银行建成后，无论是建筑规模和设施均堪称当时远东地区之冠。

（十一）光大银行大楼（东方汇理银行大楼）

1914 年建成，巴洛克建筑风格。银行取名"东方汇理"，寓意法国在远东贸易结算和汇划。

大楼东立面为 3 段式，整栋大楼立面雕刻装饰富有凹凸感，光线明暗对比强烈，虽然体量不大，但建筑专家评论它是上海少见的纯正的法国建筑。它以拱券形正门为主轴线，两边对称，入口门券上方处理成巴洛克风格特有的波浪卷涡状断山花。第二层和第三层立面正中贯以爱奥尼克柱子，且有券形的立体窗檐、窗楣、阳台和顶部檐口处理均带有法国情调的巴洛克风格。大楼顶部中间为石栏杆，两边墙上有垂花雕饰，这种装饰手法也是巴洛克建筑中最常用的。

（十二）上海大厦（原百老汇大厦）

1934 年建成，为装饰主义建筑风格。楼高 76.7 米，大厦共 22 层，从 11 层起，逐层收进，整栋建筑古铜色调、风格凝重，外部处理与内部装修简洁明朗，外观气势宏伟。在外形上，大楼向四面伸展，呈汉字"八"字形，从而巧妙地解决了房间的朝向和采光的问题。

1951 年 5 月 1 日，上海市人民政府将其改名为"上海大厦"。

上海大厦既处在外滩苏州河与黄浦江相交的北侧,又呈东西走向,第18层有观光平台,是观赏黄浦江、外滩、浦东景色最佳处,在1994年东方明珠建成之前的半个多世纪里,独占了"浦江最佳观览"的盛誉。

近年大厦几经装修,已经成为一座五星级涉外饭店。

任务三 宗教类旅游景区解说

技能实训

实训目的	熟悉并掌握宗教类旅游景区的讲解技能
实训要求	1. 查阅宗教类景区的相关资料、了解景区概况和导游图 2. 科学设计景区游览顺序和游览路线,合理安排游览项目 3. 撰写宗教类旅游景区的导游词并进行生动讲解
实训时间	本实训环节共2学时
实训地点	教室、景区模拟实训室或宗教景区
实训材料	1. 多媒体设备 2. 导游词卡片 3. 宗教景区背景材料
实训内容及步骤	1. 实训准备 (1)学生分成若干小组。 (2)学生分组分批查阅资料及到宗教旅游景区进行调查。 2. 实训开始 (1)了解和熟悉宗教旅游景区背景资料。 (2)分析宗教景观特色和分布。 (3)设计游览路线、安排游览内容。 (4)撰写宗教景区导游词。 (5)分组模拟讲解。 (6)实训指导教师点评总结及评分。 3. 实训结束

实训考核

1. 实训指导教师根据学生对宗教景区的导游讲解资料收集、游览路线安排、导游词撰写、景区导游解说情况进行评分。

2. 按百分制记分,宗教类旅游景区导游讲解80分,实训纪律及态度20分。

3. 评分表

宗教旅游景区解说考核评分表

组别：_____ 姓名：_____ 考核时间：_____

项目		应得分	教师评分
宗教类旅游景区的解说	讲解资料的收集	10	
	线路设计的合理性	10	
	导游词的撰写质量	30	
	景区解说的质量 （完整性、生动性、实用性）	30	
实训纪律及态度		20	
合计得分		100	

考核时间：　　年　　月　　日　　　　考评教师（签名）：_____

知识链接

佛教、基督教、伊斯兰教这世界三大宗教以及中国本土宗教——道教，在我国建造了大量的宗教建筑。千百年来，许多宗教建筑被保存下来，这些建筑既反映了宗教信仰和宗教文化，也成为旅游景区的重要组成部分。

一、宗教类景区导游讲解素材

（一）世界三大宗教创立

1. 佛教的创立

佛教相传是由迦毗罗卫国王子乔达摩·悉达多所创。佛教是在古印度奴隶制度下，社会极为动荡的历史条件下产生的。当时的印度社会已普遍使用铁器，农业生产的水平有了提高，手工业和商业也随之发达起来，一批城镇小邦兴起（迦毗罗卫国就是当时的一个小邦），经常相互侵并，发生冲突。这种社会情绪也使作为一个小邦王子的悉达多受到感染，他日益苦闷，产生了消极厌世的念头，不愿继承王位，便外出寻道。开始他也想从婆罗门教中悟出解除苦难的方法，但终于不合心意，便舍弃了婆罗门教，闭居山林静坐。经过几年的冥思苦想，一天他坐在一棵毕钵罗树（后被称为菩提树。菩提就是"觉悟"的意思）下终于悟出了解脱苦难之道，便宣布自己成了佛了。后来他便到天竺各地进行传教活动，组成僧侣集团，逐渐形成了佛教。到他死的时候，佛教在社会上已经有了一定的影响。悉达多传说生于公元前565年，死于公元前485年，活了80岁，大致与我国的孔子同时。因他是释迦族人，所以后来他的弟子又尊称他为释迦牟尼，意为释迦的圣人。

2. 基督教的创立

基督教发源于1世纪巴勒斯坦地区犹太人社会，并继承了犹太教耶和华上帝和救主弥塞亚（根据希腊文翻译为"基督"）等概念，以及希伯来《圣经》为基督教《圣经·旧约全书》。基督教的创始人耶稣（Jesus）出生在巴勒斯坦北部加利利的拿撒勒，母亲名叫玛利亚，父亲叫约瑟。他30岁左右（1世纪30年代）开始在巴勒斯坦地区传教。1~5世纪基督教创立后逐渐从以色列传向希腊罗马文化区域。313年，君士坦丁大帝颁布米兰诏书，基督教成为罗马帝国所允许的宗教。391年，罗马皇帝狄奥多西一世宣布它为国教。

3. 伊斯兰教的创立

伊斯兰教7世纪初产生于阿拉伯半岛。中国旧称回教、清真教或天主教。伊斯兰一词原意为"顺从"，指顺从安拉（中国穆斯林亦称真主）的意志。伊斯兰教为穆罕默德所创，主要传播于亚洲、非洲、东南欧；以西亚、北非、南亚、东南亚一带最为盛行。现有信徒7亿~8亿人。麦加定为伊斯兰教的宗教中心。

（二）世界三大宗教的教义

1. 佛教的教义

佛，意思是"觉者"。佛又称如来、应供、正遍知、明行足、天人师、世尊等。佛教重视人类心灵和道德的进步和觉悟。佛教信徒修习佛教的目的在于依照释迦牟尼所悟到的修行方法，发现生命和宇宙的真相，最终超越生死和断尽一切烦恼，得到完全解脱。因此，四谛，是佛教各派共同承认的基础教义。谛，意为真理或实在。

（1）苦谛。苦指三界六道生死轮回，充满了痛苦烦恼。

（2）集谛。集是集合、积聚、感召之意。集谛，指众生痛苦的根源。谓一切众生，由于贪、嗔、痴等造成种种业因，从而感召未来的生死烦恼之苦果。从根本上来说，众生痛苦的根源在于无明，即对于佛法真理、宇宙人生真相的无知；正因为无明，众生才处于贪、嗔、痴、慢、疑、恶见等烦恼之中，由此造下种种恶业；正因为造下种种恶业，又使得众生未来要遭受种种业报。这样反复自作自受，轮回不休。

（3）灭谛。灭指痛苦的寂灭。灭尽三界烦恼业因以及生死轮回果报，到达涅槃寂灭的境界，称为灭。

（4）道谛。道指通向寂灭的道路，主要指八正道。佛教认为，依照佛法去修行，就能脱离生死轮回的苦海，到达涅槃寂灭的境界。

2. 基督教的教义

基督教的教义源于《圣经》。虽各宗派说法不一，但基本教义大致相同，主要可归纳为下述四个方面。

（1）创世说。《旧约全书·创世纪》说，神用五天时间造出了自然界万物，第六天造人，第七天歇息。神创论是基督教重要教义之一。基督教认为上帝至高、至美、至能而无所不能；至仁、至义、至隐无往而不在；至坚、至定，但又无从执持，不变而变化一切；

无新、无故，而更新一切。在至高无上的上帝面前，人越谦卑，就越能得到上帝的恩宠。

（2）原罪说。基督教经典称，人类的始祖亚当和夏娃由于受蛇的诱惑，吃了禁果，违犯了上帝的禁令，被逐出伊甸园。从此，人类世世代代都有了罪。人一生下来甚至在母腹中就有了罪。基督教认为，人的本性就是有罪的，所以，人在尘世的最高职责就是向上帝赎罪。

（3）救赎说。基督教认为，整个人类都具有与生俱来的原罪，是无法自救的。人既然犯了罪，就需要付出赎价来补偿，而人又无力自己补偿，所以上帝就差遣其子耶稣基督为人类受死，流出宝血以赎信徒的罪。人只有信耶稣基督，才能免去一切罪。

（4）天堂地狱说。基督教认为，现实物质世界是有罪的，也是有限的，世界末日迟早会到来。人的肉体和人生是短暂的，最终都要死去和过去，而人的灵魂则要永存。人死后其灵魂将根据生前是否信耶稣决定上天堂或下地狱。

3. 伊斯兰教的教义

伊斯兰教基本信条为"万物非主，唯有真主，穆罕默德是安拉的使者"。中国穆斯林习惯将其称为"清真言"，代表伊斯兰教"认主独一"的基本信念。具体又有六大信条之说。

（1）信安拉。伊斯兰教是严格的一神教信仰，相信除安拉之外别无神灵，安拉是宇宙间至高无上的主宰。信安拉是伊斯兰教信仰的核心，体现其一神论的主要特点。

（2）信天使。伊斯兰教认为，天使是安拉用光创造的无形妙体，受安拉的差遣管理天园和火狱，并向人间传达安拉的旨意，记录人间的功过。

（3）信经典。伊斯兰教认为，《古兰经》是安拉启示的一部天经，穆斯林必须宣读、信仰、遵奉，不得诋毁和篡改。

（4）信使者。《古兰经》中曾提到的先知使者多达25位。其中最重要的有阿丹、努海、易卜拉欣、穆萨和尔撒。穆罕默德是最后一位使者，也是最伟大的使者、至圣的使者、封印的使者，负有传达安拉之道的光荣使命；凡信仰安拉的人，都应服从安拉的使者。

（5）信后世。伊斯兰教认为，宇宙间一切生命，终将有一天要全部毁灭。然后安拉使一切生命复活，进行复活日审判。行善的将进入天堂，永享欢乐；作恶的将被驱入地狱，永食恶果。伊斯兰教提倡两世兼顾，号召穆斯林要在现世努力创造美满生活，多做善功为未来的后世归宿创造条件，两者相辅相成。

（6）信前定。伊斯兰教认为，宇宙间一切事物都受安拉制定的法则制约，任何人都不能变更其法则，唯有对真主的顺从和忍耐，才能赢得真主的喜悦，因此，前定并非宿命。人类只有通过虔诚地向安拉祈祷，然后努力履行宗教义务和职责，真主才会使其结局发生变化。

（三）宗教建筑的主要形式

1. 佛教建筑的主要形式

我国的佛教建筑主要有寺院、塔、石窟寺等几种形式。

(1)寺院。寺院是历代佛教信徒拈香顶礼，诵经拜佛的梵宫圣地。初时，"寺"是中国古代官署的名称。东汉永平十一年（68年），西域僧人摄摩腾和竺法兰，带着佛经、佛像来到洛阳，下榻鸿胪寺暂住。后汉明帝敕建僧院，供他们传教之用。因传说中佛经、佛像由白马驮来，故僧院被命名为"白马寺"。以后，随着佛教的发展，"寺"便成了中国僧院的一种泛称。寺院一般以殿堂为主体。建筑形式沿袭古制，较多地采用庑殿、歇山、重檐、悬山、硬山等屋顶。主要建筑位于南北向的中轴线上，而次要建筑安排在轴线东西两侧。宋代时的寺院盛行"伽蓝七堂"制度，即佛殿、法堂、僧堂、库房、山门、西净、浴堂。较大的寺院还有钟鼓楼、罗汉堂等。明清时，山门、天王殿、大雄宝殿、后殿、法堂、罗汉堂、观音殿、钟鼓楼等，已成为寺院的常规建筑。佛教寺院的大门通常称为"山门"。"天下名山僧占多"，因寺院多居山林深处，故有此称。山门一般开有三个门洞，象征"三解脱门"，即空门、无相门、无作门。山门建筑多为屋宇式，里面塑有两尊手执金刚杵守护佛法的护法神。由山门往北，第一座殿是天王殿。殿内有弥勒佛像，其后是韦驮天，两侧立有四大金刚像。出天王殿便是寺院的正殿，也即"大雄宝殿"。大雄宝殿是寺中最为富丽堂皇和等级最高的建筑，一般以重檐歇山式居多。殿内供奉佛教缔造者和最高层领导者——佛，通常有一尊或三尊塑像。大雄宝殿后面的法堂，也称讲堂，是传教说法之处，建筑仅次于正殿。堂内设有法座，法座上置座椅和高台，供演说佛法之用。法座前还置有讲台，台下设香案，两侧是听法席。正殿两侧的东西配殿，名称各寺不一。一般来说东配殿是伽蓝殿，西配殿为祖师殿。但也有许多寺院是专供菩萨的观音殿、文殊殿、三大士殿、地藏殿或药师殿。早期的寺院往往筑有佛塔，一些大的寺院并建有藏经阁。除此外，佛寺中还有僧房、香积厨（厨房）、斋堂（食堂）、职事堂（库房）、茶堂（接待室）、云会堂（禅堂）等附属建筑。

(2)塔。塔，起源于古代印度，梵文称作Stupa，中文译为窣堵波、塔婆、浮屠等。当初古印度筑塔是为了埋葬佛的舍利，建筑也很低。但传入中国以后，不断被汉化，成为一种独具一格的高层纪念性建筑。我国的佛塔，就材料而言，有木、砖、石、铜、铁、琉璃等多种质地，从平面造型看，有方、圆、六角、八角、十二角、菱形等形状，按结构和艺术造型分，又有楼阁式、密檐式、亭阁式、金刚宝座式、花塔式、过街式等形式，可谓种类繁多，丰富多彩。①楼阁式塔，是我国古塔中最普遍的一种。它是印度的窣堵波与中国古代高层楼阁相结合的产物。其层与层之间的距离较大，每层的门、窗、柱、枋、斗拱、塔檐等，都参照了木结构的形式。塔内一般都设有楼梯供登临远眺。②密檐式塔也是一种较高的多层塔。但它的底层特别高大，以上每层间距很小，塔檐紧连，每层之间也无门、窗、柱子等楼层结构，这种塔大多不能登临。③亭阁式塔，窣堵波与传统的亭阁相结合的产物。其特点是塔身单层，平面呈方形、六角形、八角形或圆形，外观似亭阁建筑，但下部有台基，顶上冠以塔刹。亭阁式塔是高僧、和尚墓塔的主要形式。④金刚宝座塔是佛教密宗派的塔，在一个高台上建有五座小塔，供奉金刚界五佛并象征须弥山五形，塔座和五座小塔的须弥座上布满了狮、象、马、金翅鸟王和孔雀五种动物。⑤花塔是由楼阁式塔和亭阁式塔变化而来的，其上部装饰着巨大的莲瓣或是密布的佛龛以及雕刻，或塑出狮、象、蛙等动物形象和其他装饰，远望恰如一束巨花，华丽无比，故称为花塔。⑥过街塔是元代开始发展起来的，一般位于街道或大路上。由于元代大兴藏传佛教，所以过街塔大多为窣堵波式。过街塔在造型上结合了古代城关建筑的特点，下面建成门洞式。按佛教教义所说，行人从塔下经过，就是向佛礼拜。过街塔有单塔、三塔、五塔等多种形式。我国的佛塔虽然形式多种多样，但主要结构不外乎地宫、基座、塔身、塔刹几部分。尤其是塔刹，更是佛塔特有的构件，它是全塔最高的部分，意思是土田，代表佛国。塔刹实际上是古代印度窣堵波的变形。

2. 基督教建筑的主要形式

教堂的建筑风格主要有罗马式、拜占庭式和哥特式三种。

（1）罗马式教堂。罗马式教堂是基督教成为罗马帝国的国教以后，一些大教堂普遍采用的建筑式样。它是仿照古罗马长方形会堂式样及早期基督教"巴西利卡"教堂形式的建筑。巴西利卡是长方形的大厅，内有两排柱子分隔的长廊，中廊较宽称中厅，两侧窄称侧廊。大厅东西向，西端有一半圆形拱顶，下有半圆形圣坛，前为祭坛，是传教士主持仪式的地方。后来，拱顶建在东端，教堂门开在西端。高耸的圣坛代表耶稣被钉十字架的骷髅地的山丘，放在东边以免每次祷念耶稣受难时要重新改换方向。随着宗教仪式日趋复杂，在祭坛前扩大南北的横向空间，其高度与宽度都与正厅对应，因此，就形成一个十字形平面，横向短，纵向长，交点靠近东端。这叫作拉丁十字架，以象征耶稣被钉死的十字架，更加强了宗教的意义。

（2）拜占庭式教堂。拜占庭式教堂建筑的主要成就与特征是在方形的平面上，建立覆盖穹顶，并把重量落在四个独立的支柱上，这对欧洲建筑发展是一大贡献。圣索菲亚大教堂是典型拜占庭式建筑。其堂基与罗马式的一样，呈长方形，但是，中央部分房顶由一巨大圆形穹隆和前后各一个半圆形穹隆组合而成。东正教教堂的特征是堂基由长方形改为正方形，但在建筑艺术上仍保留拜占庭式风格。东欧的教堂是突出穹顶，提高鼓座，使穹顶更加饱满。在莫斯科红场上的华西里·伯拉仁内教堂就是著名的拜占庭式教堂建筑。其特点是中央一个大墩，周围八个小墩排成方形，上面各有一个大小不一的穹顶。该建筑是世界宗教建筑中的珍品。

（3）哥特式教堂。哥特式教堂建筑是以法国为中心发展起来的。12~15世纪，城市手工业和商业行会相当发达，城市内实行一定程度的民主政体，市民们以极高的热情建造教堂，以此相互争胜来表现自己的城市。另外，当时教堂已不再是纯宗教性建筑，它已成为城市公共生活的中心，成为市民大会堂、公共礼堂，甚至可用作市场和剧场。在宗教节日时，教堂往往成为热闹的赛会场地。哥特式建筑的特点是尖塔高耸，在设计中利用十字拱、飞券、修长的立柱，以及新的框架结构以增加支撑顶部的力量，使整个建筑以直升线条、雄伟的外观和教堂内空阔的空间，再结合镶着彩色玻璃的长窗，使教堂内产生一种浓厚的宗教气氛。教堂的平面仍基本为拉丁十字形，但其西端门的两侧增加了一对高塔。著名的哥特式建筑有巴黎圣母院大教堂、意大利米兰大教堂、德国科隆大教堂、英国威斯敏斯特大教堂。

新教的教堂，各派教会亦有差异。总的来说，教堂建筑比较简朴，大都为长方形礼堂。内部由于重视讲道，讲台一般置于显著地位。新教加尔文派的教堂甚至没有圣像、宗教画、彩色玻璃和圣坛。近期，欧美各国建筑艺术呈现多样化，宗教建筑也摆脱了旧的传统风格，出现一些新的式样。

3. 伊斯兰教建筑的主要形式

清真寺是伊斯兰教建筑群体的形制之一，是穆斯林举行礼拜、宗教功课，举办宗教教育和宣教等活动的中心场所，亦称礼拜寺。兴建清真寺被视为穆斯林神圣的宗教义务和信仰虔诚的体现，哪里有穆斯林，那里就建有清真寺。世界上第一个穆斯林礼拜的清真寺是麦地那的先知穆罕默德的故居，当时穆罕默德领导穆斯林在这里做礼拜，一个相当大的院子，中间只有一座小房屋，是穆罕默德的住宅，院子一边竖立着一排枣椰树干做的柱子，在柱子和墙之间，覆盖着用枣椰树叶做的凉棚，穆斯林们可以在凉棚下做礼拜，防止曝晒，穆罕默德站在房间的门廊里领导做礼拜，以后清真寺都是仿照这种方式。清真寺内不得供奉任何雕像、画像和供品，有围绕的柱廊，中心有一个大拱顶，主要的墙要向着麦加的方向，墙中间有一个凹下的龛，叫作米海拉布，用于指示穆斯林礼拜方向。龛中有一座带阶梯的高台，在主麻日时，可由伊玛目站在上面带领诵读《古兰经》，高台叫敏拜尔，诵读《古兰经》时不得有音乐和歌唱。地面一般铺有地毯，因为穆斯林需要赤脚礼拜。清真寺外面或一进门的地方有自来水或喷泉，要求穆斯林净手脸后才能礼拜。

二、宗教类旅游景区的讲解

1. 讲清宗教类景区游览的注意事项

佛教寺庙讲解前，导游首要先尊重游客的宗教信仰，询问是否有信奉宗教的，有些佛教信徒不喜欢导游进行过多的客观描述；其次提醒异教信徒尊重寺庙参观的要求，比如不要进入僧人的僧房，尽量不穿殿而行（很多信奉别的宗教的不会进入佛教寺庙），穿殿而行的时候请从右侧通过，不要在殿内照相、燃香、吃东西、扔垃圾、大声喧哗。

基督教教堂讲解前，导游要跟游客交代注意事项。进入教堂要尊重基督教的信仰和规则。征得教堂负责人的同意，方可拍摄建筑物与礼仪活动，拍摄时不得使用闪光灯。教堂内应保持肃静，自觉将手机关闭或调至静音、振动，不要在教堂内接打电话。进入教堂要衣冠端庄、整洁；勿穿拖鞋、背心、超短裙、吊带裙、无袖衫、睡衣等。教堂内要保持卫生，不在教堂内饮水、吃零食、吐痰、扔垃圾、吸烟。教堂内勿大声喧哗或交头接耳，如有紧急之事，到教堂外交谈；不东张西望和随意走动；看顾好自己的孩子。爱护教堂内一切公物，特别是歌本与经书，使用后请放回原处，勿将经本、圣物等给小孩玩耍，以免污损或丢弃。

伊斯兰教清真寺参观需注意的事项有：着装上女子不要穿短裙、吊带衫等裸露较多的衣服，也不要穿透明、紧身的衣服。男子不要穿短于膝盖的短裤。非伊斯兰教徒去参观，不能进礼拜堂。进清真寺后先站着，只有礼拜两番后方可坐下。进入清真寺后不要做生意买卖、不许厮杀格斗、不许寻找遗失物，除赞真主外，不许大声喧哗，不许说闲话，不许盛气凌人，不许争地位、比阔气，不许搡挤别人，不要在礼拜者面前过路，不要在清真寺礼拜堂里吐痰。

2. 讲清宗教建筑的基本格局

宗教建筑是宗教信徒最基本、最主要的宗教活动场所。导游在为游客解说宗教类游览场所的时候要讲清楚景区的基本格局，使游客对该宗教旅游区有个初步的了解，才能加深认识与印象。

3. 讲清宗教建筑的历史沿革

导游员解说宗教景区时，必须阐明该宗教建筑建造的时间、人物、原因以及历史变迁等要素，让游客对该宗教景区的历史发展有所了解。

4. 讲清宗教建筑内的塑像

导游要为游客解说佛教寺庙时，要解说山门、天王殿、钟楼、鼓楼、大雄宝殿、观音殿、弥勒殿、罗汉堂等殿堂内供奉的佛、菩萨、罗汉的名称、形象、果位等。在讲解基督教教堂时，可就圣像、天使、雕塑、壁画进行讲解。

5. 讲清宗教建筑的艺术特征

导游人员在宗教类景区的讲解，不能单纯地去讲宗教本身，还要讲宗教建筑所表现出来的艺术魅力，突出建筑本身在材质、构建上的特色，要向游客阐释建筑上雕塑的含义和艺术价值，从造型、材料、神态、色彩等方面对建筑上的塑像进行讲解。

三、龙华寺景区讲解素材

相传建于三国时期，宋太平兴国二年（977年）吴越王钱弘俶重建龙华寺塔；在宋治平三年，宋英宗赐额"空相寺"；晚期，又重新恢复"龙华"古名。龙华寺历史上先后传承律宗、天台宗、禅宗，因此有龙华律寺、龙华讲寺、龙华禅寺等寺名。1983年，根据龙华寺为主供弥勒的寺院，便明确龙华寺传承净土宗。

龙华寺塔院齐全，布局规整，中轴线上依次排列龙华塔、山门、弥勒殿、天王殿、大雄宝殿、三圣宝殿、华林丈室、戒坛和藏经楼；钟楼、鼓楼位于天王殿前东西两侧；中轴线的东面有客堂、牡丹园；西面有罗汉堂、观音堂、僧寮，以下介绍其中几个代表性建筑。

1. 龙华塔

龙华塔是一座砖身木檐的楼阁塔，高40.64米，八角形七层，以砖身为主体，砖为北宋原物。每层四面有壶门，逐层45°转换，如此则既美观又受重均匀。各层檐下悬有铜铃，七层八角，共56只铃，微风吹来，叮当作响。塔刹位于塔的最高处，象征佛寺，龙华塔塔刹本身也形如小塔，结构分为刹座、刹身、刹顶三个部分。塔刹的三个部分用长18米的铁杆连接，10米在6、7层，8米伸出塔身，在刹的尖端还拖下8根铁索，系着顶层塔檐各角，叫浪风索。龙华塔屹立至今已有千年以上历史。2006年，龙华塔被评为全国重点文物保护单位。

2. 山门

龙华寺山门前后有三座。一座是明代古山门，为一门，现在还可以看见一对石柱和一对石狮。后来龙华西路将古山门、龙华塔与佛寺分开，就搭了一座三门的竹山门。1996年，香港信徒叶氏在竹山门处捐建了如今的新山门。新建的山门为清式五门歇山顶花岗石牌楼。在中国，五门牌楼深含中华传统文化内涵，五门牌楼就儒家文化而言，表示东、南、中、西、北，普天之下，莫非王土的"大一统"思想；就道教文化而言，表达金、木、水、火、土五行相生相克的哲学思想；就佛教文化而言，表述"五蕴皆空"的理念。

龙华寺山门正中有红底金字大匾，上面用隶书写着"龙华"二字。"龙华"两字上有颗放大的金印，这是明代神宗万历皇帝赐的，为镇寺三宝之一。金印下有圆形雕饰"三狮嬉球"，大匾外框雕有九龙。山门正面门额上有"江南古刹、人间兜率"八个字，龙华寺是江南地区最早的寺院之一，故称江南古刹。相传当年佛祖指定弥勒为接班人后，弥勒便到兜率天修行。龙华寺是弥勒的道场，也就是弥勒在人间修行的地方，所以叫"人间兜率"。

山门背面中门上方有蓝底金字大匾，上面有四个字"同圆种智"。"智"指佛法，学习佛法即为种智。"同圆"指的是所有僧众和广大信徒共同达到圆满境界。两侧有"上报四恩""下济三途"。"四恩"是指"佛祖恩、国君恩、师父恩、父母恩"。前二报谓之"忠"，后二报谓之"孝"，"忠孝"为中国传统文化之精髓，"上报四恩"最能体现外来宗教中国化。"三途"是指"六道轮回"中的下三道：畜生道、饿鬼道、地狱道。

3. 弥勒殿

因为龙华寺主供弥勒，所以第一进殿为弥勒殿，不同于其他寺院第一进殿为天王殿。弥勒殿为单檐歇山式，檐前悬挂赵朴初所书写"龙华寺"匾额。一对石狮蹲踞殿门两侧，用以辟邪，并表示尊严。石狮左雄右雌，为百兽之王。石狮所蹲基座上有凤凰和牡丹雕饰。凤凰为百鸟之王，牡丹为百花之王，故称三王狮。石狮两侧有须弥灯，底座为须弥座，上为石灯，象征佛法大放光明，点悟愚昧。

弥勒殿供奉的是弥勒的化身——布袋和尚。浙江奉化的布袋和尚就是中国的弥勒佛，是弥勒佛的"化身像"。据传五代后梁明州（宁波）奉化有一和尚契此，双耳垂肩，袒胸露腹，笑口常开，但言语无定，随处寝卧，杖一布袋，四处奔走劝人信佛，人称布袋和尚。后来，他在岳林寺碣石上口念"弥勒真弥勒，分身千百亿，时时示世人，世人自不识"偈语坐化。弥勒佛龛前有联语："开口便笑，笑古笑今，凡事付诸一笑；大肚能容，容天容地，于人无所不容。"

4. 钟楼、鼓楼

钟楼重建于明代，为三层歇山式建筑，楼檐下有"大愿地藏王"匾；楼内悬挂有高

2米、直径1.3米、重3000千克的青龙铜钟。旧时，龙华晚钟为"沪城八景之一"。自20世纪90年代以来，"迎新春，撞龙华晚钟"成为沪上一道亮丽的风景线。

钟声所以为百八之数，有两种说法：一是中国人认为一年有12个月、24节气、72候，共108数，表示一年终结，新年撞钟有辞旧迎新、祈愿新年风调雨顺、国泰民安之意；二是佛教认为人生有84000个烦恼，归为108类，钟声可消弭百八烦恼。前一种表示"迎新春"撞钟意思，后一种表达平日进香撞钟心愿。

钟楼内供奉着地藏王菩萨。金乔觉是地藏王菩萨化身，闵公子为其胁侍，合称"幽冥三圣"。

鼓楼建于明代，为三檐歇山式建筑。楼前有"护法伽蓝"匾，楼内有直径1.6米大鼓。最早，龙华寺鼓楼供奉广泽龙王，明代供奉天后妈祖。现在，鼓楼供的是关羽，其左胁侍是关平，右胁侍是周仓。《三国演义》说，关羽皈依佛门，并被封为伽蓝神，即佛寺保护神。关羽像前有一尺高的塑像，即广泽龙王。鼓楼内左供道教财神赵公明，右供道教土地爷福德正神。

5. 天王殿

天王殿为单檐歇山式建筑，书法家沙孟海所书"天王殿"巨匾悬挂殿檐。天王殿内供奉四大天王、天冠弥勒和韦驮。

（1）四大天王。四大天王是东方持国天王、南方增长天王、西方广目天王、北方多闻天王。东方持国天王，面蓝色和悦相，手中持琵琶，是乐器也是法器，弹奏出的声波能置妖魔鬼怪于死地。南方增长天王，手持利剑，手中利剑能发出特有的光芒，斗魔而胜之，为褐面凶相。西方广目天王，他的法器是龙蛇，发现哪里有妖魔鬼怪，就放出龙蛇去除之，为红面怒相。北方多闻天王，他是佛的近侍，一手握伞，上书佛经；一手捧塔，表示财宝，他同时也是战斗之神、胜利之神，又是财神，四天王中他香火最盛，为白面笑相。由于中国几千年来是农业社会，所以四天王手中的法器，有汉语双关意。持剑意味锋，琵琶意味调，持伞代表雨，龙蛇代表顺，寓意"风调雨顺"。

（2）天冠弥勒。龙华寺是弥勒佛的人间道场，所以供奉两种弥勒像：一为弥勒殿的化身像（和尚像），一为天王殿的真身像天冠弥勒（菩萨像）。天冠弥勒是弥勒在兜率天内院修行的法相，身份是菩萨。他敬佩璎珞，头戴五佛冠，手持莲花，花上是他修行之处兜率宫内院。

（3）韦驮。佛圆寂后，佛遗骨舍利奉安在佛塔内。古代佛寺以塔为中心，佛寺如同墓庐，韦驮为护法神，便面对佛塔而立，以示守责之忠，唐代以后，佛寺由塔为中心，渐为以供佛祖佛像的大雄宝殿为中心，所以韦驮总是面对大雄宝殿而立。韦驮手中的法器叫金刚杵，用以降魔除妖。

6. 大雄宝殿

大雄宝殿为重檐歇山顶，大雄宝殿屋顶上的护法神与众不同，是四大天王"亲自"护法。大殿檐下悬挂书法家田桓所书"大雄宝殿"匾额和名画家唐云所书"龙华十方"匾额。大雄宝殿供奉华严三圣、二十天神、十六罗汉、五十三参等塑像，还有诸多陈设法器。

（1）华严三圣。指的是毗卢遮那佛、文殊菩萨、普贤菩萨。毗卢遮那佛戴毗卢帽，作毗卢印，佛像上方有藻井，佛像背后有"光背"，上有9尊小佛像，毗卢遮那佛有两位亲密的助手，即文殊菩萨和普贤菩萨。文殊菩萨像骑狮子，是表大智的菩萨，道场在山西五台山。普贤菩萨，手持如意棒，骑白象，是表大行的菩萨，道场在四川峨眉山。文殊象征智慧，代表理论；普贤表示修行，代表实践。二位相伴，表示理论与实践结合，既要有智慧，也要去修行。

（2）二十天神。大殿两侧站列二十位天神，他们是佛教的护法神。二十天神大多源于南亚次大陆古老神话传说，还有几位是在佛祖成佛前后护法立功而成为护法神的：第一位是佛苦行时坐在菩提树下禅定，菩提树神为悉达多遮风挡雨。第二位是佛成道时，欲魔来干扰破坏，关键时刻，坚牢地神从地下出来为佛"作证"，排除了魔障。第三位是佛传法时，佛的精舍起火，龙王吐水灭火。第四位是佛涅槃时，捷疾鬼盗走佛牙舍利，韦驮天将将其捉拿归案。

（3）十六罗汉。据说有次佛会，佛祖挑选了十六位弟子，要他们不要涅槃，在人世间弘扬佛法至弥勒出世，此即十六罗汉的来历。十八罗汉始于唐贯休画笔，传于苏轼题颂，盛于清乾隆帝钦定。龙华寺供十六罗汉表明该寺为唐以前的寺院。

7. 三圣宝殿

三圣宝殿位于中轴线上，重檐歇山式屋顶，凸显了三圣宝殿的庄严，也突出了龙华寺作为净土宗对西方极乐世界的向往。三圣宝殿供奉着西方三圣。中间是阿弥陀佛，他是西方极乐世界的教主，他左手捧莲花台，右手向下作接引印，背后"光背"上有13尊小佛。阿弥陀佛光背上13尊小佛表示阿弥陀佛的13个名号。

阿弥陀佛左侧是头戴天冠的观音菩萨，天冠上有阿弥陀佛像，表示当阿弥陀佛入灭后，由观音菩萨补其位成佛，其显灵说法的道场在浙江普陀山。菩萨右手持净瓶，瓶中有甘露；左手拿杨柳枝，表示普洒甘露。龙华庙中观音菩萨显其男身本相。

阿弥陀佛右侧是头戴天冠的大势至菩萨，天冠上有净瓶，表示当观音菩萨入灭后，由大势至菩萨补其位成佛，其显灵说法的道场在江苏南通狼山。观音菩萨和大势至菩萨都是阿弥陀佛的胁侍，合称西方三圣。三圣宝殿上悬三块匾，第一块圆瑛法师书写的"莲风远被"匾，意思是清净的佛教之风吹遍天下。第二块明旸法师书写的"清凉地"匾，意思是西方极乐净土是清静凉快的地方。第三块当今龙华寺方丈书写的"大慈悲父"匾，意思是西方三圣乃大慈大悲之父。

8. 牡丹园

牡丹园内有百年牡丹、韬明禅师塔；以前曾放置空相寺界石和4只元代石虎。百年牡丹原植于杭州七仙桥东林寺鲁智深墓附近，1949年，移植于龙华寺。韬明禅师塔，为7级石塔，高127厘米。石柱四面刻有兽、花卉。韬明禅师于顺治年间任龙华寺住持，弘扬禅宗临济宗，此塔和寺中"龙华禅寺"宝鼎，证明龙华寺清初弘扬禅宗法脉，此塔为上海地区罕见的中国舍利塔原型。当年宋英宗赐额"空相寺",寺院界石尚存,原放置牡丹园,今移至弥勒殿前东侧塔影苑澄碧亭内。牡丹园以前放有4只元代石虎,今一对送至光启公园,一对则在塔影苑前。

9. 观音堂

观音堂檐下悬挂两匾分别是"普门示现"和"慈航普度"匾,堂内有观音菩萨三十二化身像、千手观音和代表天神、人类、鬼怪的大功德天、波斯匿王、八部鬼众。

当无数众生遭遇苦难时,只要称诵一声"观世音菩萨",菩萨就会"观"声音,立即前来解救,这说明观音佛法无边,听到声音,眼睛就能看到。

她"救苦救难"是"随类化度"的,也即根据呼救者的性别、身份而变化,总之,以呼救者的形象出现。观音有三十二化身,其中25种为男身,7种为女身,这可以理解为观音法力无边。观音堂的三面墙上便是观音的"三十二化身"。

佛教有"六道轮回"之说,便创造出6种形象的观音救渡"六道众生",这叫"六观音"。龙华寺观音堂有两尊"六观音",一尊是立于堂中的渡地狱道的千手观音,一尊是正面壁上的渡天道的如意轮观音。观音堂千手观音像右前侧站立一位妇人是大功德天,手捧寿桃;左前侧站立一位老者是波斯匿王,手握经卷;千手观音所立的基座上则雕刻天龙八部和金刚杵,他们代表天神、人类、鬼怪"三界"皈依佛门护持观音。

10. 罗汉堂

罗汉堂正面墙上菩提树下是释迦牟尼佛七日七夜粒米未进,成佛形象,人称饿佛,麋鹿献乳,猕猴送桃,佛似在给罗汉讲经说法。左侧有8位弟子,领班为摩诃迦叶,右侧也有8位弟子,领班为天冠弥勒,他是佛的接班人。南北墙上是四大菩萨:北墙上拿柳枝的是观音菩萨(男相),手握经卷的是文殊菩萨;南墙上手持如意的是普贤菩萨,手拄禅杖的是地藏王菩萨。罗汉堂前有护法神,左为韦驮,右为关羽。

任务四 博物馆类旅游景区解说

技能实训

实训目的	熟悉并掌握博物馆类旅游景区的讲解技能
实训要求	1. 查阅博物馆类景区的相关资料、了解景区概况和导游图 2. 科学设计景区游览顺序和游览路线,合理安排游览项目 3. 撰写博物馆类旅游景区的导游词并进行生动讲解
实训时间	本实训环节共2学时
实训地点	教室、景区模拟实训室或博物馆景区

续表

实训材料	1. 多媒体设备 2. 导游词卡片 3. 博物馆景区背景材料
实训内容及步骤	1. 实训准备 (1) 学生分成若干小组。 (2) 学生分组分批查阅资料及到博物馆旅游景区进行调查。 2. 实训开始 (1) 了解和熟悉博物馆旅游景区背景资料。 (2) 分析博物馆景观特色和分布。 (3) 设计游览路线、安排游览内容。 (4) 撰写博物馆景区导游词。 (5) 分组模拟讲解。 (6) 实训指导教师点评总结及评分。 3. 实训结束

实训考核

1. 实训指导教师根据学生对博物馆景区的导游讲解资料收集、游览路线安排、导游词撰写、景区导游解说情况进行评分。

2. 按百分制记分,博物馆类旅游景区导游讲解80分,实训纪律及态度20分。

3. 评分表

博物馆旅游景区解说考核评分表

组别:＿＿＿＿＿＿ 姓名:＿＿＿＿＿＿ 考核时间:＿＿＿＿＿＿

项目		应得分	教师评分
博物馆类旅游景区的解说	讲解资料的收集	10	
	线路设计的合理性	10	
	导游词的撰写质量	30	
	景区解说的质量 (完整性、生动性、实用性)	30	
	实训纪律及态度	20	
	合计得分	100	

考核时间: 年 月 日   考评教师（签名）:＿＿＿＿＿＿

知识链接

随着人们欣赏水平和文化素质的提高,博物馆已经逐渐成为旅游参观的热点。尤其是欧美国家的旅游团，每到中国的一个城市旅游，几乎都会把当地的博物馆作为重要的参观游览对象。

一、博物馆类景区基本知识

（一）博物馆的定义

博物馆是搜集、典藏、陈列和研究代表自然和人类文化遗产的实物的场所，并对那些有科学性、历史性或者艺术价值的物品进行分类，为公众提供知识、教育和欣赏的文化教育机构、建筑物、地点或者社会公共机构。

国际博物馆协会将动物园、植物园、水族馆、科技馆、自然保护区、科学中心和天文馆以及图书馆、档案馆内长期设置的保管机构和展览厅都划入博物馆的范畴。

（二）博物馆的分类

目前，世界上各类博物馆发展迅速，为旅游业提供了丰富的旅游资源。从类型上看，也是类别众多，能满足各类旅游者的需求。

1. 外国博物馆的分类

外国博物馆，主要是西方博物馆，一般划分为艺术博物馆、历史博物馆、科学博物馆和特殊博物馆四类。

艺术博物馆，包括绘画、雕刻、装饰艺术、实用艺术和工业艺术博物馆。也有把古物、民俗和原始艺术的博物馆包括进去的。有些艺术馆，还展示现代艺术，如电影、戏剧和音乐等。世界著名的艺术博物馆有卢浮宫博物馆、大都会艺术博物馆、国立艾尔米塔什博物馆等。

历史博物馆，包括国家历史、文化历史的博物馆，在考古遗址、历史名胜或古战场上修建起来的博物馆也属于这一类。墨西哥国立人类学博物馆、秘鲁国立人类考古学博物馆是著名的历史类博物馆。

科学博物馆，包括自然历史博物馆。内容涉及天体、植物、动物、矿物、自然科学，实用科学和技术科学的博物馆也属于这一类。英国自然历史博物馆、美国自然历史博物馆、巴黎发现宫等都属此类。

特殊博物馆，包括露天博物馆、儿童博物馆、乡土博物馆，后者的内容涉及这个地区的自然、历史和艺术。著名的有布鲁克林儿童博物馆、斯坎森露天博物馆等。

2. 中国博物馆的分类

中国博物馆事业的主管部门和专家们认为，在现阶段，参照国际上一般使用的分类法，根据中国的实际情况，将中国博物馆划分为历史类、艺术类、科学与技术类、综合类这四种类型是适合的。

历史类博物馆，以历史的观点来展示藏品，如中国历史博物馆、中国革命博物馆、西安半坡遗址博物馆、秦始皇兵马俑博物馆、泉州海外交通史博物馆、景德镇陶瓷历史博物馆、北京鲁迅博物馆、韶山毛泽东同志纪念馆、中国共产党第一次全国代表大会会址纪念馆等。

艺术类博物馆，主要展示藏品的艺术和美学价值，如故宫博物院、南阳汉画馆、广东民间工艺馆、北京大钟寺古钟博物馆、徐悲鸿纪念馆、天津戏剧博物馆等。

科学与技术类博物馆，以分类、发展或生态的方法展示自然界，以立体的方法从宏观或微观方面展示科学成果，如中国地质博物馆、北京自然博物馆、自贡恐龙博物馆、台湾昆虫科学博物馆、中国科学技术馆、柳州白莲洞洞穴科学博物馆等。

综合类博物馆，综合展示地方自然、历史、革命史、艺术方面的藏品，如南通博物苑、山东省博物馆、湖南省博物馆、内蒙古自治区博物馆、黑龙江省博物馆、甘肃省博物馆等。

二、博物馆旅游景区的讲解

博物馆类景区的游览和导游讲解都明显地表现出与其他旅游景观的不同特点，导游员在博物馆进行导游讲解服务时要注意以下几个要点。

（一）做好知识准备

博物馆中丰富的藏品蕴含着深厚的文化，涉及方方面面的知识，具体的个别展品还可能要求有一定的专业知识。博物馆内容的丰富，要求导游员要有广博的知识，对馆藏展品的文化要进行深入了解，不能满足于浅尝即可，不仅要掌握展品的审美知识，还要掌握其发明发现的过程、艺术价值、珍贵程度、制作工艺，不但要知其然，还要知其所以然，要对藏品的历史背景、创作者、流转过程有所涉猎。所以，博物馆的讲解人员要有研究精神，要对展品进行学术性的科学考证，做到"外行看起来内行，内行看起来不外行"。

（二）熟悉陈列内容

博物馆的藏品非常丰富，多的达到数万件，分布在几个甚至十几个展区。博物馆藏品的陈列顺序、陈列类别、陈列品内在的本质、价值和馆藏者所要表达的主题思想有一定的关系。导游讲解员要对博物馆的展品陈列非常熟悉，对陈列品的种类、所在位置、陈列顺序以及其所揭示的主题思想心中有数。导游讲解员只有熟悉了博物馆的陈列内容，在讲解中才能做到得心应手，并且能够根据旅游团、旅游者的特点进行有选择性的参观讲解。

（三）客观讲解，借题发挥

博物馆的展品是具体的实物和生动的艺术品，体现了较强的客观性。这些事物具有强大的说服力，是对历史、对科学、对文化等方面成就的最有力的注释。导游员要根据展品实物进行有针对性的讲解，切忌偏离具体的客观对象去讲不着边际的内容，在讲解藏品时，导游可以采用虚实结合的讲解方法，但一定要记住"虚实结合、以实为主"，不能一味地讲传说故事。

（四）深入浅出，通俗易懂

博物馆的许多照片，都具有较高的学术价值，蕴含着深奥的科学道理，也正是这个特点，才使其具有了非同一般的教育功能。导游员的讲解不是做科学报告，因此，要把那些本来深奥的内容，有浅显的语言讲出来，这是导游员在博物馆导游中所应特别注意的。深入浅出、通俗易懂的讲解方法，是导游员准确传达审美信息的最有效的方法。

（五）知识性、趣味性并重

博物馆展品所蕴含的学问有时是令人无法想象的，如自然界一块普通的石头，被存放到了地质博物馆里，它就是某一地区地质历史的最典型的代表，一块动物化石，里面所包含的是某个物品的生命演变历史。这些都是导游员要向游客介绍的知识点。但是，这些知识的讲解不是单纯的、枯燥的介绍，而是要将趣味性融入讲解过程中，用生动、幽默的语言把枯燥的知识进行包装，采用丰富多彩的方式方法进行表述，让旅游者感到参观博物馆的乐趣。

三、博物馆类旅游景区的讲解素材

（一）上海博物馆导游讲解素材

博物馆是向人们展示人类文明的窗口，而上海博物馆是上海乃至中国向海内外公众展示我们中华五千年文明的窗口。

上海博物馆位于上海市人民广场南端，占地33亩，地下2层，地上5层，地面高度29.5米，建筑面积达4万平方米。原来的上海博物馆只有4个陈列馆，现在增扩至10个陈列馆和1个专馆。展览面积达1.2万平方米，是原来的3.4倍。有11个长期展览的陈列馆，如青铜器、陶瓷、雕刻、玉器和少数民族工艺品等。

我们现在站在博物馆大门前，看一下这个新馆的造型，它的设计是方形基座与圆形放射形相结合，有着鲜明的空间感。"方"象征着四面八方，"圆"着意文化渊源之循环往复，这个馆的四座"拱门"弧线，体现了开放的世界。上海博物馆建筑造型是方体基座与圆形出挑相结合，最上面的部分是四个圆拱，具有中国古代"天圆地方"的寓意。整个建筑的外观造型具有汉代的建筑风格，从远处眺望又似一个古代的青铜器"鼎"。南门两侧八尊汉白玉雕塑（6狮子、1天禄和1辟邪），"守护"着上海博物馆珍藏的无价的文化瑰宝。上海博物馆是上海市现代化的跨世纪标志性建筑之一。

上海博物馆现有馆藏文物近百万件，其中珍贵文物12万件，包括青铜器、陶瓷器、书法、绘画、玉牙器、竹木漆器，其中尤以青铜器、陶瓷器、书画（书法、绘画）为特色。上海博物馆的文物分为常设陈列和特别陈列两大类别。1层设有上海古代青铜馆和中国古代雕塑馆，2层是中国古代陶瓷馆，3层有中国历代绘画馆、书法馆、玺印馆，4层是中国古代玉器馆、中国历代钱币馆、中国明清家具馆和中国少数民族工艺馆。与此

同时，上海博物馆还与国内外许多文博机构进行友好交流，邀请海内外博物馆及其他收藏机构到上海举办文物特展。近年来，举办了"新疆丝路考古珍品展""西藏文物展""古代奥林匹克运动与艺术"等展览。

下面请大家随我一同走进这座上海新博物馆，一同感受我国中华五千年文明，投入追古循旧之中。博物馆的大厅地铺青砖，墙饰米黄色花岗岩，大厅中央地面镶有古朴硕大的宝相花图案。我们首先参观的是"青铜器馆"。

青铜器是中国古代文化的瑰宝，青铜器文化是记录奴隶社会的形象载体。上海博物馆收藏的青铜器门类齐全，器物精湛。从商、西周、春秋、战国各时代、各地区成系统的收藏来讲，上海博物馆与北京故宫博物院、台北故宫博物院不相上下。上海博物馆尤以长篇铭文同历史著录的重器为特色。而这个青铜器馆充分反映了中国青铜工艺发展的完整体系同中国民族非凡的创造力。

青铜是人类历史上的一项伟大发明，是世界冶金铸造史上最早的合金。是在红铜中加入锡、铅成为一种新的合金，这种合金历经几千年的化学反应，其表面出现一层青灰色的锈，就是我们眼前看到的这些。

中国青铜工艺的时代跨度，大致从公元前21世纪的夏代至公元前221年以前的战国时代，可分为初始期、育成期、鼎盛期、转变期、更新期等几个阶段。中国的青铜器主要是以礼器为主，其形制大概可以划归为五大类，即日常用器（炊器、食器、酒器、饰物）、乐器、兵器、工具和货币。

刚刚大家已看过青铜器的初始期和育成期了，下面我来向大家介绍一下青铜器的鼎盛期。青铜器的鼎盛期是从商代晚期至西周早期。这个时期的青铜器铸作精湛，而且都是成套的铸作，品种之多空前绝后。这时期的青铜器上大多装饰兽面纹和各种动物纹，诡异庄严，神秘莫测，这些都体现了人们对大自然力量的崇拜。

就好像这个"簋"，在古代是用来放置食物的器皿。形状或方或圆，在当时是贵族的食器或祭器。但后来又逐渐流传到民间，而我们民间更有"九大簋"之说。何谓"九大簋"呢？意思是筵席丰盛，有九个大簋装放菜肴食物。古时祭祀，通常都是"二簋""四簋""八簋"，但有些地方习惯称盛宴为"九大簋"。在"九"与"簋"之间还加个"大"字，不单指多，而且含有极其丰盛、隆重的意思。人们所讲的"簋"，是指可装5~6斤米饭的"大碗"。按现代人的食量，"九大簋"可供一百几十人享用。由此可知，"九大簋"是言饭菜之极丰盛，夸耀其筵席规格之高。

传统"九大簋"的九道菜已经演变成现代"九大簋"，分别是：①虾米炖冬菇；②猪皮胶炖田鸭；③南乳冬笋炖花腩；④白切鸡；⑤柴火炖大白菜；⑥荷兰豆炒双鱿鸡杂；⑦蒜蓉炖海蚬；⑧扣肉煲；⑨咕噜肉。

大家看一下这个，这是现存西周青铜器中第二大器"大克鼎"。它于1890年在陕西扶风出土，重201.5千克。最为珍贵的是它内腹壁铸铭文290个字，记载了大贵族颂扬其祖先师华父辅助周王的功德，周夷王赏赐他命服、土地及奴隶等史实。

前面是青铜工艺的转变期。再往前走，就是青铜器铸造技术达到了新的高峰的更新期。在这时期青铜器的礼器特性逐渐消失，而且相当一部分转化为日常生活用器。

大家看一下这些都是近年抢救的14件晋侯苏编钟，大的52厘米，小的22厘米。铭文记载了晋献侯在周宣王率领下进行的战争，杀敌数百，擒获俘虏多批，因而受到周宣王亲临赏赐。还有这个，西汉早期错金银鸟篆书铜壶，是诸侯王的用器，但可惜的是这个壶失去了一个盖，它代表了西汉时期青铜器金银错工艺的最高水准。

大家下面一同随我走进另一个馆——陶瓷馆。

陶瓷是中国古代伟大的发明之一。陶器在我国有着悠久的历史，在距今8800年前的江西省万年县已有古人制陶痕迹。在这里展示了不同时期陶器文化的历史文物。在唐代以前，陶器的制造，从选料、色彩、工序上都比较单调。一直到唐代，"唐三彩"的出现标志着我国陶瓷进入了绚丽多彩的阶段。"唐三彩"是以铁、铜、锰、钴等金属原料为呈色剂，在低温氧化中烧成黄、绿、褐、紫等多种色彩。以前的唐三彩主要是作为陪葬品，以马的形象最生动，而骆驼也常见。

还有宜兴的紫砂器也是名闻天下的。宜兴是中国的"陶都"。紫砂茶具是由陶器发展而成的，而宜兴烧制的紫砂器质地细腻，坚硬而耐寒耐热，泡茶不失原味，还能保持真香，且传热缓慢不易烫手，颜色有赤褐色、淡黄色和紫黑色为多，造型多样，是泡茶首选器皿。历史上曾有"一壶重不数两，价重每一二十金，能使土与黄金争价"之说，好的紫砂器价值不菲，我们所看见的大多是明清时名人名家所作，甚为珍贵。

除陶器外，这里还向人们展示了我国独特创造发明的瓷器。这里主要展示的是瓷器的发展和烧制瓷器的设备——窑，以及瓷器制品的展览。中国是瓷器的故乡。瓷器的发明是中国古代劳动人民对人类文明又一伟大贡献。在3000多年前的殷商时期就有青瓷的生产，但大多是陪葬品，而且在造型上仿制青铜器。如这件商代青釉弦纹尊也属陪葬品，可以说是现存原始瓷器中器形完整、釉汁匀净的上品。

宋代是中国陶瓷史上空前繁荣时期，呈现出"汝、定、官、哥、钧"五大名窑和龙泉、耀州、磁州、建阳、吉州窑等百花齐放的局面。汝窑窑址位于河南宝丰县，位五大名窑之首，为冠绝古今之中国瓷器名窑。专烧青瓷，供宫廷用；定窑在河北曲阳县，瓷器多以白瓷为主，且多采用金属包边。官窑，听名字都想到是皇室官府所开的，现在大家所见的都是南宋官窑瓷器，大家看这些窑器，用料讲究，制作工整，布满细碎纹片，口沿釉薄处隐露紫褐色胎，足部露胎呈黑色，俗称"紫口铁足"。还有哥窑瓷器，由于烧制过程中产生的缺陷而造成一种瑕疵美，被人赋以"金丝铁线""网格金线"，这件哥窑汝钉足洗堪称哥窑代表作。

到元代，江西景德镇成为我国制瓷的中心，景德镇也被称为"瓷都"。景德镇瓷器工艺的成熟与发展，结束了原有以青瓷为主流的传统，开创了以青花为主流的彩色釉发展道路。青花的优点是着色力强，发色明快；蓝花白地，素雅明净；青花为釉下彩绘，有釉保护，永不褪色。

清代是中国古代瓷器发展的最后一个高峰，尤以康、雍、乾时期最为突出。釉上彩分五彩、斗彩、粉彩和珐琅彩。五彩瓷器以"康熙五彩"最为突出，造型丰富，除红、黄、绿三色，还发明了釉上蓝和黑色，这件五彩百鸟朝凤盘，器形规整，画面生动，实为五彩佳作。

最后，陶瓷馆还有古代瓷器制作坊和窑炉的模拟陈列。通过参观，可以对我国古代瓷器制作工艺与窑炉式样、功能有个概略的了解。

（二）上海科技馆导游讲解素材

上海科技馆坐落在上海浦东花木行政中心世纪广场内，占地面积6.8万平方米，建筑面积9.8万平方米。科技馆与世纪公园相邻，与东方明珠电视塔相望。科技馆以"天地、生命、智慧、创造、未来"五大展馆为基本内容，以人、科技、自然三者关系为主题，成为兼具展示与教育、科研与交流、收藏与制作、休闲与旅游四大功能的新型科技中心。

下面就跟着我一起领略一下各有特色的展馆吧！

进门后在你的左边有一个巨大的绿色王国，这就是"生物万象"展区。这里仿照云南的自然风光、气候条件，分为热带雨林区和石林区两大部分。热带雨林区种植了300余种雨林植物，包括乔木、灌木、藤木和附生植物。热带雨林是地表上物种最繁茂也最丰富的一类森林，主要分布于地球赤道两侧，我国的热带雨林主要分布在云南、台湾和海南岛的部分地区。石林区则有各种爬行动物、昆虫、鸟类以及水生景观。比如海龟生态景箱使用了三维效果，演绎了成年海龟产卵到小海龟孵化重归大海的过程。在蝙蝠洞里，我们还可以了解蝙蝠的不同生态习性。

从"生物万象"展区出来就可以看见上楼的电梯。为了节约时间，我们先由西端的电梯上到二楼吧。

在二楼的电梯旁有个蜘蛛展，这可是一个蜘蛛的王国，进去转一圈没准你也能变成一个蜘蛛小专家哦。

再乘电梯到三楼，我们直接往前走就能看到"宇航天地"展区的入口。"神舟五号"载人飞船（1∶1模型）无疑是这个展区的一大亮点。飞船由轨道舱、返回舱、推进舱和附加段构成。如果你不怕晕，还可以坐上四轴平衡器，它利用了三自由度陀螺框架的定轴性工作原理，模拟飞船旋转时的失重状态，是一种考验宇航员适应能力的训练装置。当然，太空影院也是一个值得推荐的项目。

往前走就到了"人与健康"展区。这里有互动趣味性强的体质测试项目、人体模型以及CT装置，体验一下一定会让你对自己的身体素质有更进一步的了解。

通往"探索之光"展区的过渡走廊，陈列的是各种极其珍贵的人体组织标本。在"探索之光"，你可以了解到20世纪物理学最主要的成就——相对论、量子论的基本原理。

量子是自然界物质运动的一种本性：分立性或非连续性，而量子论的历史就是人们研究这种非连续性的探险历程。在生物技术方面，20世纪是其突飞猛进的一个时代。从摩尔根发现染色体是基因的载体，到DNA双螺旋结构的发现，你都能在看完展览中有所了解出其中的奥秘吗？最值得推荐的莫过于由真人表演的相对论剧场，它能让你在16分钟内了解广义相对论的基本要点。

参观完三楼的展馆，让我们休息片刻再由电梯下到二楼。

下楼后左转，我们就来到了"机器人世界"展区。请你一边和机器人比赛一边想一想，这些钢琴师机器人、棋王和射箭冠军机器人都是怎么工作的？原来，它们的动作都是由程序控制的，再加上图像识别与语音识别的传感技术，它们就变得更加智能了！

接下来我们将进入"信息时代"展厅。摆在我们眼前的是一棵挂有从20世纪70年代到90年代各种显示器的"大树"，造型十分独特。你能说出这些显示器都有哪些区别吗？在你的右手边是一个虚拟实验室，不妨坐下来考考自己的脑力。

走出虚拟实验室，我们就来到了"地球家园"展区。请你注意看地上，这可是一张世界地质地貌遥感地图，很有创意吧？这里的生态灾变剧场展现了自然界由最初的美好形态到最后的荒凉这一可悲的过程，时刻提醒人们要更好地保护环境。垃圾焚烧动态演示模型将会告诉你原来垃圾焚烧还可以发电。这个位于浦东的发电厂每天可处理上千吨生活垃圾，每年发电量足足有一亿度！

二楼的参观就到这里，让我们休息一下，一会儿去一楼看个究竟。如果需要外出就餐也不用担心，一楼出口处的工作人员会在你的手上盖上无色的临时出行章。这种印章在日光下用肉眼看不见，回来的时候用紫外灯一照就原形毕露啦。

下了电梯，还是和刚才一样往前走，就到了"地壳探秘"展区。在这里，你可以看到一个美丽的磁悬浮地球，它的直径2米，净重35千克，是迄今为止世界上最大的一个磁悬浮地球仪。地球表面黄色的光代表着太阳光，背面的紫色是月球的反射光，模拟成黑夜和白天交替的自然现象。那么请你想一想，这个"地球"是怎么悬浮在空中的呢？火山场景模拟体验区采用声、光、电系统集成，模拟了宁静式火山爆发的全过程。

让我们继续走到下一个展厅——"视听乐园"。在这个展厅，你可以过把电视主播的瘾，其实这都是通过蓝背景抠像和电脑虚拟背景的合成技术做到的。如果你胆量够大，一定不要错过"全息剧院"！全息音响能够全方位记录声音发出时的各种信息，通过数字音频技术还原出录音时逼真的音响效果，让你感受真实的"古堡幽灵"。

走过专为1~12岁儿童设计的"儿童科技园"，我们来到"智慧之光"展区。这里有大量的互动展品。比如，"怒发冲冠"演示的是高压静电现象。参与这个项目时，一定要听从工作人员的指挥。当静电电流通过你的手到达头发时，根据同电荷相斥的原理，头发会逐步蓬散且竖立起来，形成怒发冲冠的现象。而在环形激光琴上按节奏连续拨动"琴弦"，你就会听到一曲悦耳的乐曲。这是怎么做到的呢？原来，利用激光的单向性和光敏元器件的敏感性来控制电路，再配合扬声器，美妙的音乐就诞生了！

玩过这些互动游戏之后，该是锻炼一下你的创造力的时候啦！这里是最后一个展厅——"设计师摇篮"。在这里，你可以通过名片贺卡设计制作系统，自己设计精美的贺卡，打印完就能带回家了。在旁边的一组电脑上当一回建筑设计师或者服装设计师也

是很有趣的体验。尽情发挥你天马行空的想象力吧!

到这里,上海科技馆的 12 个展厅就已经全部逛完了,你一定大开眼界了吧?别忘了对照一下手中的学习单,想一想通过今天的参观,是不是把所有的问题都解决了呢?

如果还意犹未尽的话,不妨看一场效果震撼的电影吧。在一楼的四维影院,你不仅可以戴上 3D 眼镜看一场立体电影,还能亲身感受"雨水""海浪",完全与电影融为一体。地下一楼的 IMAX 立体巨幕影院是目前世界上最先进的影院之一,也是中国大陆首家立体巨幕影院。放映立体电影时,两台放映机同步放出影像,6 层楼高的巨大画面将使你产生强烈的震撼。IMAX 球幕影院采用了当今世界上技术含量最高、画格最大的 70 毫米 15 齿孔 IMAX 单机放映系统,画面清晰稳定。此外,位于地下一楼西北侧的临展区也经常会有不容错过的精彩展览。

任务五 主题公园类旅游景区解说

技能实训

实训目的	熟悉并掌握主题公园类旅游景区的讲解技能
实训要求	1. 查阅主题公园类景区的相关资料、了解景区概况和导游图 2. 科学设计景区游览顺序和游览路线,合理安排游览项目 3. 撰写主题公园类旅游景区的导游词并进行生动讲解
实训时间	本实训环节共 2 学时
实训地点	教室、景区模拟实训室或主题公园景区
实训材料	1. 多媒体设备 2. 导游词卡片 3. 主题公园景区背景材料
实训内容及步骤	1. 实训准备 (1) 学生分成若干小组。 (2) 学生分组分批查阅资料及到主题公园旅游景区进行调查。 2. 实训开始 (1) 了解和熟悉主题公园旅游景区背景资料。 (2) 分析主题公园景观特色和分布。 (3) 设计游览路线、安排游览内容。 (4) 撰写主题公园景区导游词。 (5) 分组模拟讲解。 (6) 实训指导教师点评总结及评分。 3. 实训结束

实训考核

1. 实训指导教师根据学生对主题公园景区的导游讲解资料收集、游览路线安排、导游词撰写、景区导游解说情况进行评分。
2. 按百分制记分，主题公园类旅游景区导游讲解80分，实训纪律及态度20分。
3. 评分表

主题公园类旅游景区解说考核评分表

组别：_____   姓名：_____   考核时间：_____

	项目	应得分	教师评分
主题公园类旅游景区的解说	讲解资料的收集	10	
	线路设计的合理性	10	
	导游词的撰写质量	30	
	景区解说的质量（完整性、生动性、实用性）	30	
	实训纪律及态度	20	
	合计得分	100	

考核时间： 年 月 日   考评教师（签名）：_____

知识链接

随着科学技术的发展和游客体验要求的提高，主题公园景区越来越多。高科技的融入，主题公园的游览项目日益翻新。特别是2016年随着上海迪士尼乐园主题公园的开园，上海迎来了主题公园旅游的高潮。

一、主题公园类景区基本知识

（一）主题公园的定义

主题公园（Theme Park），是根据某个特定的主题，采用现代科学技术和多层次活动设置方式，集诸多娱乐活动、休闲要素和服务接待设施于一体的现代旅游目的地。

主题公园是为了满足旅游者多样化休闲娱乐需求和选择而建造的一种具有创意性活动方式的现代旅游场所。它是根据特定的主题创意，主要以文化复制、文化移植、文化陈列以及高新技术等手段、以虚拟环境塑造与园林环境为载体来迎合消费者的好奇心、以主题情节贯穿整个游乐项目的休闲娱乐活动空间。

（二）主题公园的分类

1. 按主题公园主题的性质

（1）文化历史型。这类主题公园一般又分为两种类型，即以模拟某个特定历史时代场景或是以文学名著为主题。国内大都以中华民族传统文化、古典名著、历史故事等为原型，发挥人的想象力，将其形象再现出来，如杭州宋城。

（2）名胜微缩型。微缩景观是主题公园最早、最常见的造园手法。这类主题公园将异国、异地的著名建筑、景观按照一定的比例缩小建设，使参观者可以"日行千里"，领略各地不同的文化。如荷兰马多洛丹、深圳锦绣中华。

（3）民俗风情型。利用野外博物馆的形式模拟民俗风情和生活场景，寓教于乐，具有较高的参与性，常常加入演员反映民俗民风的表演，使主题的表达更加生动。例如昆明云南民族村和深圳中国民俗文化村。

（4）科技娱乐型。利用声、光、电、气等现代科学技术，表现未来、科幻、太空、海洋等主题，是青少年们的乐园，如深圳的欢乐谷。以科学技术为主题的主题公园的设计、建造难度较大，但因其"寓教于乐"的特点，世界各国也都有分布。如美国的迪士尼世界未来社区试验雏形、中国台湾的小叮当科学乐园等。

（5）影视娱乐型。影视城作为主题公园的一种形式来源于美国的环球影城，游客通过游览电影拍摄的场景获得乐趣。主题公园中的模拟景观本身与拍摄电影使用的布景有类似之处，加之电影涉及的内容和场景颇为广泛，游客在影视城的游览体验更为丰富，视觉冲击力更为强烈。

（6）自然生态类。以自然界的生态环境、野生动物、野生植物、海洋生物等作为主题，以展示其独特的观赏和游览特性的主题公园。如泰国鳄鱼场动物园是世界上最大的鳄鱼场，占地13公顷，饲养的鳄鱼多达3万余条。我国也已经在各地兴建了很多野生动物园和海洋馆，如北京海洋馆、厦门南顺鳄鱼园等。

（7）综合旅游主题型。综合类型的主题公园，是主题公园发展到后期，整合若干发展比较成熟的不同类型的主题公园，以一个整体品牌展现在游客面前，并通过旅游整合，将旅游主题与其他产业完美结合，形成旅游产业新亮点，如现在的"华侨城"将四大主题公园联合经营，并将旅游主题公园与酒店、演艺、地产等结合。

2. 按规模大小、项目特征和服务半径

欧洲主题公园协会副总裁克里斯·约西（Chris Yoshii）按照主题公园的规模大小、项目特征和服务半径将主题公园分为以下几种类型：

（1）大型主题公园。主要特点：年游客量在500万人次以上，游客市场为全国市场和国际市场。主题鲜明或由多个部分构成主要的品牌吸引力，有舒适的旅游住所，主要提供参与性娱乐项目，投资达10亿美元以上，如迪士尼公园、环球影城等。

（2）地区性主题公园。主要特点：年游客量在150万~350万人次，具有一定主题的路线和表演，在项目设置上以观赏性的静态景观为主，有潜在的品牌，游客市场为省内市场和邻省市场，投资2亿美元左右。

（3）主题游乐园。主要特点：年游客量在100万~200万人次，位于城市周围，游客市场主要为所在城市，以提供机械类的参与性游乐项目为主，主题比较单一，品牌影响有限。投资 0.8 亿~1 亿美元。

（4）小规模主题公园和景点。主要特点：年游客量在 20 万~100 万人次，位于城市周围、室内或室外，游客停留时间更短，主要是小规模单一主题的静态人造景观，游客市场为所在城区，有时可以到达整个城市，投资在 300 万~8000 万美元。结合我国的实际情况，目前我们将投资 2.5 亿元人民币，占地 25 公顷以上规模的称为大型主题公园；将投资 0.5 亿~1 亿元人民币，占地规模较小的称为小型主题公园。根据主题公园所在的位置来分，可分为城市主题公园、城郊主题公园、乡村主题公园、海滨主题公园、交通干线沿线主题公园等类型。根据主题公园的主要功能来划分，可分为静景观赏型主题公园、动景观赏型主题公园、艺术表演型主题公园、活动参与型主题公园、项目挑战型主题公园等类型。根据主题公园的高新科技含量来分，可分为传统技术型（以机械技术为主）主题公园、现代技术型（以电子技术为主）主题公园、高新技术型（以网络化技术、数字化技术、虚拟现实技术为主）主题公园等类型。也有学者根据主题公园发展的阶段特点，将主题公园划分为四代：第一代依托自然资源，第二代注重都市娱乐，第三代以模拟、微缩景观为主，第四代主题公园以三维、四维、动漫、科技为主。

（三）主题公园的发展

我国主题公园开发起步于 20 世纪 80 年代后期，是市场催生的产物。进入 20 世纪 90 年代以后，国内旅游热的兴起，使庞大的国内旅游市场被启动。近年来，在全国范围内掀起了一股"主题公园热"。2012—2013 年，中国共有 14 个主题公园开园。截至 2014 年上半年，在中国已经统计出有 59 家拟建主题公园项目，建设数量全球居首。

我国各种主题公园类型丰富，包括各种森林公园、动植物园、地质公园、温泉公园、文化公园、海洋公园、历史文化公园等。我国主题公园基本呈三级阶梯结构：东部沿海分布较多且规模较大，中部分布次多且规模不大，西部分布较少且规模较小。

随着中国经济的崛起和城市化的加快，主题公园这一新型的旅游休闲产品，将逐渐成为人们休闲娱乐的主要消费对象。中国已进入一个大型主题公园发展的新时期。未来中国的民族品牌将更接近国际水准，国际品牌更加希望能进入中国市场。

二、主题公园类旅游景区的讲解

（一）突出主题公园的主题

主题公园都有一个主题，或一个主题兼有几个副主题。因此，在导游讲解过程中必须明确主题。例如，杭州宋城的主题是现在宋代历史，口号是"给我一天，还你千年"；云南民族村的主题是展示云南多民族文化特色；深圳世界之窗的主题是"让你不出国门、周游世界"等。导游人员的知识学习、讲解介绍应围绕主题进行，这样旅游者对主题公园景区的印象才是鲜明生动的。

（二）强化主题公园的娱乐功能

主题公园的建设宗旨就是通过人工创造，向人们展示一个特色文化娱乐地，人们进入主题公园的目的就是愉悦身心。因此，在导游讲解过程中应尽可能减少文化灌输，多做游玩的指导。

（三）注重娱乐活动的参与

为了愉悦游客的身心，主题公园往往设立了较多的游客可以参与的活动项目。因此，导游人员要了解项目的名称、时间安排、活动内容、程序、参与方式、特色等，要能带领游客参与娱乐活动。

（四）传播主题公园的景区文化

中国的主题公园一般都有一定的文化内涵。导游人员在讲解中要有针对性地、以游客参观对象或参与的活动项目为依托，引导出特色文化，向游客传播园区的文化内涵。

三、主题公园类旅游景区的讲解素材

（一）上海迪士尼乐园

上海迪士尼乐园，是中国内地首座迪士尼主题乐园，位于上海市浦东新区川沙新镇，于2016年6月16日正式开园。它是中国内地第一个、亚洲第三个，世界第六个迪士尼主题公园。上海迪士尼乐园为游客提供无限可能，创造值得珍藏一生的回忆。上海迪士尼乐园带给人们的快乐和欢笑没有年龄之分——孩子们能和他们最爱的迪士尼朋友见面互动，爸妈们一定会在旁微笑着记录下每个精彩瞬间；青少年穿上"喷气背包飞行器"翱翔天际，祖父母则可以在花园里散步休憩。这里同样是年轻人的乐土——乐园里无处不在的新奇、刺激和冒险都在等着他们去开启梦想。

来到迪士尼，您可以探索一个前所未知的神奇世界，每个人都能在这里点亮心中的奇梦。这就是上海迪士尼乐园，充满创造力、冒险精神与无穷精彩的快乐天地。您可在此游览全球最大的迪士尼城堡——奇幻童话城堡，探索别具一格又令人难忘的六大主题园区——米奇大街、奇想花园、梦幻世界、探险岛、宝藏湾和明日世界。

1. 米奇大街

"米奇大街"是奇思妙想的发源地，这个街区布满了各式各样的商店和餐馆。从步入这里起，游客们就能感受到上海迪士尼乐园欢快的氛围，远离尘嚣进入各个充满探险、梦幻和未来感的主题园区。"米奇大街"是全球迪士尼乐园中第一个以米奇和他的欢乐伙伴们为主题设计的迎宾大道，米妮、唐老鸭、黛丝、高飞以及布鲁托等一众伙伴在这里欢聚。在进入其他主题园区前，游客们就有机会了解到更多关于经典的迪士尼朋友和他们的故事，例如"帕帕里诺冰激凌"店内的壁画上，游客会看到冰激凌店老板——唐老鸭的意大利家族族谱。

这里也是个热闹的集市，游客们可信步漫游，尽情地挑选精美的商品，其中有许多是特别为中国游客设计的。缤纷多彩的"米奇大街"分为四个街区，游客可以在这里与喜爱的迪士尼朋友热情拥抱、合影留念。"欢乐广场"是这个街区的中心；"花园广场"位于广场后方，邻近"奇想花园"；"市集区"则位于大街的外围；对面是充满艺术气息的"剧院区"。每个街区都带着迪士尼特有的积极乐观迎接着八方游客。

"米奇大街"游客朋友们可以去体验的项目有大钟塔、M大街购物廊、米奇好伙伴美味集市、小米大厨烘焙坊、甜心糖果等。

2. 奇想花园

特别为上海迪士尼乐园打造的"奇想花园"赞颂着大自然的奇妙和想象力带来的快乐。游客们将平日生活抛诸脑后，徜徉于七座神奇花园中：时而驾着"幻想曲旋转木马"体验回旋的欢乐，时而乘着"小飞象"在天空中尽情翱翔，时而陶醉于"音悦园"的美景与旋律中。

"奇想花园"拥有风景迷人的小桥步道，交织通达各个主题园区，是亲朋好友相聚的理想之地。漫步园中，游客们将遇见米奇和他的伙伴们，更可以前往观景阶梯欣赏城堡舞台表演与夜光幻影秀。

该园区包括七座风格各异的花园——"十二朋友园""音悦园""浪漫园""碧林园""妙羽园""幻想曲园"和"童话城堡园"，分别呈现了亲情、友情与欢乐的主题。每座花园都充满了趣味盎然的活动、花繁叶锦的景观设计，以及欢乐的合影机会。

在星光璀璨的夜空下，伴着优美的旋律，"奇想花园"显得如梦似幻，仿佛奇妙仙子和她的仙女朋友们在花园各处撒落神奇的魔法金粉。

在园区入口，一座真实比例的迪士尼创始人华特·迪士尼先生与米奇的高大铜像正欢迎游客来到上海迪士尼乐园这片欢乐之地。这座雕塑已经成为热门的拍照景点，游客可体会到华特与米奇的深厚情谊，以及华特渴望为世界创造欢乐童话的伟大梦想。

3. 梦幻世界

受迪士尼动画电影启发而设计的"梦幻世界"是上海迪士尼乐园中最大的主题园区，宏伟壮丽的"奇幻童话城堡"便坐落其中。游客可以在城堡上俯瞰童话村庄和神奇森林，也可以在各类精彩有趣的景点中沉浸于备受喜爱的迪士尼故事。"梦幻世界"中的每个角落都深深地吸引着各年龄层的家庭成员。

在这个童话仙境中，游客乘坐"晶彩奇航"经历熟悉的迪士尼故事。这一奇幻的游览体验也成为上海迪士尼乐园又一全球首发游乐项目。

无论是年轻人还是拥有年轻心态的游客都沉浸于这个永恒的园区中，在这里见证童话的诞生和长存。游客乘着"七个小矮人矿山车"在闪耀着宝石光芒的矿洞隧道中穿梭，畅游在"小飞侠天空奇遇"里俯瞰伦敦，和小熊维尼探索"百亩森林"，和爱丽丝一起漫游华丽的"仙境迷宫"。

4. 童话城堡

"奇幻童话城堡"不仅是上海迪士尼乐园中的最高建筑，也是世界上最高、最大、最具互动性的迪士尼城堡，它已成为乐园中最引人注目的地标。坐落于上海迪士尼乐园的心脏位置，宏伟壮丽的"奇幻童话城堡"将为游客提供各种身临其境的体验：高雅的点餐服务餐厅、深受小朋友喜爱的"缤纷变幻沙龙"及其他购物和娱乐设施。不同于其他迪士尼城堡为一位公主而建，"奇幻童话城堡"将首次聚集从迪士尼丰富且隽永的传统中所诞生的每一位公主。

"奇幻童话城堡"不但是上海迪士尼乐园的标志性建筑，更是"梦幻世界"的魔法之源。在城堡的中央，圆形大厅的四周装饰着栩栩如生的"四季公主马赛克壁画"，如下面这幅代表秋季的梅莉达公主马赛克壁画。

随着阶梯蜿蜒而上通向城堡的顶部，游客将开启一段"漫游童话时光"之旅。"梦幻世界"中精彩的水上游览体验"晶彩奇航"则会带领游客最后来到城堡下方，进入神秘的地下室。

从乐园中央拔地而起的"奇幻童话城堡"将唤起经典永恒之美。其高雅的塔楼直指云霄，代表着憧憬、希望与童心的奇梦。城堡的制高点是一枚融合独特中国元素的金色装饰尖顶，为这座迪士尼神奇王国增添一份异彩。尖顶的顶端是一朵金色的中国名花：牡丹。牡丹花下方，一簇簇迪士尼神奇之星从中心圆杆向天空四射绽放。另一枚金色尖顶则特别呈现了代表上海的白玉兰，以及象征着迪士尼各位公主的迪士尼皇冠。

5. 探险岛

上海迪士尼乐园的"探险岛"将带领游客进入新发现的远古部落中——这里四处弥漫着神秘色彩，还有隐秘的宝藏。巍峨的雷鸣山令人一眼就能找到"探险岛"园区，而它也是一则古老传说的发源地。神秘爬行巨兽长栖于山中，蛰伏着只待重见天日，据说山里偶尔传来的轰隆声就是它的怒吼。

在雷鸣山脚的游客可以去"古迹探索营"走出自己的探索之路，证明自己是真正的冒险家；或是在"翱翔·飞越地平线"里穿越时空；更可登上惊险的筏艇历险"雷鸣山漂流"，深入"探险岛"腹地。

"探险岛"的历史从传说和迪士尼的想象中而来，源起于数千年前亚柏栎人在这座岛屿上建立的昌盛文明。而一支由国际探险家组成的队伍——探险家联盟之后发现了这座岛。"探险岛"的每一处都能让游客一探古老神秘，发掘这座与世隔绝的岛屿，留下难忘回忆。

6. 宝藏湾

"宝藏湾"是全球迪士尼乐园中第一个以海盗为主题的园区。特别为上海迪士尼乐园打造的"宝藏湾"里住着一群形形色色、乐天随性的海盗，四处寻找好玩刺激的冒险。在这里，色彩、视觉和音乐的激烈碰撞，将海盗们浮躁轻狂与颠沛流离的个性融入各种异域文化中，呈现出细节刻画和故事讲述。

"宝藏湾"的传说要追溯到17世纪，那时加勒比海一带海盗猖獗。在迪士尼的故事里，这段海盗时代以一群搜寻传奇宝藏的海上流氓而著名，他们制服妖兽，互相争斗，眼神中总带着一丝玩世不恭。

游客一踏入"宝藏湾"五大分区的第一处起就将完全沉浸在海盗的生活中，从这里开始游历"船奇戏水滩""史洛比希堡""旱鸭子码头"和"小镇"——每一处都各有风情，魅力独特。整个园区融合了多种建筑风格，有两艘巨型海盗船、海盗主题餐厅及一个欢乐的戏水区。无论老少都将感受"加勒比海盗——沉落宝藏之战"中的场景，或是在"凡迭戈剧院"近距离观赏特技表演与杂技。

7. 明日世界

特别为上海迪士尼乐园打造的全新"明日世界"，展现了未来的无尽可能。它选用了富有想象力的设计、尖端的材料和系统化的空间利用，体现了人类、自然与科技的最佳结合。"明日世界"园区所传达的希望、乐观和未来的无穷潜力，正是迪士尼乐园最初的三大主题，也将在这里与一代又一代的中国游客进行分享。

迪士尼运用各类创新技术持续为这个园区带来全新面貌：全新的星际探险射击式项目"巴斯光年星际营救"带领游客们勇往直前、超越无限；"喷气背包飞行器"让人们突破重力束缚；"星球大战远征基地"和"漫威英雄总部"则将游客带入星战和漫威的世界。在"创极速光轮"这个迪士尼全球首发的游乐项目中，游客们将乘坐两轮式极速光轮摩托体验全球迪士尼乐园中最紧张刺激的冒险之一，飞速驶过室内、户外轨道，感受丰富多彩的故事。

所有游客，尤其是青少年和年轻人，都可以充分享受"明日世界"的欢乐氛围。在"明日世界"的底层设有一个创意舞台，这里是乐队、DJ、艺术家和舞者们大展才艺的地方。比邻舞台，有一条通往上层广场的蜿蜒坡道将带领游客们前往"创广场"和"星露台餐厅"——在这间餐厅里，游客可远眺上海迪士尼度假区或一览舞台全景。

"明日世界"的流线型设计、先进技术和对光明未来的展望将吸引游客到此探索新世界。他们将得知：萨姆·弗林已选中上海作为连接地球和他的电脑世界"创"之间的永久端口；星际联盟选择"明日世界"作为其史迪奇监测站的理想设立地点；而巴斯光年同样将这里作为地球冒险星际总部，在此招募新兵以完成拯救星球的任务。

8. 娱乐表演

上海迪士尼乐园的神奇之旅不仅包含了激动人心的游乐项目和景点，更充满了精彩纷呈的娱乐演出。从中国的杂技演员，到舞者和音乐主持人，充满活力、多才多艺的表演者们将用迪士尼经典的现场娱乐演出使游客在度假区流连忘返。

游客们能在"明日世界"旁体验到两个专为上海迪士尼乐园打造的互动体验——"星球大战远征基地"和"漫威英雄总部"。在前一个以星球大战银河系为主题的景点中，游客将会遇见星战电影中的英雄与反派，参观标志性的星战场景，欣赏最新电影系列的道具和展品，并且借助高新技术亲身体验天行者的故事。而在"漫威英雄总部"中，游客则可以通过特别制作的多媒体影片了解漫威世界的精彩之处，近距离接触自己喜爱的漫威英雄，还可以练习绘制不同角色，体验漫画艺术家的工作。在"奇想花园"，

亲朋好友将与唐老鸭、花栗鼠奇奇和蒂蒂一起，在"音悦园"中体验角色互动——"唐氏太极"，练习平衡感与协调性。在"探险岛"里，从"明石台"徐徐传出富有幻想色彩和自然情调的原始部落旋律——它来自于当地亚柏栎演奏家的特别乐器。《森林王子》里的迪士尼朋友们也将聚集在"欢笑聚友会"这个部落小屋中，为游客带来属于这个园区的特殊回忆。"宝藏湾"里有一群乐天随性、爱惹是生非又个性鲜明的海盗玩起了欢闹的游戏。游客能争当海盗船长的"大副"，还可与杰克船长合影留念，听他讲述海盗鲜为人知的秘密故事。在位于"奇幻童话城堡"之中的"迎宾阁"里，游客们能遇见迪士尼公主们，并与她们合影留念。在"皇家宴会厅"，将提供皇室标准的盛盘佳肴，游客还有机会与迪士尼朋友们在餐桌旁交流互动。在"梦幻世界"，游客将与小熊维尼热情相拥，与邪恶的虎克船长斗智斗勇，欣赏音乐，聆听那些有关爱情和友情的故事。"吟游剧团"是一个融合中外乐器来演奏迪士尼音乐的吟游乐师家族，他们的表演将充满互动和精彩瞬间。在"百灵故事会"，另一组演奏家将通过木偶剧、喜剧与歌曲来演绎《美女与野兽》的故事。每天一场的"梦幻节"则将一整天的奇幻与欢乐推向高潮，欢迎游客与迪士尼朋友们一起载歌载舞。

（资源来源：改编自百度百科。）

旅游景区自导式解说服务

【学习目标】

- 掌握旅游景区标识牌解说技能。
- 掌握旅游景区音像解说技能。
- 掌握旅游景区印刷物解说技能。

任务一　旅游景区标识牌解说

技能实训

实训目的	认知旅游景区标识牌的类型及其布局，能进行旅游景区标识牌的简单设计
实训要求	了解景区标识牌的相关概念、分类及在景区中的摆放位置，能进行旅游景区标示牌内容、颜色的设计
实训时间	本实训环节共 2 学时
实训地点	教室或景区模拟实训室
实训材料	多媒体设备、景区或模拟环境
实训内容及步骤	1. 实训准备 （1）实训教师讲解景区标识牌解说的基础知识和实训要求。 （2）学生分组分批查阅资料及到旅游景区进行标识牌调查。 （3）学生分组进行旅游景区标识牌解说内容和外观的设计。 2. 实训开始 （1）学生分组通过所查阅的文献资料和调查的相关图片资料，讲解所调查旅游景区标识牌的分类和布局。 （2）学生展示小组设计的景区标识牌。 （3）教师对学生的实训成果进行讲评并归纳总结。 3. 实训结束

实训考核

1. 实训指导教师根据学生对景区标识牌的认知和设计情况进行评分。
2. 按百分制记分,景区标识牌认知 30 分,景区标识牌设计 50 分,实训纪律及态度 20 分。
3. 评分表

旅游景区标识牌解说考核评分表

组别:_____   姓名:_____   时间:_____

项目		应得分	教师评分
景区标识牌认知	调查的数量	10	
	标识牌的分类	10	
	标识牌的布局	10	
景区标识牌设计	解说内容设计	30	
	外观设计	20	
实训纪律及态度		20	
合计得分		100	

考核时间:　年　月　日　　　　　考评教师(签名):_____

知识链接

景区标识牌是景区自导式解说系统的重要组成部分,对于自行游览的游客有解说、教育、引导的服务功能。

一、景区标识牌的概念

标识牌是具有标记、解说、装饰等特点的牌子。随着大众旅游的开展和旅游景区的建设,旅游标识牌开始广泛出现。

旅游标识牌是一种载有图案、标记符号、文字说明等内容,起到解说、标记、指引、装饰作用的功能牌。旅游标识牌是一个面向游客的信息服务系统,它是使景区的教育功能、使用功能、服务功能得以充分发挥的基础,是旅游景区不可缺少的基本构件。

近年来,随着我国旅游业的蓬勃发展,旅游标识牌得到了前所未有的重视。旅游开发商或旅游经营商在对景区进行规划、设计、建造、经营的过程中,对于标识牌的外形设计、制作材料以及所要表述的内容都给予了极大重视,在外形设计上更加美观新颖,选材上也更趋向科技化、环保化、多样化、实用化,有关研究机构、高等院校纷纷开展相关研究项目；标识牌制作公司也开始大量开展旅游标识牌的制作业务。标识牌是旅游者，特别是自驾游旅游者获取旅游目的地信息的重要手段，旅游者对标识牌的要求也越来越高。

二、景区标识牌的类型

（一）按解说对象和内容划分

按解说对象和内容，可以划分为四类：吸引物解说标识牌、旅游设施解说标识牌、环境解说标识牌和旅游管理标识牌。

1. 吸引物解说标识牌

旅游吸引物解说标识牌主要展示景区内各类旅游景观以及开发的景点景物。吸引物解说标识牌包括景区介绍牌、景点介绍牌和景观介绍牌。

（1）景区介绍牌。景区介绍牌一般位于景区大门入口，主要对景区的名称、级别加以介绍，对整个景区进行全面而简略的概括讲解。除了景区简介，还可以展示景区风光。景区介绍牌一般采用景区全景导游图，对景区和景区所在区域用图片的形式进行简要解说，图上有必要的地点、方位、距离等说明，标明重要景点、旅游服务点和线路，包括中文内容和对照的英文。大部分景区采用导游图的形式介绍景区，给景区内重要景点和景观特点配以适当的文字说明。这些标识牌可以使游客在进入景区以前，通过阅读对景区和景区内各个景点的基本情况、主要游览项目和相关活动有所了解。这些标识牌的成功设计，可以增加旅游者的游兴并产生强烈的游览渴望。

（2）景点介绍牌。景点介绍牌一般位于景点入口处，单独列出，位置醒目，造型设计个性化，突出景点名称，采用中英文对照。景点介绍牌是为了说明单个景点的名称、内容、背景以及最佳游览、观赏方式、观赏角度等信息，是对该景区具体景点的解说，避免游客错过美好的景色。

（3）景观介绍牌。景观介绍牌是对不同类型景观的简短解说。对于规模很小的景观，可只设置景观名牌，如有些植物景观，只要悬挂其中英文名称即可。而具有一定规模的景观，才设置景观介绍牌，对景观进行详细的介绍和解说，帮助游客深入了解其内涵。景观介绍牌应抓住自然景物、人工建筑物等旅游资源和环境气氛的特点对景点内的景观进行艺术概况，帮助游客领悟自然美景的特征，启发人们的联想，给游客留下特殊的、深刻的印象。

2. 旅游设施解说标识牌

旅游活动的实现必须借助一系列基础设施和旅游配套服务才能完成。为游客提供饮食、住宿、交通、游览、购物及文娱、体育活动而建造的人工设施，统称为旅游设施，包括交通运输设施、住宿接待设施、饮食设施、商业服务设施、文体娱乐设施、其他设施等。旅游设施解说的内容主要包括交通及基础设施解说、配套设施解说。旅游设施解说标识牌的内容应具有很强的指导性和操作性，从方便游客使用的角度采用温馨、友好

的语言说明设施的位置、开放时间、价格、容量等信息。

（1）旅游交通标识牌。旅游交通标识牌包括旅游目的地途中的交通标识牌和景区内部道路沿线交通标识牌。目的地途中的交通标识牌一般放在高速公路、国道和公路两边用来指示景区的位置和方向。景区内部道路沿线交通指示标识牌一般放在景区公路沿线，包括各种道路交通标志和景点距离指示牌。道路交通标识牌包括限速、限载、弯道、连续弯道、急转弯等标识牌，一般使用国家标准符号。景点距离指示牌用来标示景点的名称、位置、行驶方向、途经主要道路的节点名称、距离、显示各景点与主干道的距离及相互之间的距离等信息。个别景区有车行道、步行道、登山道、桥梁等，其也要有指示说明，引导游客安全顺利完成游览活动。景区内还要在停车场、游览车站、游船码头、缆车（索道）等处设置相应的标识牌。

（2）住宿接待设施标识牌。设置酒店、度假村、宾馆、休闲场所、野营场地、农家乐的景区，会设置宣传标识牌和指示标识牌，为游客提供相应的住宿设施引导服务。

（3）餐饮设施标识牌。设置饭店、餐厅、风味小吃、茶座的景区，会设置宣传标识牌和指示标识牌，为游客提供相应的餐饮设施引导服务。

（4）商业服务设施标识牌。景区内有出售旅游日用品、工艺品、纪念品的商店，土特产商店，摄影点，照相洗印部等服务设施，一般会设置指示标识牌，满足游客购买当地特产和纪念品的欲望和需求。

（5）文体娱乐设施标识牌。提供给游客娱乐场所信息，如指示影剧院、展览馆、餐厅、游泳池、海水浴场、溜冰场、滑雪场、公园等场所的位置和宣传内容，让游客在多种娱乐服务中选择自己喜欢的项目，留下美好的旅游体验。

（6）其他设施标识牌。提供给游客更全面、更方便的服务，如指示景区内或最近区域内的银行、派出所、医院、旅行社等位置，最大限度地为游客提供满意的服务。

3. 环境解说标识牌

景区环境是指景区及其周边地区与旅游活动相关的要素之和。景区环境通常分为自然环境和人文社会环境。

（1）自然环境解说标识牌。在自然风景区内，公路沿线和景区内通常会设置观景台，观景台所处环境大多具有典型特征并能欣赏到优美的景色，需在此设置环境解说牌，着重对景区自然环境进行介绍，并对观景台周围的地段、植物、动物以及自然景色、天象特征和在观景台上能看到的景观进行解说，也可以在标识牌上用图片进行展示。

（2）人文社会环境解说标识牌。人文社会环境是指对景区的存在和发展产生影响的社会因素，一般由景区所在区域的社会和人文积淀构成，主要包括古建筑、古遗迹、古陵墓、园林、碑刻等各种文物以及具有当地特色的衣、食、住、行等民俗风情。在世界文化遗产旅游地、历史文化名城、历史文化街区、民俗村、文物院、博物馆、寺庙等旅游地，环境解说牌通常是对人文社会环境的解说，如对博物馆、寺庙的历史背景及建设年代、展览信息、展馆示意图、典藏简介的解说等。

4. 旅游管理标识牌

景区旅游管理标识牌包括设施管理、安全管理、环境管理标识牌三部分。

（1）设施管理标识牌。设施管理标识牌包括景区游客须知牌、功能指示牌、导示牌、友情提示牌。第一，景区游客须知牌是对游客在景区游览须遵守的行为规范的说明，针对不同类型景区提出不同的要求，提高游客保护景区旅游资源和设施的意识。尤其是在自然保护区、森林公园等需要严格保护的景区，更要对游客进行明确、友好的提示，使旅游者能自觉参与保护，便于景区管理。第二，功能指示牌是对服务设施的导引和指示。例如景区内部游客中心、服务点分布图标牌、门票价格表、售票服务牌以及厕所、商店、值班室、电话、餐厅、停车场、行李寄存处、问讯处等处所的多功能指示牌等。第三，导示牌是对景点内游线、方向的指示，内容包括景点内部环线示意图、游道沿线分布的景观点和服务设施、游客所在位置、支游线示意图、位置示意图、出入口指示、景点方向指示等。第四，友情提示牌主要体现景区管理者对游客的人文关怀，以亲切、温馨的语言提醒游客在旅游活动中如何更好地融入景区的环境中，获得满意的旅游体验。比如在主题公园景区，标识牌除了对游乐项目进行解说外，还要提示哪些人群适合参与该项目，哪些人群不宜参加该项目以免发生危险。在山地旅游景区、自然保护区应设置野生动物通道提示、游客走失提示、海拔高度提示、负氧离子浓度提示等温馨提示。

（2）安全管理标识牌。旅游景区内应有完善的安全提示牌，告知游客各种安全注意事项，禁止游客的不良行为。景区应在旅游管理解说中制定明确的森林防火、卫生、环保、安全等相关行为规范，并以防火警示、安全提示、友情提示等方式提醒游客遵守。如在景区内设置"严禁携带火源""禁止吸烟""小心慢行"等旅游管理标识牌，告知游客在景区内游览过程中的各种安全注意事项和禁止出现的行为。

（3）环境管理标识牌。旅游景区通过设置环境管理标识牌，对游客进行环境保护的教育和提醒，如"请勿乱扔垃圾""请不要在文物古迹上乱涂乱画""请勿大声喧哗"等。环境保护提示牌的用语要亲切幽默，达到引起游客共鸣的目的，改变"违者罚款××元"的警告用语。如"我是一棵小小草，就怕你的大大脚""文物留存不易，大家共同爱护"等，用含有哲理、富有情感的语言文字表达出景区环境管理的要求。

（二）按景区标识牌造型分类

景区标识牌的造型多姿多样。常见的造型有双柱式、箱式、单柱式、塑形式、标签式、活页书本式、题刻拼贴式、纪念碑式。

1. 双柱式标识牌

此类标识牌由两根柱子为依托，中间设置标牌，面积较大，容纳的信息较多，常是设置在入口等面积较广阔的空间中的游园须知解说牌和总体导游图等。

2. 箱式标识牌

箱式标识牌是由双柱式转变而来的，利用标牌的厚度在侧面承载信息。这种标识牌造型丰富多样，可以多方面、多角度、向不同的方向传达信息。箱式标识非常适合设置在广场中心，把周围各方向的导向信息汇集于一身。

3. 单柱式标识牌

单柱式标识牌的构造简易，设置场所一般选择狭窄的道路，一般设置在两个或多个空间相互转换或交叉的地方，通常作为交通导向标识牌来使用，柱子上可以同时设置数量较多的指示牌，传达众多的指示信息和相应的指示方向，这样就能让游客在不熟悉的空间中快速、准确地获得信息。

4. 塑形式标识牌

塑形式标识牌是根据自然实物制作成立体的模型，这类标识牌造型奇特新颖，富有个性，既可以是抽象的几何形，又可以是模仿植物、动物等自然形态。在外观的设计上灵活多变，往往根据所在空间的主题、氛围来选定，在了解特定的主题之后，通过提取园林中的相关设计元素或其他能反映主题的元素，从辅助功能上将环境的主题扩大、凸显、深刻化。

5. 标签式标识牌

标签式标识牌是指悬挂或粘贴在所要标志的物体上的各种材质的卡片。此类的标识牌体量小、信息量也较小。如常见的植物名称牌。

6. 活页书本式标识牌

活页书本式标识牌是指类似于活页笔记本，可以根据需要通过增减或更换活页来更新信息内容。这种标识牌能以较少的空间，容纳较多的信息；利于信息的更新；节省更新信息所用的成本。这种形式的标识牌用于介绍历史文化知识和动植物科普知识等，通过翻页活页书本式标识，不仅仅使游客获得了有价值的信息，而且也增加了游客参与园林活动的积极性。

7. 题刻拼贴式标识牌

题刻拼贴式标识牌是指将所要传达的信息直接雕刻、题写、拼贴在建筑、景石、墙体、地面等物体表面上的标识。其优点是节省较多的空间，为游客提供较完整、空旷的活动空间。这类标识较适用于活动频率高或空间狭小的环境空间，如集散性活动空间、娱乐设施场地。常见的有题刻的景点牌、拼铺在地（墙）面铺装中的标识。

8. 纪念碑式标识牌

纪念碑式标识牌通常采用石材或铸造金属材料，以此制作的纪念碑式作品，其耐用性更佳，并给人一种耳目一新的感觉。

（三）按景区标识牌制作材料分类

按照制作材料标识牌可以划分为两大类别，即天然材料制作的标识牌和人工合成材料制作的标识牌。

1. 天然材料制作的标识牌

主要的天然材料有木材、石材、竹材。在一些山地、风景名胜区、自然保护区、森林公园等以自然山水、树木为主要吸引物的景区，经常会采用就地取材的方式，选用当地的天然材料进行制作，既可以降低成本也可以与环境相协调。

2. 人工合成材料制作的标识牌

主要有金属材料、化学材料、电子科技材料。金属材料在现代标识牌中的应用十分广泛，有铜板、不锈钢板、钛金板、铝合金板等。化学材料用于制作标识牌常见的有亚克力板、玻璃钢、铝塑板、PVC板、普通塑料标牌等。这类材料的特点是造型多样时尚、制作工艺完善、成本低廉等。电子科技材料是现代标识牌领域的一种新型材料，今后的用途将更加广泛。

三、景区标识牌的布局

旅游景区标识牌的布局应遵循数量适度、分布合理、设置到位、服从环境、融于环境、不妨碍游览观瞻，且与景观及周围环境相协调的原则。

景区内标识牌主要集中分布在景区出入口处、景点出入口处、景观周围、通往景区的道路沿线处、游客服务中心、景区服务设施集中地等处。

（1）景区停车场。应于显著位置设置标志公共信息图形符号；场地内划定车辆标线，放置车流导向标识、收费提示、限高限速提示、大小车分区标识牌、景区介绍牌（或全景导游图）、厕所指示牌、售票处指示牌、安全须知牌等，特殊部位的标识可增设发光或反光功能。

（2）售票处。应于建筑正面上方设置标志用公共信息图形符号，于专用窗栏处标出营业起止时间、票价、减免政策等说明。

（3）景区出入口。应于显著位置设置景区全景指示图、景区导览全景图、景区风光图、景区介绍牌和游客须知等。

（4）游客中心。应于显著位置设置标识牌，介绍服务项目。

（5）游览线路岔路口。应设置通往各景点、服务设施、出入口的方向导引牌。

（6）景点。应于显著位置设置景点介绍牌（或区域导游图）。

（7）服务设施。购物点、餐饮点、厕所、医务室、公共电话亭、服务咨询和质量投诉点等服务设施，应于显著位置设置标志用公共信息图形符号。

（8）危险区域。山体、水岸边、电动或机械游乐设施、强电设施、高温设施、游览线路狭窄处、高台或地下设施，以及需要向旅游者作安全提示处，应于显著位置设置安全提示牌。

（9）景区边界。应于显著位置设置景区界线标识牌、警示牌。

（10）非游览区域。应于显著位置设置非游览区域标识牌。

（11）文物保护景点。历史古迹、古今重要建筑等文物保护区域和景点，设置标识

牌应同时遵循国家相关法规。

（12）无障碍设施。无障碍设施处需在显要位置设置无障碍标识，并视功能提供相关使用说明。

四、景区解说标识牌的内容

在旅游景区解说服务系统中，标识牌解说因其信息传递方便、便捷、直观等特点而占据着重要的地位，同时由于它的造型多样、形态多变，也常常用来美化景区环境。但是对于一个旅游景区的标识牌设计来说，设计者首先应该把它当作一个传递信息的工具，其次才能考虑它对景区的美化功能。

（一）景区解说标识牌的内容特点

一般来说标识牌的体量都不是很大，游客在其面前停留的时间也非常有限，要想达到良好的信息传递效果，标识牌的内容就必须简明、准确、科学、完整、醒目，使游客在很短的时间内能通过标识牌的展示对景区的各种信息有所了解、认识，以便达到轻松、顺利完成整个游览活动的目的。

1. 简明

由于类型和作用不同，景区标识牌在内容上可能存在着一些差异，但是它们都要遵循一个基本的原则：内容简单明了，切忌文字冗长、表达不明确。

2. 准确

景区内的很多信息都要依靠标识牌来向游客传递。如获得的荣誉、景区的级别、景区的特色风景、特色动植物、方位方向等，标识牌上的内容必须准确，不能使用模棱两可的语言。

3. 科学

由于景区标识牌可用于科普教育，担负着教育的功能，如动植物解说、地址解说或气候、气象解说等，其内容必须科学严谨。

4. 完整

景区的标识牌是一个系统，不同的标识牌有不同的作用，其反映的内容应该根据它的作用确定，在内容的选择上既要突出主要信息，又不能有遗憾。

5. 醒目

标识牌的首要功能是传达信息，文字必须做到清晰、醒目，引起游客的注意。

（二）景区解说标识牌的内容筛选

1. 景区解说标识牌

游客在进入景区之前通常会在景区入口附近有一个短暂的停留，一是购置必要的旅游用品、购买门票、拍照留影等；二是了解有关景区的游览及各项服务的信息、了解景区的游览须知等。每个景区都会在入口处选择适当的地点安排景区解说标识牌，重点对景区的旅游资源、旅游服务、注意事项等相关信息进行说明，以便游客在进入景区前能有一个比较全面的认识，合理安排自己的旅游活动。因此，景区解说标识牌的内容构成包括以下几点。

（1）景区位置：通常用不同颜色或者边界来直观显示景区在某地区的区域位置，给游客一个宏观的位置概念。

（2）景区旅游资源特色介绍：一般从不同角度对景区内的特色动植物、风景、特色旅游活动进行描述。

（3）景区旅游服务：介绍景区为游客提供的各种服务项目，尤其是各个服务点、服务站所在的位置，方便游客进行休息、购物等活动。

（4）景区旅游须知：介绍景区里禁止的各种不文明的旅游行为，保护景区里的环境及各种旅游资源。

（5）景区导游图：用来展示景区里各个旅游景点的分布情况、主游线的走向和长度以及各个景点的特色资源。

2. 景点解说标识牌

游客在到达各个景点之后，进入景点游览前常常需要了解景点的具体信息，这就需要在景点入口设置景点名牌和景点解说标识牌。景点名牌的内容构成比较简单，一般是景点的中英文名称，山地景区的景点名牌一般应标注海拔信息。景点解说标识牌的内容构成包括以下几点。

（1）中文介绍：对景点的特色和资源进行大致的描述，突出景点整体特征。

（2）英文介绍：对景点特色和资源用英文进行介绍，重点从科学角度描述。

（3）景点游览图：标注景点内部的游线以及各个小景观的分布情况。

（4）游客须知：规定在此景点内部禁止的一些旅游行为，以及提示求救电话等信息。

3. 景观名牌

景观名牌的内容比较简单，主要是景观的中英文名称。若是单体特色动植物，除了中英文名字，或者拉丁文名字外，还应该有它们的科、属、种等信息。

4. 旅游交通设施解说标识牌

对于自驾游旅游者来说，旅游目的地一般都是比较陌生的地方，如何准确、快捷、安全地找到景区是他们面临的首要问题。这些问题的解决都依赖旅游交通设施解说牌。交通设施解说标识牌的内容构成如下。

（1）国际通用图标：主要是一些国家规定的标准图标，如限速、限重、转弯等。

（2）方向指示：用箭头或者线路示意图加小箭头表示。

（3）地名：下一个将要经过的地点或景点，通常要有中英文名称。

（4）距离数：标注到下一个景点的距离数。

5. 配套设施解说标识牌

游客在景区游玩的同时一般都有餐饮、住宿、购买纪念品等需求，为了使游客方便、快捷地找到这些设施，景区都会设置一些标识牌，这些配套设施解说牌的内容构成如下。

（1）图标：主要用一些国际通用的图形符号，如餐厅、咖啡厅、商店等。

（2）方向指示：主要用简单的箭头符号。

（3）文字说明：部分图标下面需要标注英文名称，有些没有用图标的还需要加上中文名称。

6. 环境解说标识牌

游客除了游览风景优美的景点外，还会青睐有特色、有意义或者文化内涵较深的环境。景区通常会在这些地方设置解说牌，其内容一般包括以下几点。

（1）中文介绍：主要从科学角度对环境的成因或者文化内涵进行描述，或者从文学角度对风景进行描述。

（2）英文介绍：是对中文描述的翻译，也要注重科学性。

（3）图片：部分环境解说牌可以选用与环境相关的图片。

7. 功能提示标识牌

在景区各个服务区域或者服务点等游客就餐、短暂休息地方的入口一般会安放一个多功能指示牌，让游客轻松找到各个相应的位置。这种功能提示牌的内容构成如下。

（1）通用图标：国际通用的图标，如餐厅、厕所等。

（2）方向指示：通常用箭头进行简单的方向示意。

（3）中英文名称：对部分标识牌上的图标需要注上中英文名称。

8. 导示标识牌

每个景区都可能会有一条或者多条主游览轴线，同时还会有多条游览环线，在这些环线上常常有一些很多特色的景观。为科学引导游客，景区管理部门会在主次游览环线的交叉口设置各种导示标识牌。这些标识牌的内容主要包括以下几点。

（1）图件：主要是通过测量后绘制的一些图件，如环线图、位置示意图等。

（2）图标：主要是景点的级别荣誉图标（如 A 级标志），用来强化景区形象。

9. 友情提示牌

景区的人性化管理需要对游客进行人文关怀。在一些有特殊意义的地方会放置一些友情提示牌，营造良好的旅游氛围。这些标识牌的内容构成如下。

（1）中文提示标语：主要是一些温馨的提示语，如"森林绿肺""天然氧吧"等。

（2）英文提示标语：主要是对中文提示语的翻译。

10. 安全管理标识牌

景区安全管理标识牌是各个景区最常见的一种标识牌，它的内容构成比较简单，通常包括以下两点。

（1）图标：主要用一些国家规定的图形，如"严禁烟火""禁止吸烟"等。

（2）文字说明：部分没有图标的标识牌需要用中英文文字加以说明，如"小心碰头"等。

五、景区解说标识牌的设计

（一）解说标识牌设计的概念

解说标识牌是指以图示、标示或文字等方式，解释或说明一个特定主题或事件，它们通常不会发声。解说标识牌的设计就是通过对其内容的仔细筛选、图件的精心设计以及对其外观造型的设计，使其能够便利准确地向游客传递旅游信息，增加游客对景区的兴趣，帮助游客更好地了解专业性知识较强的景区资源。

（二）解说标识牌设计的原则

解说标识牌的设计包括色彩、文字、内容、插图、版面、置放、材质等方面。设计理念应紧跟时代潮流，在内容合理、丰富的基础上，更要注重造型美观、醒目，并与景区相协调，符合国际标准。标识牌设计一般要遵循以下几大原则。

1. 系统化原则

对景区同一类型的标识牌在材质、规格、式样、颜色等方面应统一，不同类型的标识牌应整体风格相近，使同一区域内的不同标识牌和谐统一。

2. 规范化原则

随着入境游客的迅速增加，标识牌的设计应与国际接轨。文字和图件要规范，文字一律采用中英文对照，且英文翻译要准确、恰当。公共信息通用符号要规范化，按国家规定的统一标准进行设计和制作。标识牌的摆放和安置要规范化。

3. 人性化原则

标识牌的设计要体现以人为本的理念，结合实际情况，因地制宜设置。内容表达通俗易懂，以科普为目的，避免引起歧义和模棱两可，为游客安全着想。

4. 生态化原则

设计遵从自然，力求使标识牌系统成为整个自然景观的一部分。以自然风貌、自然资源为基础，把景观生态学原理导入设计中，提高标识牌系统与天然景观的共生程度。

5. 保护性原则

有些旅游资源是在漫长的历史中形成的非再生资源，因此，保护是第一位的。应按照划定的不同保护等级范围明示保护要求，设置警示忠告牌。

（三）解说标识牌的信息设计

1. 信息内容构成

解说标识牌的内容一般包括解说文本、专业图标、图片或地图3个方面。

2. 信息内容特征

由于体量和容量限制，旅游解说标识牌的信息内容一般应达到简明、准确、完整、科学、醒目5个特征，从而能迅速引起游客的关注。

3. 解说标识牌中的文本编辑

解说文本包括解说主标题、解说次标题和正文。主标题是用来阐述解说主题，次标题是用来联系解说要点，正文是用来联系次要的解说点。据有关文献记载，游客在 0.3 秒的时间内便会决定是否要继续阅读其内容，而游客在观看标识牌时的第一个注意点就是解说主题，所以标识牌应先从解说主题上吸引游客。

解说文本写作应注意以下几点：①使用生动的语言和积极的词汇，尽量使用主动词，少使用被动词，多使用问句；②为了使受众群达到最大范围，尽量写得通俗易懂，对不能避免的专业术语，应加以解释，避免陈词滥调；③使用短句和段落，每句字数为 10～15 个字，段落尽量篇幅短小；④主标题为 6～8 个字，次标题字数不超过 25 个字，正文最多字数为 150～200 个字。

4. 解说标识牌中的专业图标设计

专业图标一般采用国家或国际通用标识，或根据解说主题专门设计旅游目的地的标识。标识应当尽量不使用文字，只有当标识无法被轻易识别时，才适当使用文字说明。为保证安全，标识的四周应当保留 5 毫米倒角。标识的尺寸应当保持一定的长宽比例。

5. 解说标识牌中的图件设计

图件也是能非常有效地表达解说标识牌主旨的手段，包括插图、地图、图标、照片等，还包含颜色、类型风格、美学。这些要素的组合比其他更能吸引游客的注意力，引起游客的兴趣。在使用图形时应注意以下几点：①图件要能引起游客的注意；②图件是为了加深、提高对所要说明主题的认识；③图件要更好地表现文字叙述所难以确切表达的内容，如形状、质地等。

6. 总体构图布局

高明的构图布局设计将提供高品质的解说牌示，从而达到更为有效的解说。其中要特别注意以下几点：①确定标识解说牌示平面的合适尺寸；②文本周围应留有适当的边缘；③要避免转移人们视线的信息。

7. 文字设计

一般来说，应该把重要的信息放在第一行，以此类推。在标识解说牌的文字设计中，通常会遵守以下几点：①文本中的主标题、次标题、正文和题头的最小字体大小为 60～24 磅，具体的字体大小可根据视觉距离导向原则来确定；②选择与主题相关的颜色，如红色代表火、绿色代表森林等；③文字行间距在 12 磅以上；④字间距不应过宽，以免显得疏散；⑤解说主题最好使用黑体，其他比如综艺体、大宋体等可根据具体设计而运用，正文字体一般以黑体、宋体为主，也可根据具体设计选择细黑、幼圆等其他字体，不应过多使用斜体，避免使用一些比较花哨的字体；⑥解说主标题最好居中，正文从左边开始。

8. 色彩设计

色彩也是一种吸引游客注意力的工具。它的合理运用与否对平面构图的效果有着重大影响。因此，在标识解说牌中要注意颜色与解说主题、颜色的远近感、进退感、冷暖差别以及亮度等。

（四）解说标识牌的外观设计

1. 标识牌的造型设计

标识牌的造型体现了景区的特色和文化内涵，要根据景区的特点进行设计，不能随意凭空想象，更不能照搬照套城市标识设计的造型原则。通常情况下，景区标识牌采用平面构架造型、卧式造型或者是特色地貌或化石造型，具体的侧重点要求根据景区的特点来选择，如地貌类的就可以多用地貌造型，化石类的就可以多用动物化石造型，湿地、河流类景区则应该侧重平面构架造型，山体或者原始森林可以选择架构或者卧式造型的综合运用。

2. 标识牌的材料选择

景区需要根据解说对象所在自然环境特色以及标识牌的类型选择标识牌的制作材料。尽量就地取材，并选用与主体相同或相近的材料。

3. 标识牌的体量设计

景区解说标识牌的体量大小弹性比较大，具体尺寸要根据周围的环境特点和标识牌所要承载的内容来确定。园区外可以考虑用大体量的标识牌，具体可以根据安放空间大小来确定。园区内对于安放环境比较偏且内容较多的标识牌可以稍微大一点，这样可以吸引视线，且有足够面积书写内容又不会出现遮挡视线的情况。安放在开阔地的标识牌则要小一点，不能破坏环境的整体美感。另外，还要考虑游客看标识时的视觉舒适度。

（五）景区解说标识牌的视觉设计

1. 标识牌的色彩设计

标识牌的功能主要在于传达信息，而信息传播是视觉传达的中心主题。同时，与视觉传达有关的各要素中最重要的即是"色彩"，不同的颜色可以引发人们不同的联想，带给人们不同的心理反应。因此在标识设计创作中，不但要有主观性色彩的积淀和经验，而且要理性地运用各种色彩为标识设计服务。

（1）红色：在可见光谱中红色的光波最长，折射角度小，但穿透力强，对视觉的影响力最大。同时红色的知觉度高，在众多色彩中极不容易被掩盖。从色彩的性质分析，红色过于强烈，有野蛮、战争、危险的色彩，因此在交通警戒、禁止、停止等标识上多用红色表示。

（2）蓝色：蓝色的波长较短，折射角度大。高明度的浅蓝显得轻快而明澈，适合表现大的空间；低明度的蓝沉静、稳定，传递和平、宁静、协调、信任和信心。标识设计在选择颜色时都倾向蓝色调。

（3）黄色：黄色的波长适中，是所有色相中最能发光的色光，给人以轻快、透明、辉煌、充满希望的色彩印象。由于黄色明亮，极易映入眼帘，通常用于紧急和安全的导视标识。

（4）绿色：绿色的波长居中，是人眼最适应的色光。绿色的明度稍高于红，纯度较低，属中性色。绿色性格温和，有着广泛的适用性。绿色在导向系统中使用范围非常广泛，在城市道路标识牌、紧急通道指示牌、旅游景区的指示牌上都会出现。

（5）白色：白色是全部可见光均匀混合而成，称为全色光，在心理上能造成明亮、干净、纯洁、扩张感。从对比角度看，白色能使它相邻的明色稍显变暗，若大面积使用白色会使人视觉产生眩晕感，给人一种视觉冲击，因此在标识系统中白色多作为说明文字和指示箭头的填充，有时配合不同的色彩也作为背景色应用。

（6）黑色：黑色完全不反射光线，在心理上容易联想到黑暗、悲哀，营造一种沉静、神秘的气氛。标识中若扩大黑色的使用面积，会使人产生阴沉感，因此在标识系统中黑色常作为文字和符号的填充。

2. 标识牌的视角设计

视角是从观察者眼睛向标志长轴方向两端点的连线所夹的角。景区标识的视角主要有平视、仰视、俯视、鸟瞰四种。平视的效果给人感觉便捷、规则、有序；仰视的效果给人感觉稳定、雄伟、高大，具有较强的震撼力和标志性；俯视时标识给人一种随意、亲切的感受；平视视距是标识高度的1.5~2倍时，旅游者更容易看清标识内容，把握标识全貌。标识牌平视设计时要注意留有足够的视距空间。

任务二　旅游景区音像解说

技能实训

实训目的	认知旅游景区音像解说的类型，熟悉不同类型旅游景观的音像解说内容，能进行旅游景区音像解说的简单设计
实训要求	了解景区音像解说的优点、功能、分类和音像解说设施及服务要求，能进行旅游景区音像解说的简单制作
实训时间	本实训环节共2学时
实训地点	教室或景区模拟实训室
实训材料	多媒体设备、景区或模拟环境

续表

实训内容及步骤	1. 实训准备 （1）实训教师讲解景区音像解说的基础知识和实训要求。 （2）学生分组分批查阅资料及到旅游景区进行音像解说调查。 （3）学生分组进行旅游景区音像解说的设计与制作。 2. 实训开始 （1）学生分组通过所查阅和调查收集的景区音像资料，讲解小组归纳出的景区音像解说的设计思路和效果评价。 （2）学生展示小组设计制作的景区音像解说作品。 （3）教师对学生的实训成果进行讲评并归纳总结。 3. 实训结束

实训考核

1. 实训指导教师根据学生对景区音像解说的认知和制作情况进行评分。

2. 按百分制记分，景区音像解说认知40分，景区音像解说作品40分，实训纪律及态度20分。

3. 评分表

旅游景区音像解说考核评分表

组别：_____　　姓名：_____　　时间：_____

项目		应得分	教师评分
景区音像解说认知	调查的数量	10	
	设计思路解析	15	
	解说效果评价	15	
景区音像解说作品	内容设计	20	
	音像效果	20	
实训纪律及态度		20	
合计得分		100	

考核时间：　　年　　月　　日　　　　考评教师（签名）：_____

知识链接

音像解说可以向游客传递景区的旅游信息，增加游客的旅游乐趣；可以向游客解说景区的各种资源价值，丰富游客的旅游知识；可以向游客宣传各种环境知识和文物知识，提高游客的思想道德修养。同时，它对促进旅游地经济发展、文化传播，宣传旅游

地形象都有十分重要的意义。

一、旅游景区音像解说概述

（一）旅游景区音像解说的概念

旅游景区音像解说是指利用声音、文字、图片、影像等技术，把景区的各种信息向游客进行解说与传递。

（二）景区音像解说的优点

音像解说与其他景区解说方式相比，具有以下优点：

一是可视性、故事性强，画面、音效效果逼真，并且能持续很长时间，能使游客身临其境；

二是立体效果好，戏剧感强，对游客具有吸引力；

三是具有科技含量，体现时代气息，可以提升景区旅游形象。

（三）景区音像解说的功能

景区音像解说在旅游景区解说服务中主要有以下三个方面的功能。

1. 服务和娱乐功能

游客在旅游景区内游览，他们不仅希望所看到的景观赏心悦目，能够满足自己求新、求奇的愿望，而且也希望整个游览过程能够顺利进行，能够随时获得自己想要的信息，游览过程不受到任何因素的干扰。因此，在旅游景区设置的音像解说设施，不仅可以向游客提供旅游信息和向导服务，而且能够让游客在游览过程中有一份轻松愉悦的心情。

2. 教育功能

音像解说可以通过声音、文字和图像向游客宣传景区游览须知，可以直观地告知游客应该保护景区的动植物、生态环境和卫生环境，告知游客景观的独特性、稀有性以及应该如何保护，增加游客的环保意识和文物保护意识。

3. 传承文化功能

景区采用音像解说方式，可以向游客传播景观的历史沿革，让游客对景观的形成和发展有深刻的认知，同时还可以介绍景观的样式、风格、景观地的民俗文化、岁时节庆、价值观念等，向游客传播当地文化，促进旅游地的文化继承、发扬和保护。

二、景区音像解说的主要方式

（一）影像

影像解说可以就景区某一专题进行深入讲解，如历史、自然、建筑、科技、文化等，也可以通过画面来讲述一个感人的故事，并且不受时间限制。影像解说可以调动游客的积极性和主动性，激发游客的游兴，引导游客从某个角度对旅游景观和旅游资源进行欣赏和评价。但是影像的制作难度较大，需要请专门的拍摄和录音团队，同时一旦拍摄下来，就不容易修改，成本也比较高。而且影像是单方面的播放，与游客进行的是单向沟通，不能及时解答游客的疑问，不能及时给予游客帮助。所以，景区在使用影像解说的时候可以预先设想游客观看影像会产生哪些问题，在影像制作的过程中要采用巧妙的方式回答游客的问题。

景区影像解说可以通过 VCD、DVD 等来实现。

VCD 是 Video Compact Disk 的缩写，就是一种压缩过的图像格式。VCD 的视频采用 MPEG-1 压缩编码，音频采用 MPEG 1/2 Layer 2（MP2）编码。码率分别为视频 1150kbit/s，音频 224kbit/s。清晰度在 250 线左右，播放起来清晰度较高，VCD 是 1 路立体声音频效果输出。VCD 存储容量一般是 600~700MB，存储容量大约为 74 分钟。

DVD 的英文全称为 Digital Versatile Disc，即数字通用光盘。DVD 的视频采用 MPEG-2 压缩编码，清晰度可达到 500 线。DVD 可提供 2 个立体声声道和 1 个 5+1 杜比 AC-3 环绕立体声声道，可提供高质量的环绕立体声。由于 DVD 的光学读取头所产生的光点较小（将原本 0.85μm 的读取光点大小缩小到 0.55μm），因此在同样大小的盘片面积上，DVD 资料储存的密度比 VCD 大大提高，DVD 盘的容量是 4.3~4.7G，DVD 碟片的存储容量最大达 120 分钟以上。

CVD 是英文 China Video Disk 的缩写，意即中国人自己的数字光碟，CVD 的视频采用 MPEG-2 压缩编码，可使画面的清晰度达到 350 线。CVD 的音频信号采用独立 4 声道录制，其声音可以有 4 个独立声道或 2 路立体声。CVD 的容量按不同的格式可在 45~74 分钟。

旅游景区可以将景区以及当地具有代表性的一年四季的自然风光、独特景观、人物传记、民俗风情等录制成 VCD、DVD、CVD，来对景区进行宣传和解说。这种解说不仅可以在景区内播放，还可以传到景区网站或者在火车站、汽车站、机场、电视台、视频网站上播放。在用途上可以有解说、引导、宣传、教育的作用。同时便于携带，对于游客来说也有很大的收藏价值和纪念价值。例如，横店影视城就曾拍摄过《你来了，所以你快乐》的影像，在景区网站和各大视频网站、电视上播放，吸引了无数游客前往横店游玩。

（二）声音

声音是有效的传播媒介，它能刺激游客的听觉器官，让游客集中注意力，能帮助游客减少周围环境对他们的干扰，增强游览效果和兴趣；同时声音的效果可以戏剧化，对游客产生较大的吸引力。但是，声音的效果受播放设备的影响，只有声音没有图像带给游客视觉上的冲击力不强。

旅游景区声音展示的方式多种多样，有背景音乐、朗诵、景区提示、CD 等。

背景音乐是将与旅游景区有关的乐曲和符合景区风格的歌曲和乐曲通过设备播放出来，这可以给人愉悦轻松的感觉。

朗诵可以是景区专门请人来景区朗诵或者在广播室朗诵播放出来，也可以是将朗诵

的内容录音，然后景区管理人员通过播放设备循环播放出来。

景区提示包括很多方面，可以由管理人员提示游客注意安全，提示游客"游客须知"上应该注意的事项，以及因管理不善和服务不周而向游客致歉。这样既可以保证游客的安全，也可以让景区正常运行，让游客满意。

CD是通过压缩和解码技术，将景区的歌曲、乐曲、当地民歌制作成光盘，它可以在景区里面播放给游客，也可以让游客购买后带走，延长游客愉悦的时间。

在旅游景区内，通过背景音乐、朗诵、景区提示、CD等向游客进行宣传与解说，不仅可以让游客在轻松自然的环境下游览，还可以减少一些旅游障碍，对提升景区的旅游形象有长远的意义。以云南昆明世界园艺博览园为例，在景区内游客可以聆听云南的民族乐曲；在中午的时候，景区管理人员还会通过广播告诉游客就餐的位置和时间。

三、音像解说设施及服务要求

音像解说的目的主要是向游客传达景区的各类信息。在游客游览观光的时候，辅以音像展示与播放，可以让游客更加深刻地了解景区景观的历史文脉、资源特色、民俗风情和科学技术等。因此，音像展示与传播的设施需要复杂多样，才能满足不同游客的需求。

（一）虚拟现实影院

虚拟现实影院（VR Theater）就是一个完全沉浸式的投影式虚拟现实系统。用几米高的六个平面组成的立方体屏幕环绕在观众周围，设置在立方体外围的六个投影设备共同投射在立方体的投射式平面上，观众置身于立方体中可同时观看由五个或六个平面组成的图像，完全沉浸在图像组成的空间中。沉浸式虚拟现实其明显的特点是：利用头盔显示器把用户的视觉、听觉封闭起来，产生虚拟视觉，同时，它利用数据手套把用户的手感通道封闭起来，产生虚拟触动感。系统采用语音识别器让参与者对系统主机下达操作命令，与此同时，头、手、眼均有相应的头部跟踪器、手部跟踪器、眼睛视向跟踪器的追踪，使系统尽可能达到实时性。临境系统是真实环境替代的理想模型，它具有最新交互手段的虚拟环境。常见的沉浸式系统有：基于头盔式显示器的系统、投影式虚拟现实系统。

（二）影像放映厅

影像放映厅是一种很全面的展示设施，它可以将文字、声音、图片等展示出来。工作人员将DVD、VCD、CD形式的景区风光片、资料带或者是拍摄成为以景区为背景的艺术片等通过影像放映厅展示给游客，可以让游客心情愉悦，提高游客的欣赏水平。景区管理员可以在游客中心内设置放映厅或者在景区内单独设置的放映厅不间断地向游客播放。音像放映厅应尽可能宽敞通风，以容纳很多的游客。南京中山陵就有一个专门的影视放映厅，放映的是中山陵的修建以及与中山陵有关的历史和人物的影片。英国旅游局已打造了一系列360°沉浸式体验，以便让海外游客足不出户就能进入英国最受喜爱的景点。秦始皇陵景区建成了我国西北首家沉浸式室内实景剧场，用360°全景环境4D，最尖端的成像技术，让世界第八奇迹惊世复活，游客穿越5000平方米大舞台，沉浸体验地宫奇景，《溯源·秦始皇陵》以真实事件为基石，用独特的角度与视野，认真审视两千多年以来有关秦始皇与地宫鲜为人知的历史。

（三）滚动屏幕

滚动屏幕属于电子产品。它的主体部分是一个很大的液晶显示屏。当启动屏幕后，景点景观的介绍以及比较有代表性的景点图片都会在屏幕上循环、无间歇地播放出来。一般是将滚动屏幕放在景区比较显眼的位置，以便引起游客的注意，引导游客观看。滚动屏幕面向的是全体游客，语言应该通俗易懂，内容要经常更新，而且景区管理人员要将拍摄效果最佳的图片放到滚动屏幕上，让游客赏心悦目、流连忘返。滚动屏幕制作的成本较高，但是更新简单并具有时代气息。现代化的主题公园等旅游景区大多采用这种音像展示方式。

（四）幻灯片

旅游景区可以用幻灯片向游客展示旅游景点和景观。幻灯片是将在景区内拍摄效果比较好的照片，包括景区一年四季的美景、能突出景点独特性的景观，配上解说词，制作成幻灯片。幻灯片的展示可以通过两种方式来实现。一种方式是在游客中心设置多台电脑或电子触摸屏，游客点击，就会出现相关的信息。游客可以根据自己的兴趣和爱好自主选择浏览。另一种方式是在游客中心或者在景区重要位置放置一个大屏幕，由景区管理人员控制播放幻灯片。幻灯片的制作简单，而且内容更换相对比较容易，成本也不高，并且能突出景区的重点和游客可能欣赏不到的美景。此外，在游客欣赏幻灯片美景的同时，也可以欣赏摄影艺术。但是幻灯片的效果受照片拍摄水准、配音水平的制约。而且，幻灯片给人一种静态的视觉效果，具有局限性。但是若要对一个景观进行特写，突出细节，告诉游客应从哪些角度来观赏，用幻灯片最合适不过了。

（五）广播及背景音乐

广播是以声音为主的信息传播媒介。景区广播播放出来的声音包括语言和音乐。景区可以通过广播播放景区的基本情况、游客须知、与景区相适应的背景音乐等。广播使用的是有声语言，能刺激游客的听觉，让游客很快地接受。景区利用广播进行展示与播放，能让游客有一种亲切感、归属感，而且利用广播播放，程序简单、成本费用低。但是，广播不能让游客在听见声音的同时看到图像，不能满足游客视觉上的愉悦。广播这种解说方式比较适合现代化的主题公园，主题公园景区可以利用广播对游客进行分流和引导，可以用声音向游客介绍游乐项目，还可以对不适宜游览该项目的人群进行温馨提示。

(六) 电视

电视是一种生动的音像展示设施，它能将景区录制好的关于景区的过去、现在的影像展示给游客看，给人的感觉是动态的、直观的，能让人印象深刻。电视应放在景区中游客密集处、休息处或游客中心。福州博物馆花巨资引进国外先进的立体电视成像技术，可以带领游客感受福州解放时期战火纷飞的历史。

四、景区音像解说内容

音像解说在旅游景区信息传播中起着十分重要的作用。旅游景区通过音像解说可以传递给游客很多信息。一般来讲，景区中不同类型的旅游景观在进行影音讲解时的内容和要点也不同。

(一) 地文景观影音解说

景区地文景观包括典型的地质地貌构造、自然变动遗迹、火山熔岩景观、象形山石、洞穴岛屿等。景区向游客进行音像解说的内容有：自然现象和自然景观的形成，地质构造和地貌的成因，生物化石的成分和成因，景区一年四季的自然风光，等等。

(二) 水域风光影音解说

景区水域风光景观包括河流、湖泊、瀑布、冰川等。景区向游客进行音像解说的内容有：河流、河段、湖泊、瀑布、泉、现代冰川等形成的原因，这些景点一年四季的景象变化情况以及变化的原因，等等。

(三) 生物景观影音解说

景区生物景观包括奇花异草、树木森林、珍禽异兽等。景区向游客进行音像解说的内容有：动植物的科属种、动植物适宜的生活环境、动物的栖息地和生活习性、植物所需的养分以及如何培植，等等。

(四) 天象和气候景观影音解说

景区天象和气候景观包括海市蜃楼、日月星辰、光环、雾海、佛光、避暑避寒气候地等。针对这些景观，景区向游客进行音像解说的内容有：天象与气候的形成原因，曾经出现这种现象的时间以及曾经出现这种现象时所拍摄的照片和录像，等等。

(五) 遗址遗迹类景观影音解说

景区遗址遗迹类景观包括人类活动遗址、文物散落地、原始聚落、历史事件发生地、军事遗址与古战场、废弃寺庙、废弃生产地、交通遗迹、废城与聚落遗迹、长城遗迹、烽燧等。对于此类景观，景区向游客进行音像解说的内容有：遗址遗迹修建的时间、人物以及修建的目的，历史事件发生的时间和全过程等。

(六) 建筑与设施景观影音解说

景区建筑与设施景观包括综合人文旅游地、单体活动场馆、居住地与社区、归葬地、交通建筑等。对于此类景观,景区向游客进行音像解说的内容有:建筑与设施的风格,建筑与设施修建的时间、人物、目的与历史意义,建筑和设施与其他建筑相比较的独特性,建筑与设施修建的相关事件和人物,等等。

(七) 景区旅游商品影音解说

景区旅游商品包括菜品饮食、农林畜产品与制品、水产品与制品、中草药材及制品、传统手工产品与工艺品、日用工艺品以及其他物品。景区向游客进行音像解说的内容有:旅游商品制作工艺和流程,畅销处和畅销量,等等。

(八) 景区人文活动影音解说

景区人文活动包括人物故事、事件活动、民间艺术、岁时习俗、现代节庆等。景区向游客进行音像解说的内容有:民间艺术的由来,人物的性格特征和事迹,事件的原因和经过,民间艺术的传承和继承人,岁时节庆活动的形式和过程,等等。

任务三 旅游景区印刷物解说

技能实训

实训目的	认知旅游景区印刷物解说的类型,熟悉不同类型景区印刷物解说内容,能进行旅游景区印刷物的简单设计
实训要求	了解景区印刷物解说的种类和功能,能进行旅游景区印刷物解说的简单制作
实训时间	本实训环节共2学时
实训地点	教室、景区或模拟实训室
实训材料	多媒体设备
实训内容及步骤	1. 实训准备 (1) 实训教师讲解景区印刷物解说的基础知识和实训要求。 (2) 学生分组分批查阅资料及到旅游景区进行印刷物解说调查。 (3) 学生分组进行旅游景区印刷物解说的设计与制作。 2. 实训开始 (1) 学生分组通过所查阅和调查搜集的景区印刷物资料,讲解小组归纳出的景区印刷物解说的设计思路和效果评价。 (2) 学生展示小组设计制作的景区印刷物解说作品。 (3) 教师对学生的实训成果进行讲评和归纳总结。 3. 实训结束

实训考核

1. 实训指导教师根据学生对景区印刷物解说的认知和制作情况进行评分。

2. 按百分制记分,景区印刷物解说认知40分,景区印刷物解说作品40分,实训纪律及态度20分。

3. 评分表

旅游景区印刷物解说考核评分表

组别:_____ 姓名:_____ 时间:_____

项目		应得分	教师评分
景区印刷物解说认知	调查的数量	10	
	设计思路解析	15	
	解说效果评价	15	
景区印刷物解说作品	内容设计	20	
	印刷物效果	20	
实训纪律及态度		20	
合计得分		100	

考核时间: 年 月 日　　　　　　考评教师(签名):_____

知识链接

印刷物解说是一种静态的解说方式,可以向游客传递景区的景点、景观及历史沿革、文化背景等丰富的旅游信息。印刷物解说在景区中的运用可以促进世界旅游信息的传播与交流,促进旅游地形象的传播和旅游学术思想的交流与共享,利于景区旅游产品的促销,也可以使优秀的导游人员得到公众的认可,景区旅游服务质量得到提高。游客可以免费获赠或自费购买景区的印刷物,深入了解景区的各种知识。

一、旅游景区印刷物解说概述

(一)旅游景区印刷物解说的概念

印刷物是指通过铅印、油印和胶印等多种印刷技术,将要传达的内容固化在纸张上的一类物品,主要包括报纸、书籍、刊物、纸质宣传材料等。

旅游景区印刷物解说是指利用报纸、书籍、刊物、纸质宣传材料等印刷物,把景区的各种信息向游客进行解说与传递。

(二) 印刷物的种类

1. 报纸

报纸诞生于 17 世纪初，19 世纪进入蓬勃发展时期。报纸产生后，它传播着社会的各种信息，它是人类历史上第一个专业化的大众传播系统。具有以下特点。

一是简洁明了，时效性强。报纸所传播的信息一般都是最新的，都会在第一时间内传播给大众。由于报纸的版面有限，因此，就必须要求所传播的信息语言精确，意思明确，言简意赅。

二是价格低廉，携带方便。报纸的价格几乎所有的大众都可以支付，而且报纸在各地均有发售，读者随处都可以买到，携带起来也很方便。

三是信息量大，权威性强。一份报纸的版面，少则几版，多则几十版。内容丰富多样，从衣食住行、消遣娱乐到政治军事、经济文化、社会的各个层次、方方面面的生活都可以包含进去。报纸问世较早，而且信息准确、真实、可信，良好的形象早已在人们的心目中扎根，而且还具有权威性。

四是发行量大，读者稳定、普遍。报纸的发行量一般都是从几万到几百万份，发行范围涵盖各个层次的读者，信息通过报纸极易传播。

2. 书籍

书籍可承载的信息量是最大的。少则几万字，多则几百万字、几千万字。一本书的目的就是为了将一件事情、一种现象、一个人物讲清楚、说明白，写得越深刻、越精辟，越能吸引读者，越能体现书的价值，所以它不受字数和版面的限制。书籍具有以下特点。

一是涉及面很广。它包括一般的知识读物、专业性读物和综合性知识读物。内容涉及政治、经济、军事、文化、教育、体育等各方面。

二是专业性很强，内容精深。不同性质的书籍满足的是不同的读者群。就某一性质的书籍而言，它所阐述的内容应该全面化、系统化，并且要深刻，读者才可以对这一知识进行全面深入的了解。

三是权威性强。书籍的编写和出版凝聚了作者、编辑等的辛勤劳动，尤其是各行各业的专家、政府行业主管部门和权威机构组织编写的书籍信息全面准确、内容科学，在公众中具有很强的权威性。

3. 刊物

刊物指期刊，是一种周期性出版的印刷媒体。所承载的信息一般比报纸多而比书籍少，分周刊、半月刊、月刊、双月刊、季刊、半年刊等，其具有以下特点。

一是刊物的版式考究。不同刊物封面、版式都是不一样的，风格要根据刊物内容来确定。如娱乐类的花哨、时尚，学术类的朴素、典雅，政治类的严肃、严谨。版式虽各不一样，但都要求吸引读者的眼球。

二是读者群明确。刊物都是针对不同的读者群出版的。因为读者的喜好不同，刊物的读者群也不一样。读者群基本上都是固定的。如青年学生一般喜欢阅读娱乐性的文章，党员干部、政府领导一般都喜欢阅读政治理论刊物等。不同年龄、不同性别、不同职业、不同教育程度的人们所选择的刊物是不一样的。

三是专业性强，内容精深。刊物和书籍一样，专业性很强，阐释的内容非常透彻，但是又不像书籍那样可以长篇大论。刊物谈及内容都很充分、完整、深刻。

4. 地图

地图是利用一定的地图语言，将地球表面的自然、社会、经济等现象以及在时间、空间上的联系和变化状态通过图形表示出来。地图可以分为很多种类，按照内容可以分为普通地图和专题地图。普通地图是反映一个区域自然地理特征和经济特征的通用地图，内容包括常规地理信息、水系、社会组织、交通网等；专题地图是以普通地图为底图，然后在上面绘制出想要反映的信息的地图，如人口地图、旅游景区分布地图。地图按范围可以分为世界地图、国家地图、省区地图、市县地图等。按用途可以分为地形图、交通图、导游图等。按照比例尺大小可以分为大比例尺地图（比例尺大于 1∶10000）、中比例尺地图（比例尺介于 1∶10000~1∶1000000）和小比例尺地图（比例尺小于 1∶1000000）。按其表现形式还可以分为纸质地图、电子地图、影像地图等。

5. 其他非公开印刷物

非公开印刷物是指那些未在市场上销售的印刷物，包括的范围很广，如：各类宣传单，宣传海报，用户指南，守则规范，内部流通的报纸、杂志等。它们是为了达到宣传教育或者资源共享等特定目的而进行印刷并且免费分发给特定的阅览人群或单位。随着打印、复印及电脑的普及，这种非公开印刷物作为一种传递信息的方式，由于其简单易行，且易于保留等优点而得到快速的发展，其中最显著的就是传单和宣传画册，以其最快速、最直接的传达方式给人们带来了深刻的影响。

随着网络的普及，印刷物的使用可能会减少，但在某些特定的领域，印刷物以其特定的传播方式仍将发挥相当重要的作用。

（三）景区印刷物解说的功能

景区印刷物在旅游景区解说服务中主要有以下三个方面的功能。

1. 传递景区信息

传递信息是旅游景区印刷物最主要的功能。旅游景区通过出版印刷物，可以将景区的各种信息和资料传递给游客，让游客对景区有更深刻的了解。印刷物的内容包括：食、住、行、游、购、娱等方面。印刷物不仅可以帮助游客获取他们想要知道的知识，帮助游客了解景区的资源和景观，还可以帮助游客深刻了解景区旅游资源的价值以及景区在国家和地区中的地位和作用。同时，景区印刷物还可以帮助游客减少游览过程中的各种障碍。

2. 满足精神需要

精神生活是人类生活的重要组成部分。人们希望旅游过程能够满足自身的精神需求，保持精神的愉悦。景区出版的印刷物是有针对性的。它分为不同层次，可以满足不同文化背景的人的需求。人们在游览过程中，通过印刷物不断获取信息，可以从种种具有趣味性的信息中获得很多的乐趣，丰富自己的精神世界。同时在旅游中阅读景区印刷物，可以引导游客关注自然、宗教、艺术、文化遗产等并对其产生热爱，使游客的思想道德和情操得到提高。

3. 监测景区环境

景区环境包括景区的政治、经济、文化、自然、科技等各方面的环境。旅游景区通过书籍、报纸、刊物等印刷物，向游客报道景区的发展概况、生态环境、管理状况等，不仅可以以此来约束景区管理人员的行为，而且也可以使广大的游客深入了解景区的状况，为景区的管理者提供决策依据，帮助景区提高管理水平、服务水平，也可将新景观和旅游活动项目推陈出新。

二、景区印刷物解说的类型和方法

（一）旅游地图

旅游地图主要向游客展示的是景区的地理位置，有景区景点分布图、景区旅游线路图等，它也附有文字性的介绍，如景区概况、景区经典景点的简介等。因旅游地图要满足不同国籍的游客，所以需要使用多种语言。以上海旅游地图为例，不仅有各个语言版本的，还有交通方式介绍，上海精华景点的图片和文字简介，景点的开放时间和咨询电话，可以很方便地指导游客的旅游活动。

（二）旅游指南

旅游指南也应该是多种语言文字的，以满足不同国家游客的需要。旅游指南因不受字数和版面的限制，所反映的内容相当丰富，封面等可以制作精美以反映当地的特色和文化气息。旅游指南上所反映的信息一般有：景区简介、游客须知、旅游服务设施、景点的精彩介绍、景区大门图、景区全景图、景点游线图、旅游咨询等。以上海为例，上海市旅游事业管理委员会所编写的《上海旅游实用指南》，封面是外滩、东方明珠、南京路步行街、上海博物馆等标志性景点，封底是上海小笼包、新天地酒吧、外滩观光隧道、上海大剧院、交响乐表演、旗袍美女等食、住、行、游、购、娱旅游要素图片。《上海旅游实用指南》为游客所提供的信息有：上海市旅游全图，上海景观导游图，市中心最受欢迎景点，名人住宅、纪念馆，主要宗教旅游胜地，主题公园、绿地，都市文化旅游线各景点，餐饮、娱乐、特色街，主要商业街商城及附近景点，上海特产、名店、名品，上海主要宾馆、酒店一览表，上海开往全国各主要城市的列车时刻表，上海旅游集散中心的位置、电话，等等。该本旅游指南为游客介绍了东方明珠、金茂大厦、大世界游乐中心等120个上海旅游景区和休闲场所，言简意赅地介绍了每个景区的基本情况、景观特色、地位价值等知识，还为游客提供了景区开放时间、票价、地址、咨询电话、交通方式等便民信息。

（三）旅游风光画册

旅游风光画册就是将有关旅游景区的优美图片、风光照片、一些景点景观的特写、不常见的景象以及具有纪念意义、现实意义的图片，装订成册，制作成精美的画册。旅游风光画册给人的是一种美感，因此其语言文字不像旅游指南上的解说词那样突出科学性和严谨性，而是比较优美、典雅，并且文字风格应与图片风格相一致。旅游风光画册不仅可以向游客展示各种景观与景象，而且还具有珍藏和纪念意义。如马来西亚顶级的私人度假岛屿，全球排名第三的岛屿度假胜地——绿中海的旅游画报上的文字是这样写的：一岛一饭店，一梦一千年……

（四）旅游宣传彩页

旅游宣传彩页是向游客宣传景区旅游形象的一种印刷制品。它既可以由旅游景区自身向来观光的游客发放，以宣传旅游形象，展示旅游产品，提供旅游向导服务，也可以通过旅行社等旅游机构向潜在旅游者宣传，以激发他们前来景区游览的动机。旅游宣传彩页不同于旅游风光画册和旅游指南，它一般是单页双面的。因版面有限，所以反映的内容也受到限制。旅游宣传彩页上应反映的信息有：景区简介、景区导游图、景区地位和特色介绍、具有代表性和反映景区主题的景区图片、与图片相关的简单文字介绍、旅游娱乐项目图片和介绍、景区联系电话、传真等。以神农山景区所制作的旅游宣传彩页为例，上面不仅有神农山简介、神农山导游示意图、典型景观的位置和图片，还有神农山交通线路示意图、游客须知，以及景区电话、传真、网址等联系方式。

（五）景区资料展示栏

景区资料展示栏是指在旅游景区内将景观的解说内容用文字的形式印刷出来。这种印刷物一般陈列在室内。有的可以贴在墙上，有的也可以陈列在室内展台和其他的地方。这些资料可以做到图文并茂。例如，西安兵马俑博物馆的游客中心室内的展示栏上，就展示了兵马俑博物馆的各种宣传资料。

（六）景区书籍

旅游景区出版的书籍，一般都是以旅游景区和当地旅游文化作为背景，出版描述景区及当地的历史沿革、民俗文化、政治经济环境、生态环境等，同时也出版有关景区的园林知识、建筑知识、文物知识、生物知识等。旅游景区根据不同层次的旅游者编写不同类型的书籍，对于层次较低的游客，注重书籍的趣味性，体现生动性，对于层次较高的游客，则注重专业性，体现知识性。例如，故宫景区就有很多种书籍，紫禁城出版社出版的《故宫知识百科》，是了解故宫景区入门级的书，里面是上百个小问题，包括历史、建筑、宫廷典礼、生活和一些民间传闻等，以小段文字呈现，看着也比较方便。紫禁城出版社出版的《宫女谈往录》是一个晚清时伺候过慈禧的老宫女口述的书，对了解清朝后宫生活非常有帮助，游客可以看看当时慈禧、妃子、宫女太监的生活。紫禁城出版社出版的《紫禁城全景实录》则主要介绍各个宫殿的布局、陈设、用途、历史和故事等。建筑界人士可以阅读作家出版社出版的《局部的意味》，这本书对故宫的宫殿建筑进行了解说，很多建筑的细节部分也说得很全。而新世界出版社出版的《故宫史话》作者为单士元，该作者是曾经的清室善后委员会成员，也是1925年故宫建院当时的工作人员，后来的故宫博物院副院长，所以此书可信度极高。书里从北京城、紫禁城的营建开始，一直到各个宫殿的历史典故，讲得很详细，值得细细研读。

（七）景区刊物

刊物指期刊，旅游景区出版的刊物是旅游景区印刷物中非常重要的一种。通过刊物对景区、景点进行解说和分析，可以让游客更深刻地了解到景区的内涵，比如景区的建筑结构、地质构造、动植物种类、景观的科技含量、工艺品成分等；刊物可以很深刻地剖析景观形成的原因和历史条件、社会因素、科技成分，以及未来的发展趋势；同时也可以发表以景区的某些景观为特征所做的相关的科研论文或者景区管理建议等。如《故宫博物院院刊》是文物考古类学术性刊物。主要发表有关故宫藏品研究的论文及研究成果，报道考古新发现及学术动态。介绍历代名画家的书画作品和各种古玩、玉器、雕刻、瓷器作品及古建筑等。辟有书画研究、明清历史、古代工艺、古文字研究、古代建筑、古代陶瓷、古籍版本、字帖文献、佛教造像、文物保护等栏目。读者对象为文物考古工作者、历史研究人员、博物馆工作人员及广大文物爱好者。

（八）报纸

景区可以通过大众性报纸宣传景区的旅游形象。主要内容应包括：对景区的总体介绍、介绍景区的独特景观和特殊旅游活动项目等。景区除了通过大众性的报纸宣传旅游景区外，还可以编辑内部报纸发放给游客，对景区进行宣传和解说。报纸上的内容应报道景区最近发生的事情，包括景区景点最近所做的规定和政策调整，景观最近的变化，新增的旅游景观和旅游服务设施，最近到访的游客数，到访的特殊游客（如国家和地区领导、明星等），赛事以及举办的节庆活动等。2015年4月22日，《中国旅游报》第8版"美好安徽·迎客天下"以"为你翻山越岭无心别处风景——安徽旌德：中国灵芝、中国宣砚之乡"为题专版宣传了旌德旅游。文章通过"中国灵芝之乡""中国宣砚之乡""休闲养生天堂"阐释了旌德县优越的生态环境和厚重的历史人文；以"旌德旅游景点的故事"为题生动形象地展现了旌德县江村、朱旺、旌歙古道、旌德文庙、祥云、仙人谷等景区；并对旌德县民俗文化、旅游线路和特色物产分别做了介绍。整篇文章图文并茂，向全国读者宣传、推介了旌德旅游。

参考文献

[1] 郭剑英. 旅游景区旅游解说系统评价研究 [M]. 合肥：合肥工业大学出版社，2011.

[2] John A. Veverka，郭毓洁，吴必虎. 旅游解说总体规划 [M]. 北京：中国旅游出版社，2008.

[3] 张立明，胡道华. 旅游景区解说系统规划与设计 [M]. 北京：中国旅游出版社，2006.

[4] 王瑜. 旅游景区管理实训教程 [M]. 北京：机械工业出版社，2009.

[5] 陆霞，郭海胜. 景区导游 [M]. 北京：北京大学出版社，2011.

[6] 周国忠，牟丹. 景区导游 [M]. 天津：南开大学出版社，2008.

[7] 蒋炳辉. 景点导游教程 [M]. 北京：中国旅游出版社，2006.

[8] 全国导游人员资格考试统编教材专家组. 导游业务 [M]. 北京：中国旅游出版社，2016.

[9] 上海市旅游局导游人员考评委员会. 导游服务规范与技能 [M]. 上海：东方出版中心，2013.

[10] 叶娅丽. 导游业务 [M]. 上海：上海交通大学出版社，2014.

[11] 朱斌，孙文选，等. 导游实务 [M]. 大连：大连理工大学出版社，2012.

[12] 王喜华. 模拟导游实训教程 [M]. 厦门：厦门大学出版社，2012.

[13] 赵利民，崔志英，等. 模拟导游 [M]. 3版. 大连：东北财经大学出版社，2013.

[14] 赵年顺. 模拟导游实训教程 [M]. 北京：科学出版社，2011.

[15] 窦志萍，岳怀仁，等. 模拟导游 [M]. 北京：高等教育出版社，2005.

[16] 上海市旅游局导游人员考评委员会. 现场导游 [M]. 上海：东方出版中心，2013.

[17] 蒋炳辉. 精编上海导游词 [M]. 北京：中国旅游出版社，2007.

[18] 上海旅游局，江苏旅游局，浙江旅游局. 长三角精华旅游景点导读 [M]. 北京：中国旅游出版社，2004.

[19] 陈萍萍，於佩红. 华东导游实战宝典 [M]. 上海：上海财经大学出版

社，2014.

[20] 钱钧. 华东黄金旅游线导游词［M］. 杭州：浙江人民出版社，2002.

[21] 上海市浦东新区旅游事业管理委员会办公室. 新浦东游［M］. 上海：学林出版社，2002.

[22] 薛理勇. 外滩的历史和建筑［M］. 上海：上海社会科学出版社，2002.

[23] 姚昆遗，殷明发，等. 漫游苏州河［M］. 上海：上海辞书出版社，2004.

附件：

上海师范大学天华学院旅游课程材料开发项目
专家评审意见表

  关于上师大天华学院编写的《景区解说服务》《景区接待服务》《景区环境管理》《景区纪念品营销》《景区设施维护》《景区票务处理》六本实训教材，我进行了认真审阅并提出了修改意见。

  我认为这六本实训教材编写有以下特点：

  一、编写的教材理论与实践相结合，对学生来说，既有理论知识，又有实践经验；

  二、编写的教材整体与系统相结合，既有景区内容的整体性，又有景区系统性知识；

  三、编写的教材适应市场需求，许多景区都需要熟悉景区的人才，这样的毕业生更具备市场竞争力；

  四、编写的教材针对性强、专业性强，专门为旅游景区量衣定制；

  五、编写的教材为我国旅游学校填补了空白，没有一家旅游学校专门设置这些课程。

专家签名：<u>崔振选</u>

（上海市旅游景点协会会长）

2016 年 12 月 9 日

策划编辑：段向民
责任编辑：孙妍峰
责任印制：谢　雨
封面设计：何　杰

图书在版编目（CIP）数据

景区解说服务 / 周凯波主编 . --北京：中国旅游出版社，2017.6（2023.8重印）

景区管理应用型规划教材

ISBN 978-7-5032-5803-9

Ⅰ．①景…　Ⅱ．①周…　Ⅲ．①风景区—讲解工作—高等学校—教材　Ⅳ．①F590.63

中国版本图书馆CIP数据核字（2017）第081213号

书　　名：	景区解说服务
作　　者：	周凯波主编
出版发行：	中国旅游出版社
	（北京静安东里6号　邮编：100028）
	http：//www.cttp.net.cn　E-mail：cttp@mct.gov.cn
	营销中心电话：010-57377103，010-57377106
	读者服务部电话：010-57377107
排　　版：	北京旅教文化传播有限公司
经　　销：	全国各地新华书店
印　　刷：	北京工商事务印刷有限公司
版　　次：	2017年6月第1版　2023年8月第3次印刷
开　　本：	787毫米×1092毫米　1/16
印　　张：	14.75
字　　数：	329千
定　　价：	39.80元
ISBN 978-7-5032-5803-9	

版权所有　翻印必究

如发现质量问题，请直接与营销中心联系调换